サッカー

# バルセロナ戦術アナライズ

最強チームのセオリーを読み解く

西部 謙司

KANZEN

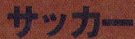

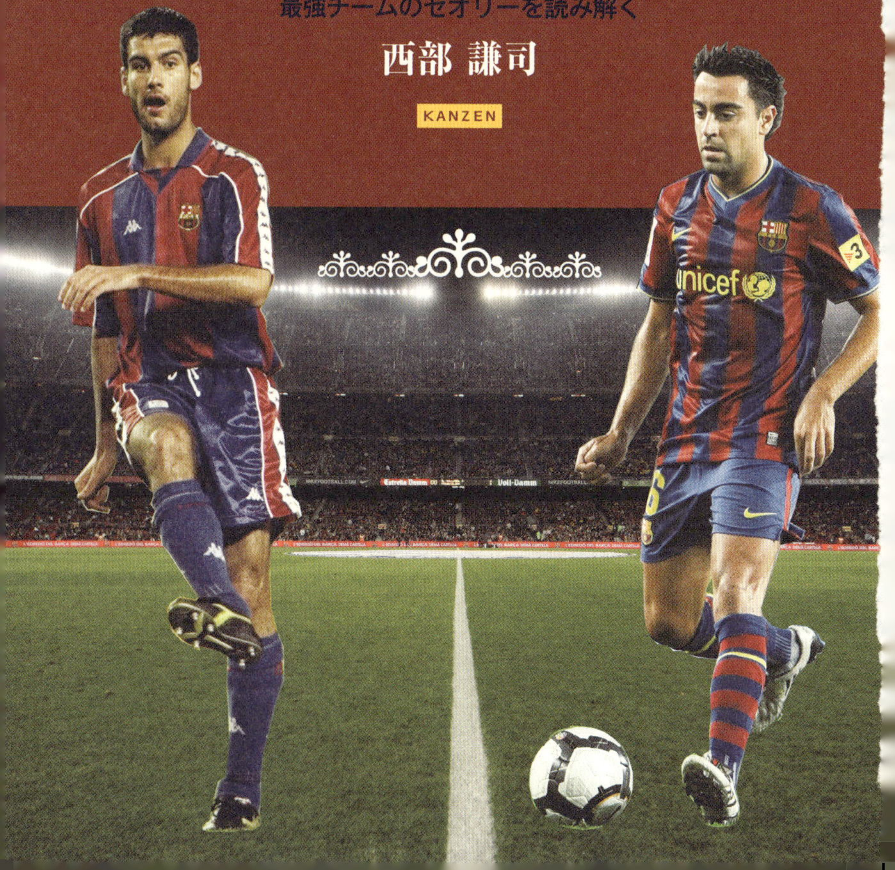

装丁 ゴトウアキヒロ (フライングダッチマン)

# サッカー バルセロナ戦術アナライズ

### 最強チームのセオリーを読み解く

西部 謙司

# サッカー バルセロナ戦術アナライズ 最強チームのセオリーを読み解く [目次]

はじめに　クワトロ・クラシコとバルセロナの魅力 …… 6

ドリームチームから現在に至るまでの主な戦績 …… 8

## Chapter 1　エル・クラシコの衝撃 …… 13

バルセロナ5-0レアル・マドリード／圧勝のメカニズム／引いていくセンターフォワードと"逆足"のウイング／"軽い"攻守の切り替えの速さ／誰がバルセロナを止められるのか？／10-11シーズンのバルセロナは史上最強か？／選手たちと修正能力

## Chapter 2　ドリームチームのデザイン …… 47

ヨハン・クライフの傑作／ヌメロ・クワトロ／1タッチプレーの6番／"クライフ型"の9番／ウイング＝戦術上、最も重要なポジション？／8番と10番／クーマンと3バックとスビサレータ

## Chapter 3　ドリームチームの足跡 …… 87

足跡①　88-89　クライフ監督の就任と"ヒッチコック・ディフェンス"／足跡②　89-90　クーマンとラウドルップの加入／足跡③　90-91　初優勝のシーズン／足跡④　91-92　連覇とヨーロッパ王者／足跡⑤　92-93　盤石のV3／足跡⑥　93-94　ロマーリオとストイチコフのV4／足跡⑦　94-95　サイクルの終焉／足跡⑧　95-96　世代交代の途中で

## Chapter 4 ドリームチームから現在まで

戦術はロナウド／アヤックス化の栄光と反発／迷走の3シーズン／ロナウジーニョと強いバルサの復権

……115

## Chapter 5 カルレス・レシャックのバルサ論

数学的なバルサ／ボールポゼッション＝勝ちに近い／数的優位の作り方／前進守備と整理されたプレッシング／1タッチプレーのためのライン作り／4番と6番 ドリームチームと現在のバルサ／走りすぎないこと／間（あいだ）で受ける

……139

## Chapter 6 バルセロナ式を読み解く Part 1

数合わせの種類／対応例① 4-4-1-1／対応例② 4-2-3-1／プレッシングの速さ／バルサ式プレスを外すアーセナル

……175

## Chapter 7 バルセロナ式を読み解く Part 2

執拗なショートパスによるつなぎ／中央突破／戻る動きとスペースの作り方／引きつけて裏のサイドアタック

……215

## Chapter 8 日本とバルサ

世界はバルサを目指している？／外来のサッカー／日本におけるバルサ① 村松尚登コーチの場合／日本におけるバルサ② 横浜フリューゲルスの場合／日本におけるバルサ③ ジェフ千葉の場合

……269

**おわりに** なぜ、バルサにハマるのか

……300

# ドリームチームから現在に至るまでの主な戦績

| シーズン | 監督 | リーグ順位 | その他のタイトル |
| --- | --- | --- | --- |
| 1988-1989 | ヨハン・クライフ | 2位 | UEFA CWC 優勝 |
| 1989-1990 | | 3位 | 国王杯 優勝 |
| 1990-1991 | | 優勝 | |
| 1991-1992 | | 優勝 | UEFA CL 優勝 |
| 1992-1993 | | 優勝 | |
| 1993-1994 | | 優勝 | |
| 1994-1995 | | 4位 | |
| 1995-1996 | | 3位 | |
| 1996-1997 | ボビー・ロブソン | 2位 | 国王杯・UEFA CWC 優勝 |
| 1997-1998 | ルイス・ファンハール | 優勝 | 国王杯 優勝 |
| 1998-1999 | | 優勝 | |
| 1999-2000 | | 2位 | |
| 2000-2001 | ロレンソ・セラ・フェレール→カルレス・レシャック | 4位 | |
| 2001-2002 | カルレス・レシャック | 4位 | |
| 2002-2003 | ルイス・ファンハール→ラドミール・アンティッチ | 6位 | |
| 2003-2004 | フランク・ライカールト | 2位 | |
| 2004-2005 | | 優勝 | |
| 2005-2006 | | 優勝 | UEFA CL 優勝 |
| 2006-2007 | | 2位 | |
| 2007-2008 | | 3位 | |
| 2008-2009 | ペップ・グァルディオラ | 優勝 | 国王杯・UEFA CL 優勝 |
| 2009-2010 | | 優勝 | |
| 2010-2011 | | 優勝 | UEFA CL 優勝 |

※ CWC はカップウィナーズカップ、CL はチャンピオンズリーグ

**ヨハン・クライフが率いた
ドリームチーム1994**
守備的サッカー全盛の時代
に、革命的な攻撃サッカーで
数々のタイトルを奪取

**フランク・ライカールトが
率いたチーム2004**
ロナウジーニョやデコ、エト
ーが中心となって、チームに
狂喜を呼び込んだ

**ペップ・グァルディオラが
率いるチーム2011**
脅威のポゼッションフットボ
ールで、もはや最強チームの
名を欲しいままに

## はじめに クワトロ・クラシコとバルセロナの魅力

バルセロナとレアル・マドリードの対決は、エル・クラシコと呼ばれている。

2010〜2011年シーズンは、このクラシコが5試合もあった。最初はバルセロナのホーム、カンプ・ノウでの国内リーグ戦。バルセロナが5−0で圧勝した。年が明けて4月16日からは、18日間で4回のクラシコという異例の事態になっている。

クワトロ・クラシコは、現在世界最強にして史上最強ではないかとさえいわれているバルセロナに対しての、永遠のライバルであるレアル・マドリードのチャレンジシリーズだった。バルサを倒せるとしたら、バルサキラーとして知られるジョゼ・モウリーニョ監督の率いるレアルをおいてない。大一番×4に、世界が注目した。

第一幕は国内リーグ戦。ホーム、サンチャゴ・ベルナベウにバルサを迎えたレアルは、本来はセンターバックであるペペを中盤の底のポジションに起用する。この作戦は、ある程度の成果をあげた。試合は1−1の引き分け。双方ともPKによる得点だった。ただ、モウリーニョ監督が手の内をすべてさらすとは思えなかった。この時点で首位バルサと2位レアルの勝ち点差は8、レアルのリーグ優勝はほぼ不可能である。となれば、残り3戦に何かのカードを残しておくに違いない。

第二幕、予想どおりモウリーニョ監督は次の手を打ってきた。バレンシアで行われた国王杯決勝、レアルの4-1-4-1システムは同じだったが、ペペのポジションが変わっていた。4バックの前の「1」ではなく、1トップの後ろの「4」、中央左のポジションに移動していた。ここはバルサのエース、リオネル・メッシの始動位置に重なる。メッシが侵入してくるディフェンスラインの前、いわゆるバイタルエリアにペペが待ち構える形ではなく、メッシがボールを受ける場所にペペを配置した。ペペを含めた「4」がプレスを仕掛け、レアルが前半のペースをつかむ。

しかし、ペップ・グァルディオラ監督は後半に修正を施してきた。メッシを右ウイングのポジションに移動させたのだ。このメッシの移動にペペが引っ張られ、レアルの守備はバランスを崩していく。それ以前に、前半の高い位置からのプレスはスタミナがもたず、後半はバルサが一方的に攻める展開になった。しかし、レアルはサンドバッグ状態を耐えしのぎ、延長に入るとクリスティアーノ・ロナウドのゴールで1-0と勝利。ついにバルサを倒して国王杯を手に入れた。

第三幕、ここからの2試合はUEFAチャンピオンズリーグ（CL）準決勝だ。

第1レグ、ホームのレアルは国王杯と同様の布陣を敷く。ただし、国王杯の前半のような高い位置でのプレスは控えめで、むしろわざとバルサにボールを持たせていた。どうやら第1レグは失点しないことに重きを置いたようだ。一発勝負の国王杯とは違って、CLは2試合の勝負である。モウリーニョ監督は、力関係でバルサが上と判断していたのだろう。残り2試合に勝つのは

まず無理で、1勝も簡単ではない。そのかわり、2引き分けならいけるかもしれない。第1レグを無失点で押さえれば、バルサは国王杯の120分間と合わせて210分間も得点がないことになる。そうなれば第2レグに大きなプレッシャーがかかってくる。その隙をついて1ゴールとれば、1−1で引き分けてもアウェーゴールの差でレアルは決勝へ行ける。現実的な計算だったと思う。

だが、レアルはペペが退場となり、メッシの2ゴールを浴びて敗れた。4試合で最も攻撃的な布陣を組んだが、攻撃しているのはバルサのほうだった。それでもレアルは何とか1点を返したが1−1の引き分け。2試合合計3−1でバルサが余裕を持って決勝へ進出した。

クワトロ・クラシコの結果は1勝2分1敗と、まったくの五分。しかし、バルサはリーグ優勝に王手をかけ、CL決勝進出を得たのに対して、レアルは国王杯を手にしたものの、より重要なCLで敗退し、リーグ戦も優勝が困難になってしまった点で敗北感は大きい。何より、4試合でレアルが主導権を握った試合は1つもなかった。

70パーセント近くボールを支配できれば、80パーセントの試合には勝てる。それがバルサの基本的な考え方である。20パーセントは負けることがあると覚悟しているのがバルサらしさでもある。国王杯は、その20パーセントが出たにすぎない。だから、バルサは残り2試合でもいつもどおりにプレーした。レアルは4試合で、それぞれ違う顔を見せた。それで五分の戦績を残したの

10

はモウリーニョ監督の手腕だろう。しかし、それが精一杯だったともいえる。

どうして、バルサはこんなに強いのか。なぜ、こんなに余裕なのか。

この本では、その理由を解き明かそうと試みた。その過程で、多くの方々のご助力をいただいた。

"ドリームチーム"と呼ばれたバルサのコーチで、その後にバルサの監督、Jリーグの横浜フリューゲルスでも監督を務めたカルレス・レシャック氏には、バルサ戦術の核になる部分をご教示いただいた。元ジェフユナイテッド千葉監督でU-15日本代表コーチの江尻篤彦氏、浦和レッズなどで監督を務めたゲルト・エンゲルス氏、FCバルセロナスクール福岡校コーチの村松尚登氏、カマターレ讃岐の元監督でサッカー解説者の羽中田昌氏のご協力にも、この場を借りて心から感謝申し上げます。

バルセロナのサッカーは非常に論理的で、数学的といえるかもしれない。一方で、サッカーの場合はたいていそうだが、言葉で説明するのは簡単ではない。1つ1つを言葉にしてつなぎ合わせてみると、つぎはぎだらけのフランケンシュタインの怪物みたいになってしまう危険性は十分ある。しかし、そうした不安を抱えながらも、バルサを読み解いていく作業は楽しかった。それは、バルサのサッカーそのものに魅力があるからだ。楽しさ。とにもかくにも、それがとても重要なバルサを知れば、もっとバルサを楽しめる。楽しさ。とにもかくにも、それがとても重要なバルサを読み解くうえでのキーワードに違いない。

## Chapter 1
## エル・クラシコの衝撃

Un golpe del "clásico"

## バルセロナ 5−0 レアル・マドリード

2010年最初の"エル・クラシコ"は、珍しく月曜日に行われた。

バルセロナvsレアル・マドリードは、少なくとも1シーズンに2回開催されるスペインサッカーの一大イベントであり、世界中のファンが注目するゲームである。歴史的、政治的に、そしてサッカー史上でも対立してきたスペインの2大クラブの対決。史上に残る数々の名勝負もあったエル・クラシコだが、10−11シーズンはいつにも増して注目を集めていた。

ジョゼ・モウリーニョ監督を迎えたレアル・マドリードは、クラシコが行われた時点でバルセロナを1ポイント差でリードし、リーグ首位に立っていた。エースのクリスティアーノ・ロナウドも好調。前節のアスレティック・ビルバオ戦では、ロナウドのハットトリックを含む5ゴールで5−1と快勝している。一方のバルセロナも、アルメリアに乗り込んで何と8−0の勝利を収めていた。こちらもエース、リオネル・メッシが3ゴールを叩き込んでいた。

首位攻防戦になることが多い両者の対決だが、このゲームにはそれ以外にも興味を引く要素が詰まっていた。メッシとロナウドのエース対決もそうだが、

"誰がバルセロナを止められるのか?"

## Chapter 1 エル・クラシコの衝撃

これが、いつも以上にクラシコが注目された理由だろう。それほどバルセロナのプレーは際立っていた。

最後にバルセロナを"止めた"のは、モウリーニョだった。09-10シーズンのUEFAチャンピオンズリーグ準決勝、モウリーニョ監督率いるインテルはホームの第1レグを3-1で勝利、カンプ・ノウでの第2レグは退場者を出しながらも守り抜き、0-1で敗れたが2試合合計3-2で決勝進出を決めた。インテルは、そのままバイエルン・ミュンヘンを破ってCL優勝を成し遂げている。

モウリーニョがバルセロナを破ったのは初めてではなく、チェルシーの監督のときも、かつて自分が通訳を務めていたバルセロナに勝っている。通算では負けのほうが多いのだが、モウリーニョはバルセロナキラーとみられていた。分厚い守備と鋭いカウンターアタックを武器に、バルセロナを倒した実績を持つ監督が、いまは宿敵のレアル・マドリードにいる。

アルゼンチン人のゴンサロ・イグアインは負傷していたが、南アフリカ・ワールドカップで活躍したメスト・エジル、サミ・ケディラ、アンヘル・ディマリアが加わったレアル・マドリードは順調に勝ち点を重ねて首位に立っていた。何よりも、バルセロナにとって天敵ともいえるモウリーニョがいる。もしかしたら、レアル・マドリードならばバルサを止められるのかもしれない。いや、もしレアルでも止められないなら、いったい誰がバルセロナを止められるのか……。

カンプ・ノウでの戦績はバルセロナ有利がはっきりしている。この時点でのチーム力でも、バ

ルセロナが上とみられていた。しかし、結果は大半の人々にとって予想外のものだった。

5－0！　完全なワンサイドゲーム。バルセロナの勝利を予想した人でも、まさかここまで大差がつくとは考えていなかっただろう。クラシコ史上に残るバルセロナの大勝利だった。

これまでにもクラシコで大差のついたゲームはある。ヨハン・クライフがプレーヤーとして全盛期にあった74年には、バルセロナが敵地サンチャゴ・ベルナベウで5－0と圧勝した歴史的な一戦があった。レアルがジダン、ロナウド、フィーゴ、ロベルト・カルロスなど"ギャラクティコ"と呼ばれたスター軍団を結成し、カンプ・ノウにおいて当然のごとく勝利してバルサファンを落胆させた試合もあった。サンチャゴ・ベルナベウで、レアルのファンにスタンディングオベーションさせたロナウジーニョの妙技もあった。

しかし、ここまで内容的に大差のついた試合はなかった。

バロンドールを主催していることで知られるフランスフットボール誌は、クリスマスの付録にバルセロナ5－0レアル・マドリードのDVDを付けた。サッカー史上に残るゲームとして、子供たちのための最良のサンプルとして、バルセロナのフットボールを認めたからだ。

世界中のファンに衝撃を与えたバルセロナは、本当にサッカー史上最強のチームなのか？　その強さの秘密は何なのか。まず、10年11月29日のエル・クラシコから解き明かしていこう。

## 圧勝のメカニズム

首位レアル・マドリードを迎えたカンプ・ノウは、序盤こそクラシコらしい緊迫感に包まれていたが、5分にメッシがループシュートをポストに当てたあたりから、一気にバルセロナの攻勢に傾いていった。

10分、バルセロナはチャビ・エルナンデスが先制ゴールを決める。

このゴールの過程には、バルサ圧勝の要因が集約されているといっていいだろう。そして、なぜこうまで強いのかという理由のいくつかも。

チャビの先制点に至るまで、バルセロナは12本ものパスをつないでいた。多くの得点は、もっと少ないパスから生まれる。1〜3本のパスから生まれるゴールが圧倒的に多く、5本を超えたパスからゴールに至るのはレアケースといっていい。日本でも一時、「ボールを奪ってから15秒以内にフィニッシュせよ」という指導が流行っていた。80年代までのイングランドは、パス本数と得点のデータをあげて、より直接的にゴールを目指す〝ダイレクトフットボール〟というスタイルを推奨していたこともある。ただ、数字は時にウソをつく。少ないパスが得点に結びついているのは事実だが、だからといってパスをつなぐのがいけないわけではない。自陣ゴール前での守備側のミスや、守りが薄いときのカウンターが得点になりやすいだけで、相手が厚く守ってい

るのに放り込んでもあまり点にはならない。

とはいえ、守備側があらかた帰陣している状態から点を奪うのは難しい。守備を固められたら、パスを回しながら隙をうかがっていく攻め方になるわけだが、そうした展開からゴールを奪うのはやはり簡単ではない。その点、12本ものパスを連続させて点をとれるバルセロナは、さすがに別格という印象である。

チャビの先制点は、チャビのドリブルから始まっている（図1）。

センターサークルのやや自陣寄りでパスを受けたチャビは、得意の左回りのターンでベンゼマのマークを外し、やはりセンターサークル付近にいたブスケツへ短いパスをつなぐ。ブスケツからパスを受けたメッシはチャビとパスを交換した後、ドリブルで前進して左へ展開。メッシのパスを受けたアンドレス・イニエスタが、対応に出たセルヒオ・ラモスをかわしてペナルティーエリアの中へ強いグラウンダーのパスを出す。そこへ、最初に起点になっていたチャビが走り込んでいた。

イニエスタの強いラストパスは、走り込むチャビのやや後ろに来た。普通の選手なら受けられないか、一度持ち直さなければならない場面だったが、チャビはとっさに右足を後方に伸ばしてボールに当てる。偶然か、それとも狙ったのかはわからない。だが、とっさに出した右足のカカトに当たったボールは完璧なワンタッチコントロールでチャビの目の前に浮いていた。スピードを落とすことなく、結果的に（？）完璧なワンタッチコントロールでGKイケル・カシージャスと1対1になったチャビは、

Chapter 1 エル・クラシコの衝撃

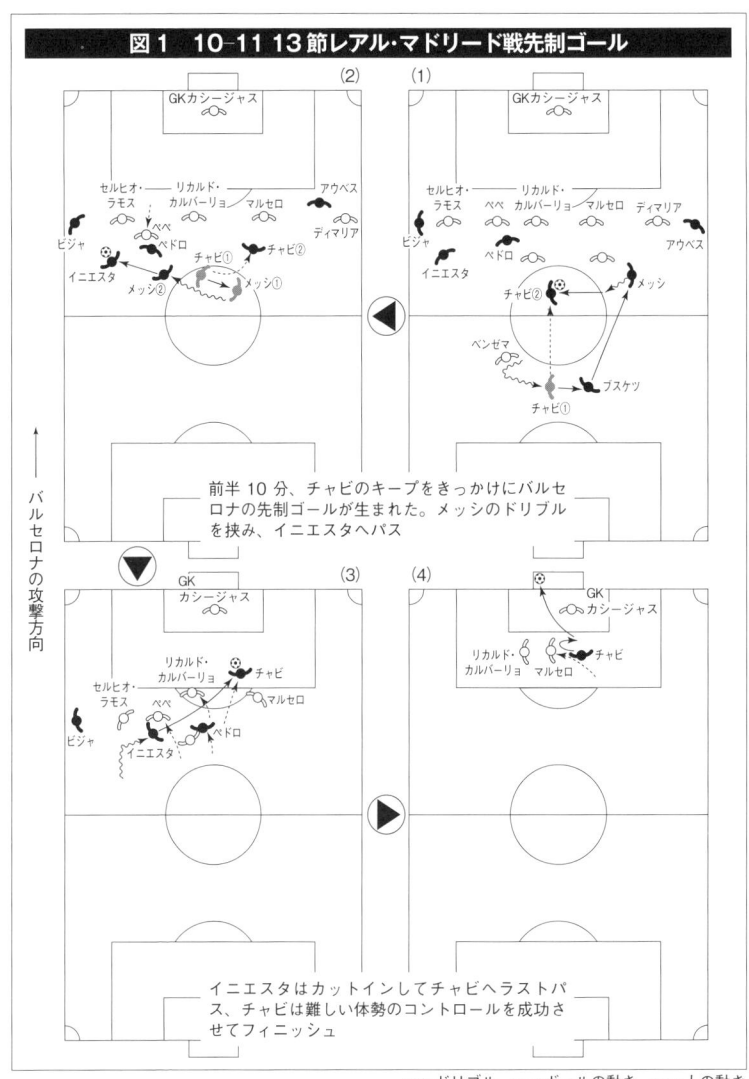

図1 10-11 13節レアル・マドリード戦先制ゴール

前半10分、チャビのキープをきっかけにバルセロナの先制ゴールが生まれた。メッシのドリブルを挟み、イニエスタへパス

イニエスタはカットインしてチャビへラストパス、チャビは難しい体勢のコントロールを成功させてフィニッシュ

〜〜〜▶ドリブル　──▶ボールの動き　‥‥▶人の動き

冷静にシュートを流し込んだ。

この先制点につながる一連のプレーには、いくつもの"バルセロナらしさ"がある。

まず、メッシのポジションに注目したい。

この試合のメッシのポジションはセンターフォワードだ。バルセロナのフォーメーションはいつもどおりの4-3-3。GKビクトル・バルデス、ディフェンスラインはセンターがジェラール・ピケとカルレス・プジョルのコンビ、右サイドにダニエル・アウベス、左がエリック・アビダル。MFはセルヒオ・ブスケツが中盤底のピボーテ、チャビとイニエスタの計3人。FWは右にペドロ、左にダビド・ビジャ、そして中央にメッシというのがキックオフ時のポジションである。

しかし、これはあくまで"キックオフ時のポジション"にすぎない。バルセロナのサッカーは"ポジション&ポゼッション"がベースになっている。ポジション（位置）とポゼッション（ボール支配）は、言葉が似ているので混同されがちだが、バルセロナのポゼッションフットボールはポジションだけでなく、実はポジションが重要なポイントなのだが、その点はまた後述したい。

さて、ここで注目したいのはセンターフォワードだ。メッシはセンターフォワードの位置にはいない。これは、このゲーム全体にとってカギになるポジショニングだった。

20

Chapter 1 エル・クラシコの衝撃

図2 バルセロナがレアル・マドリード陣内に押し込んだときのポジション

前線の左右にはビジャ、ダニエル・アウベスが張り出して幅を確保。センターフォワードのメッシは中盤に引く

バルセロナがレアル・マドリード陣内に押し込んだときのポジションは、主に次のようになっている（図2）。

右サイドは右サイドバックのダニエル・アウベスが前線に進出、左サイドはビジャが張っているる。バルセロナは、必ず両サイドに人を置いて攻撃の幅を作る。深く、広く、大きくがバルセロナの攻撃の基本で、両サイドのウイングプレーヤーはシューズの裏が白くなるように、つまりタッチラインを踏むぐらいに開く。ダニエル・アウベスはサイドバックでFWではないが、攻撃時には前に出て行くので右サイドは彼が幅を確保するポジションをとっている。バルセロナが、両サイドの本来は右ウイングのペドロが中央へ絞っている。ダニエル・アウベスが出てくるので、本来は右ウイングの彼がポジションを放棄することはない。

だが、中央にはメッシがいない。

メッシは中盤に引いているのだ。つまり、両ウイングはいるがセンターフォワードは存在しない。メッシの役割はセンターフォワードというよりもトップ下であり、そのためにバルセロナは中盤中央で数的優位になりやすいのだ。

このクラシコで、バルセロナはまるで人数が多いかのようにパスを回していた。ポンポンとテンポよくパスを回され、そのたびに戦闘意欲と体力をそぎ落とされているようだった。バルセロナの選手たちのパスワークが優れているのは確かである。ただ、中盤中央のエリアでは実際に数も多かったのだ。

22

引いたときのレアルのディフェンスラインは、ほぼ5人になっていた。右のセルヒオ・ラモスは主にビジャをマーク、左のマルセロはペドロをウォッチしている。さらにMFディマリアは対面のダニエル・アウベスをマークするために、ほとんど左サイドバックになっていた。しかし、中央を守るペペ、リカルド・カルバーリョにはマークすべき選手がおらず、2人は誰もいない無人地帯を守っている。

中盤はブスケツ、チャビ、イニエスタのバルセロナに対して、レアルはエジル、シャビ・アロンソ、ケディラと3対3になっているはずなのだが、そこへメッシが加わっているので実際には4対3の構図である。それが、あそこまでバルセロナがボールを支配できた背景だった。ならば、レアルのセンターバックであるペペ、リカルド・カルバーリョのどちらかが、中盤に引くメッシについていってマークすればよかったのではないかと思われるかもしれない。実際にそうしているケースもあったし、実はチャビの先制点の場面はそれにメッシが近かった。ペペがディフェンスラインから前に出て捕まえにいったのはメッシではなく、このときにトップ下の位置にいたペドロなのだが、それが失点につながっている。

もう一度、先制点の場面を振り返ってみよう（図3）。メッシがチャビとワンツーをかわしてドリブルに入ったとき、ペドロは〝引いたセンターフォワード〟の位置にいた。ボールを持っているメッシの前方中央にペドロ、左にイニエスタ、さらにタッチライン近くにビジャという状況だ。レアルのセンターバック、ペペはディフェンスラインの手前で浮いているペドロを捕まえる

ために前に出た。しかし、メッシはペドロではなくイニエスタへパスする。メッシのパスを受けたイニエスタは、対面のセルヒオ・ラモスをかわしてカットインする。ペドロを捕まえに動いたペペは、セルヒオ・ラモスをカバーするためにイニエスタへ向かう。イニエスタがラストパスを放ったのは、この瞬間だった。

ペペがペドロを捕まえに前方へ動いたとき、レアルの中央エリアを守っているのはリカルド・カルバーリョだけである。そして、"センターバックを1人にする"は、バルセロナが伝統的に使っている攻め手なのだ。

## ■■■■ 引いていくセンターフォワードと"逆足"のウイング

現在のバルセロナの土台になっているのが88～96年にヨハン・クライフ監督が率いていた"ドリームチーム"である。

クライフはサグラダ・ファミリアのようにバルセロナという作品の主題を描いた。クライフのフットボール哲学がデッサンであり、設計図で、その後に多くの監督たちが色をつけたり、新たなアイデアを足したりしている。基礎を打ったのはクライフだ。未完のサグラダ・ファミリアが、ガウディの死後も延々と工事中であるように、バルセロナも進化を続けている。しかし、サグラダ・ファミリアが、それを完成させなくてもガウディの作

Chapter 1 エル・クラシコの衝撃

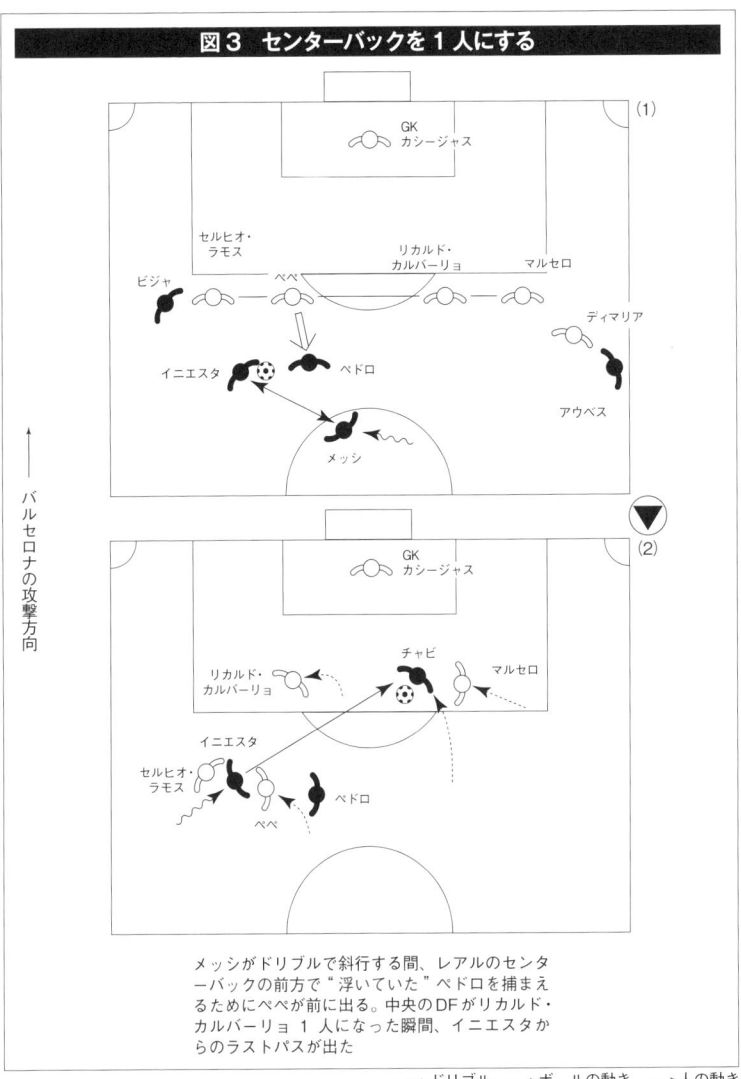

図3 センターバックを1人にする

メッシがドリブルで斜行する間、レアルのセンターバックの前方で"浮いていた"ペドロを捕まえるためにペペが前に出る。中央のDFがリカルド・カルバーリョ1人になった瞬間、イニエスタからのラストパスが出た

⤳ドリブル　→ボールの動き　……→人の動き

品であるように、バルセロナのフットボールにもクライフの刻印が押されている。

現役時代のクライフはセンターフォワードだった。ただ、そこにずっといるタイプではなかった。

ドリームチーム以降のバルセロナにも、あまり本格的なセンターフォワードがいない。クライフ色が薄くなった時期には、ロナウドやクライフェルトが活躍しているが、ドリームチームと比較されたフランク・ライカールト監督の時代、さらにドリームチームを超えた現在のペップ・グアルディオラ監督のチームにも、先頭に張ってゴールを狙い続けるタイプのセンターフォワードはいない。ズラタン・イブラヒモビッチは、その点でバルセロナの新たな試みでもあったのだが、結局は成功しなかった。唯一の例外は、ドリームチーム時代のロマーリオぐらいだろうか。

バルセロナに本格的なセンターフォワードがいない理由がある。意図的に、中盤に引いたりサイドへ流れたりするタイプを使っているのだ。

流れるようにつながるパスワークとともに、バルサらしさとして思い浮かぶのが、ペナルティーエリア内へのラストパスだ。ボックスの中へ正確なパスを通し、GKと1対1の状況を作ってフィニッシュする。バルサのゲームでは頻繁に見られるシーンだが、そのどちらにもセンターフォワードのポジショニングが関わっている。

センターフォワードが中盤に引いてパスワークに加わることで、中盤中央のエリアに数的優位を作ることができる。現役時代のクライフがそうだったように、テクニックに優れ、パスワーク

## Chapter 1 エル・クラシコの衝撃

の中心になれるようなセンターフォワードが好まれる。ドリームチームの時代ではミカエル・ラウドルップがこのタイプだった。ライカールト監督時代のサミュエル・エトーも、ずっと前方で待っているタイプではなく、引いたり流れたりと行動半径の大きいFWだった。現在のメッシも中盤に引いてくる。

同時に、センターフォワードが最前線から引くことで、相手チームのセンターバックは選択を迫られる。引いていくセンターフォワードを追ってマークすべきか、それとも最終ラインにとどまって正面中央のエリアを守るべきか。

センターフォワードをマークせず後方にとどまると、中盤で数的優位を作られ、パスを回されてしまう。しかし、センターバックの1人がバルセロナのセンターフォワードをマークするために前へ出てしまうと、最終ラインの中央をもう1人のセンターバックだけで守らなければならない。

それが何を意味するのかは、クラシコにおけるチャビの先制点が物語っている。

レアル・マドリードのセンターバック、ペペは前方に出た。このとき、最終ラインの中央を守るのはリカルド・カルバーリョのセンターバック1人になっている。そして、ゾーンディフェンスにおいて正面を1人で守るのは非常に難しい。2人なら守れる。だが、1人になると全く話が違ってくる。

イニエスタはペナルティーエリアの外、左側からチャビにラストパスを通した。このときチャビが走り込んだスペースは、イニエスタへ顔を向けていたリカルド・カルバーリョの背後であ

る。リカルド・カルバーリョと、左サイドバックのマルセロ、その間のスペースへ走り込んでいる。リカルド・カルバーリョには、もちろん前方の状況は見えている。しかし、背後の状況は確認しづらい。人間、背中に目はついていない。

これがペペとリカルド・カルバーリョの2人がスペースを埋めている状況だったならば、シャビの走り込む場所はリカルド・カルバーリョ（またはペペ）の守備範囲内になったはずだ。2人なら守れるが、し、センターバックが1人になったことで、そのスペースは空きになった。2人なら守れるが、1人では難しいのだ。

この局面では、左サイドバックのマルセロがもっとリカルド・カルバーリョ寄りにポジションをとっていれば、チャビへのパスには対応できていなかったかもしれない。ただ、そのときはレアルの左サイドにスペースが生じるので、チャビのゴールはなくても違う形から崩されていたかもしれない。いずれにしても、後方から飛び出してきたチャビへの対応が遅れた時点で、マルセロにはリカルド・カルバーリョのカバーはできなかった。

1人のセンターバックでは、背後の動きを捕捉できない。もう1人いれば、相方の背後をカバーして相手選手をマークしたり、ラインを揃えてオフサイドの位置に置くこともできる。しかし、センターバックが1人では顔が向いているボールサイドにしか反応できず、それも背後から回り込まれたら、そのエリアでさえも後手を踏むことになる（図4）。

センターバックを1人にする。そのためにセンターフォワードが陽動作戦を行う。これはバル

Chapter 1 エル・クラシコの衝撃

## 図4 センターバック1人の場合の守備の難しさ

バルセロナの攻撃方向

センターバックが1人の場合、背後への走り込みを感知しにくい。また、背後を回られた場合も対応が難しい

▽ 選手の視線　──▶ボールの動き　‥‥▶人の動き

セロナの定石となっている。
　センターバックが前方に釣り出され、不安定になったディフェンスラインの隙間に入り込むのは、ウイングプレーヤーやMFの役目だ。クラシコではMFチャビが縦へのランニングでレアルのディフェンスラインの間でパスを受け、そのまま裏へ抜けてゴールしたが、ウイングプレーヤーが斜めに走ってペナルティーエリアの中でラストパスを受けることも多い。バルセロナのセンターフォワードは半分プレーメーカーだが、ウイングは半分ストライカーなのだ。
　サイドと利き足の異なるウイングを使うのもバルセロナの伝統といっていいかもしれない。右サイドなら左利き（メッシャやフリスト・ストイチコフ）、左サイドなら右利き（ビジャ、ティエリ・アンリ、ロナウジーニョ）を置く。彼ら〝逆足のウイング〟は、縦に突破してクロスを送り込むよりも、中央へ入り込んでのシュートを期待されている。タッチライン沿いに縦へ抜けてクロスを蹴るのは、むしろサイドバックの役割だ。
　ボールポゼッションに重きを置くチームはバルセロナだけではないが、パスを回せてもなかなかフィニッシュに至らない、いたずらにボールを回しているだけになってしまうチームも少なくない。フィニッシュへ至るシナリオが描けていないからだ。バルセロナは持っている。ペナルティーエリアの中へパスをつなぎ、GKと1対1にするための方法論、いくつかのシナリオがあるわけだ。引いていくセンターフォワードや逆足のウイングは、そのための布石になっているわけだ。

## "軽い"選手たちと修正能力

バルセロナは中盤で数的優位を作ってパスを回す。その結果、相手のディフェンスラインは動くに動けないフリーズされた状態になる。その、足の止まったディフェンスラインの隙間をすり抜けていくのは、高速で軽量の選手たちだ。

バルセロナには"重い"選手が少ない。

ある程度重さが必要とされるゴールキーパーやセンターバック、ディフェンシブハーフ以外は、およそ上手くて速くて"軽い"選手で占められている。バルセロナを象徴するチャビ、イニエスタ、メッシ、ペドロといった選手たちは、いずれも軽量だ。軽い選手は小回りが利く。素速いターンやスタートダッシュができる。ペナルティーエリアへラストパスを通す攻撃では、こうした素速い軽量のアタッカーが適している。

重くて速い選手もいる。かつてバルセロナで1シーズンだけプレーしたブラジル人のロナウドは、速くて重さもあるFWだった。クラシコで対戦したレアル・マドリードのクリスティアーノ・ロナウドも速いだけでなく、ある程度重量感のあるアタッカーだ。

レアルのロナウドには、メッシにはないパワーがある。シュートレンジは広く、よりパワフルなシュートを打つ。また、いったんスピードに乗ったら速い。スペースを突っ走るときのロナウ

ドは、どの対戦相手にとっても脅威のFWだ。ただ、ロナウドにはペドロやメッシのような動きはできない。ロナウドは長身のわりには非常に敏捷だが、ペドロのような小回りは利かない。これはペドロよりロナウドが劣っているということではなく、タイプの違いであり、もっといえば体格の違いにすぎない。ただ、バルセロナにとって、とくにペナルティーエリアへ侵入していく攻撃にとって、ペドロはロナウド以上に価値のあるFWだといえるかもしれない。

さて、チャビの先制点に見られる、もう1つのバルサらしさは、修正能力の高さだ。イニエスタからチャビへのラストパスはズレていた。だが、チャビの驚異的なボールコントロールがそのズレを修正した。

このときのチャビのコントロールは偶然かもしれないが、そう言い切ることもできない。それほど彼らの修正能力が高いからだ。

好調時のバルセロナは流れるようにパスを回していく。1タッチ、2タッチ、短いドリブルやターンを挟み込み、完璧にボールが人から人へと渡っていく。しかし、本当は完璧ではない。実は細かいミスはけっこうあるのだ。パスが微妙にずれていたり、タイミングが遅れたり、早すぎたり……完璧に見えるのは、小さなミスを修正しているからだ。とくにチャビ、イニエスタは抜群の修正能力を持っている。

「1タッチでプレーできるのは素晴らしい選手。2タッチはまあまあの選手。3タッチは悪い選手」

かつて、クライフはこのように語っていた。

クライフが1タッチを称賛するのは、1タッチでプレーできる選手は最大限のプレッシャーの中でもプレーできるからだ。1タッチも許されない状況ではプレーできないが、1タッチしか許されないほどプレッシャーの厳しい中でもミスをせず、良いプレーができるとしたら、その選手は最も強い相手に対してもプレーできるということになる。2タッチが必要な選手ではプレーできない状況でも、1タッチプレーヤーには何かができる。

チャビとイニエスタは、1タッチプレーの名手だ。しかし、彼らは2タッチもドリブルも上手い。つまり、そのときの状況に応じてプレーできる。技術の幅があるので、何かを変更しなければならない瞬間にも対応が利くのだ。

ボールの受け方も関係がある。バルセロナの選手は、基本的にボールを持っている味方の正面を見せている。真正面でなく、斜めでも、顔と体をボールホルダーに見せる。そうすることで、ボールを持っている味方はパスを出すスペースを見つけることが容易になるのだ。ここでいうスペースは、10メートル四方の大きな面積ではなく、例えばスパイクの先といったぐらいの場所なのだが、そうしたスペースをいくつか見つけることができるし、刻々とその場所が変わっていく状況下でも、その場所を見つけやすくなっている。

逆に、ボールホルダーに背中を向けているとしたら、スペースはその受け手が動いている先の場所しか想定できない。もしかしたら、受け手は急に反転して足下でもらうつもりかもしれない

が、背中も顔もボールホルダーに向けていない状態からいきなり反転されても、パスの出し手はタイミングを計りづらい。

バルセロナの選手は、ボールホルダーに体の正面を見せながら、そのままバックステップを踏んで30メートルも移動することがよくある。こうしたボールの受け方が徹底されているのも、修正能力の高さにつながっていると思われる。つまり、パスを受け手の側で調整しやすくなっているわけだ。

## 攻守の切り替えの速さ

ボールをキープし、ほとんどの時間を相手陣内でプレーするバルセロナにとって、攻守の切り替えは重要なテーマである。

レアル・マドリードとのクラシコでもそうだったが、どの試合にも共通しているのが、ボールを失った後の守備の速さだ。これは前記した修正能力とも関係がある。

例えば、大きなスペースでパスを受けようと走り込んだが、味方のパスが短くて相手DFにカットされた。このとき、"受けられるはずだったスペース"まで惰性で走ってしまう選手をよく見かける。だが、バルセロナではあまりこういうシーンを見かけない。もちろん、足を止めてしまう瞬間もあるが、多くの場合はすぐに守備に切り替えている。いや、ボールがカットされる前

34

から、このパスはカットされると予想して、ランニングのコースを変え、相手ボールになる前からすでに守備に入ってしまう。

これも味方のパスがずれたときなどの修正と同じで、受け手の側で調整するという習慣が身についているからだろう。

出てしまったパスは、もう修正できない。修正できるのは、受け手だけなのだ。ずれたパスを修正できるのは受け手であり、敵にカットされてしまうミスパスに対して即座に守備に切り替えてミスの被害を最小限に食い止められるのも受け手である。

バルセロナは、その習慣が最も身についているチームの1つだと思う。いま、この瞬間に最大限の努力をするはずのスペースまで惰性で走ってしまう選手は、いわば過去の時間を生きている。すでに状況は変わっていて、走ってもそこにボールは到着しない。バルセロナの選手は、現在を生きている。先を読み、素早く現実に対処していく。

「現代のサッカーは攻守に動くことが求められているが、その点でルーズなのはFWだ。FWは味方のパスに文句を言って守備を怠っている。ならば、その隙にDFが攻撃していけばチャンスになる」

これもクライフの言葉だが、現在のバルセロナにもこうしたセンスが生かされているようだ。

## 誰がバルセロナを止められるのか？

10-11シーズン最初のクラシコは、バルセロナの大勝に終わった。

チャビの先制点の後、ビジャのドリブル突破からペドロが決めて2-0。リードされたレアル・マドリードは前に出てくる。すると、大きくなった背後のスペースが脅威になる。押し込んだときは中盤へ引き、自分たちが引いたときは前方に残ってカウンターの切り札になっていた。ハーフタイム、レアルのモウリーニョ監督はエジルを下げてラサナ・ディアラをピッチに送った。中盤でバルセロナのパスワークを制限できないと勝負にならないと判断したのだろう。だが、もはや焼け石に水だった。

55分、右サイドからメッシが中央へドリブルでカットイン、硬直したレアルのディフェンスラインの裏へビジャが抜け出し、スルーパスを受けて3-0。さらに58分には、高くなったレアルのディフェンスラインの裏へビジャが走り、メッシからのピンポイントのロングスルーパスが通って4-0。交代出場のジェフレンが加点して5-0。

試合後、大敗したモウリーニョ監督の表情はむしろさばさばしたものだった。クラシコはもう一度ある（実際には4回もあったが）。今度はレアルのホーム、サンチャゴ・ベルナベウだ。あ

## Chapter 1 エル・クラシコの衝撃

る意味、モウリーニョは最大限の抵抗をしなかった。例えば、前シーズンのCLでインテルを率いてバルセロナを破ったときがそうだったように、ゴール前に引いて厚く守り、カウンターを仕掛ける方法は採らなかった。当面、バルセロナに抵抗できる唯一の有効な方法なのははっきりしているのだが、自らそれを実践したモウリーニョが、クラシコではそうしなかった。まだ、彼はカードを残しているわけだ。

とはいえ、それだけではバルセロナの優位は動かない。引いて、ブロックを作って守り、カウンターを狙う。この方法がとりあえず最も有効なのは確かだが、確率としては10回やって何回は勝てるかもしれないというレベルであって、優勢に立てるわけではない。

バルセロナに対抗する手段は1つではない。ただ、いまのところ有効な方法は1つしか示されていない。

おそらくバルサが一番嫌なのは、ボールをキープされることだ。パスを回され、自陣に押し込まれ、奪ったボールにも素早くプレッシングを仕掛けてくるチーム、つまり自分たちと同じことをやってくるチームは最も嫌なはずである。なぜなら、バルサは自分たちがボールをキープし、主導権を握ることを前提に現在のプレースタイルを構築しているからだ。

チャビ、イニエスタ、ペドロ、メッシといった軽量快足の選手たちは、自陣で守備をするのに適していない。タックルしてボールを奪ったり、競り合ったり、ヘディングでクリアしたりするための選手ではない。

しかし、このバルセロナと同じような戦い方を挑んで成功した例がない。バルセロナ以上にバルセロナらしいプレーをするチームはないからだ。アーセナルも、ビジャレアルも上手くいかなかった。正面から堂々の戦いを挑んだチームは、玉砕という結果に終わっている。ボール支配でバルセロナに対抗するのは難しく、それ以上に打ち合いの様相になったときにフィニッシュの差が出てしまうのだ。

エル・クラシコの後になるが、CL決勝ラウンドでアーセナルが唯一の例外になっている。ホームの第1レグ、アーセナルは高いラインを敷いてバルサのパス回しに対抗し、ボールを奪えば果敢に攻めた。ただ、試合全般はバルサの優勢で、アーセナルは何度かのカウンターアタックを成功させたにすぎない。2-1で勝利したものの圧勝したわけではなく、カンプ・ノウでの第2レグはシュート0本で完敗だった。

いまのところ、対バルサで最も手堅い方法は、中盤を放棄して自陣に引いて守備を固める戦い方である。

09-10シーズンのCL準決勝で対戦したインテルがそうだったし、その前の08-09シーズンの準決勝でバルセロナを苦しめたチェルシーもそのやり方だった。10-11シーズンのグループリーグで対戦したルビン・カザン、コペンハーゲンも同様の方法でそれなりの成果をあげている。

バルセロナの攻撃の唯一の欠点は、ゴール前に高さがないことだ。ハイクロスをヘディングでゴールできるFWがいない。そこで、守備を固めるチームは意図的にサイドを空けてバルセロナ

38

の攻撃をサイドへ誘導する。そこからのハイクロスならば、最も被害が少ないからだ。まず、ペナルティーエリアのすぐ外に、大型バスを横付けするように守備ブロックを築く。4バックの前に、同じように4人か5人のラインを敷く。2本のラインの間隔を狭く保ち、しかも中央を重点的に固める。そして、これは意外に思えるかもしれないが、さほど厳しくプレッシャーをかけにいかない。

もちろん、奪えると思ったら厳しく寄せていくが、それ以外は前面に立ちふさがるだけで積極的にとりにはいかない。前面をふさぎ、その後ろも厳重にカバーされている様子をバルセロナの選手に見せて、攻撃をサイドへ誘導していく。

サイドへ誘導しても慌ててつっこんでいかない。味方のMFが近くにくるまでは、やはり前面をふさいで対峙する。仮にここからクロスを蹴られても、前記したようにバルサのアタッカーには高さがないので大きな脅威にはならないからだ。ここでもカバーリングの選手を見せて、ドリブル突破を諦めさせる。

こうしてバルセロナに何度も攻め直しをさせる。ただ、これだけではボールを奪えないし、奪ってもカウンターアタックを成功させるのは難しい。バルサはカウンター潰しが上手いからだ。

カウンターを成功させるには、前線に強力なアタッカーが必要だが、それ以前に、できれば引いたディフェンスラインを少しでも押し上げたい。自陣ペナルティーエリアのすぐ外でボールを奪うのと、それより20メートル前で奪うのではカウンターのやりやすさが違ってくる。

自陣深くでは、素早くプレッシャーをかけられると前方へ正確につなぐのは難しくなる。最低でも8人がボールより後方でプレーしているから、前方には1人か2人しかいない。そこはバルサのDFにも狙われているから、ボールを渡すのが難しいし、サポートにも時間がかかる。

しかし、もう少し前方でボールを奪えれば、MFやサイドバックが短い時間で飛び出していけるので、カウンターが形になりやすい。

その点で、09−10シーズンでバルセロナと対戦したときに、ディフェンスラインの位置をペナルティーエリアの外側10メートルから下げなかったマヌエル・ペジェグリーニ監督（当時はレアル・マドリード）のやり方は興味深かった。同じ〝バスを置く〟のでも、ペナルティーエリアのすぐ外ではなく、もっと前に置いた。これで守れるなら、カウンターはずっとやりやすい。だが、レアルはある程度は守れる時間帯もあったのだが、結果は惨敗だった。やはり安全なのは背後のスペースを17メートルに限定して守り、チャンスがあれば前方に押し上げて、そこで奪えば……という戦い方になるようだ。

有効なカウンターのやり方は、攻撃の持ち駒で変わってくる。インテルが成功したのは強固な守備以上に、カウンター時のタレントを擁していたことにある。ディエゴ・ミリート、ウェスレイ・スナイデル、サミュエル・エトー、マイコンといった個人能力に優れたタレントの質と量が充実していた。守備のやり方だけなら、スペインリーグでバルサと対戦するほとんどのチームが同じなのだ。

"バスを置く"以外の戦い方もないわけではない。少々乱暴だが、前線に3人を並べてロングボールを出していく。ロングボール自体はほとんどバルセロナのDFにカットされるだろう。それでいい。自陣でロングボールをカットしたバルサは、まず蹴り返してはこない。そこが自陣でも、彼らはパスをつないでビルドアップしようとする。そこを狙うのだ。

そして、そのときはチャビ、イニエスタをマンツーマンでマークする。

ゾーンで守っている限り、バルセロナのビルドアップを阻止するのは至難の業だ。なぜなら、チャビとイニエスタ、さらにメッシといった選手は、ゾーンの隙間でボールを受けるのが上手く、そこで受けて失わないからだ。

ゾーンディフェンスはチャレンジ&カバーを原則としている。自分のゾーンにいる敵にボールが渡ったらプレッシャーをかけ、その斜め背後を味方がカバーする。つまり、ボールにチャレンジする選手と、背後をカバーする選手の間には必ず"深さ"が生じる。そのギャップに潜り込めば、パスを受けることができる。

とくにチャビやイニエスタは、その場所でパスを受けて1タッチでスムーズに前を向くテクニックを持ち、カバーの選手がプレッシャーをかけてくるときには、すでに決定的な仕事をする能力がある。ゾーンの原則に忠実であるかぎり、チャビやイニエスタには必ずボールを受けられてしまうから、ゾーンで守っているだけではバルセロナの攻撃は阻止できないのだ。

そこで、バルセロナが自陣からビルドアップを開始するときには、予めチャビ、イニエスタにはマンツーマンでピタリとついてパスが渡らないようにする。ロングボール→3人のFWによるプレス→さらにチャビ、イニエスタへのマンマーク。これで相手陣内や中盤でのボール奪取が可能になる。そうなれば、自陣深くから攻め返すよりも、ずっと可能性のある攻撃を仕掛けることができるはずだ。

実は、バルセロナ自身がこれに近いプレッシングを行っている。

敵陣でボールを失ったら、ただちに周囲の選手たちがプレッシャーをかけ、さらに待機しているブスケツなど、攻撃時に〝動いていない〟選手がパスの出所を抑えていく。このときのバルセロナのプレッシングは〝人〟を抑えにいっている。プレッシングがかからないと判断した場合は、すーっと引いてゾーンの網を張るけれども、ボールを失った瞬間の初動のプレッシングはまず人を抑えることを狙っている。

そこで、バルセロナに対抗するために、敵陣でのプレッシングのやり方だけバルセロナをコピーする。

バルセロナは多少のプレッシャーならロングボールで逃げず、パスをつなごうとする。そこを狙うのだ。ただ、パスワークでバルサに対抗するのは無謀なので、前線へのボールの入れ方はロングボール一本でいい。まず、前線の3人へ長いボールを蹴り、奪われたところで中盤で待機している選手たちがチャビ、イニエスタを中心にマーク。高い位置で奪ってショートカウンターを

Chapter 1 エル・クラシコの衝撃

かける。

この方法は、ビジャレアルに対してバレンシアが行い、それなりの成果はあげていた（ビジャレアルのホームで引き分け）。ビジャレアルも自陣からでもつないでくるチームなので、対バルセロナにも有効だと思う。しかし、難点もある。そんなに長い時間はできないのだ。

早めにロングボールを蹴ってプレス、これを持続できるのは長くて20分間ぐらいだろう。ビジャレアルに対して行ったバレンシアの場合も、だいたい15分ぐらいでペースダウンした。プレスのスピードが落ちてしまったら、かえって危険である。なので、このやり方は前後半の立ち上がりから15分間を目処とし、それ以降は対バルサの定石になっている深く引いて守る方法とセットになる。合計30分のうちに得点を狙い、あとは守る。

いずれバルセロナを破るチームは出てくるだろう。1つのチームがピークを維持できる期間は簡にかぎられている。スーパーチームにも旬はある。けれども、当面バルセロナを上回るチームは簡単に出てきそうもない。

■■■■
## 10-11シーズンのバルセロナは史上最強か？

サッカー史上には、いくつかのスーパーチームが存在した。

50年代には、ハンガリー代表が圧倒的な強さをみせつけた。このときのハンガリーは、いくつ

かの点で現在のバルセロナと共通項を持っている。引いていくセンターフォワードのナンドール・ヒデグチ、左足のスーパースターでプレーメーカー兼ストライカーのフェレンツ・プスカスがいた。現在のバルサでは、メッシがヒデグチの役割を担い、同時にプスカスの存在感と得点力を示している。素早いパスワークや前線からの守備、速い攻守の切り替えも共通項だ。

50〜60年代は、チャンピオンズカップで5連覇したレアル・マドリードの全盛期だった。ヨハン・クライフのモデルといわれているアルフレッド・ディステファノが中心で、世界最速といわれた左ウイングのフランシスコ・ヘント、さらにレイモン・コパ、プスカスなどがプレーしたスーパースター軍団だった。

やはり50〜60年代では、ブラジル代表がW杯に3度の優勝を果たしている（58、62、70年）。ペレとガリンシャ、2人の天才を擁した前半期、さらにリベリーノやジャイルジーニョ、トスタンらの新しい世代が台頭した70年の優勝チームがあった。

専門家の評価や戦績など、総合的にみて50〜60年代のハンガリー、レアル・マドリード、ブラジルの3つが史上最高クラスにあげられるだろう。

70年代には、現代サッカーのオランダ代表のモデルともいわれるアヤックスが台頭している。アヤックスのスタイルは74年W杯のオランダ代表にも通じていて、クライフが監督としてバルセロナに移植した哲学はこのときのアヤックス、オランダが元だ。それ以前に、アヤックスの基礎を築いたリヌス・ミケルス監督がバルサに来て種を撒いている。現在のバルセロナの先祖ともいえるスタイル

である。

72年のヨーロッパ選手権に優勝した西ドイツも印象的なチームだった。フランツ・ベッケンバウアー、ギュンター・ネッツァー、ゲルト・ミュラーの縦軸が強力。モダンで力強いプレーを披露した。

80年代はイングランドのクラブチームがヨーロッパを席巻した、中でも強力だったのはリバプールだ。ゾーンディフェンスはその後のACミランの"プレッシング"に大きな影響を与えている。

90年代にはプレッシングを確立したミランと、ドリームチームと呼ばれたバルセロナが注目を集めたチームだった。その後、ユベントスやルイス・ファンハール監督の下に復活したアヤックス、レアル・マドリード、マンチェスター・ユナイテッドなどが覇を競う。ただ、ミランと同等のインパクトを与えた存在となると、2回目の黄金時代を迎えたアヤックスで最後かもしれない。

70年代以降では、オランダ（74年）、西ドイツ（72年）、ミラン（89年）が3大チームだろうか。

ほかにも強力なチームはあるが、ハンガリー、レアル・マドリード、ブラジル、オランダ、西ドイツ、ミランと比べて、現在のバルセロナはどういった位置づけになるのだろうか。

グァルディオラ監督が就任した08-09シーズンには、リーグ、国王杯、CLと3冠を達成。09-

10シーズンはCLこそ準決勝でインテルに敗れたものの、リーグ連覇を果たした。09-10は81・92％と圧倒的な戦績を残している。では、プレー内容はどうか。

昔と今のチームを単純に比べるのは難しい。最近はインターネットでかつての試合も見られるようになっている。史上最高クラスのスーパーチームとしてあげたブラジルやオランダ、ハンガリーの試合さえも見ることが可能になった。単純な印象でいえば、現在のバルセロナがベストチームだ。ただ、40年も50年も昔のチームと単純に比較するのはフェアではないだろう。その時代における優位性、戦術的な先進性も加味されるべきだろう。

バルセロナはまだ現在進行形のチームであり、あと1、2シーズンはピークを維持する可能性がある。その間に、また人々に与える印象も変わってくるかもしれない。しかし、10-11シーズンという切り取り方をしても、史上に名を残すスーパーチームに遜色のない輝きを放っていると思う。史上最高かどうかはともかく、その中の1つには数えられるであろう、歴史的なチームではあると思う。

# Chapter 2
## ドリームチームのデザイン

El plan del "Dream team"

## ヨハン・クライフの傑作

ヨハン・クライフがバルセロナの監督に就任したのは1988年。よく知られているように、ここから現在のバルセロナが始まっている。

もう少しさかのぼれば、リヌス・ミケルス監督のバルサにクライフが移籍してきた1973年が、現在のバルサにつながる起点といえるかもしれないが、直接的に強いつながりを持っているのは88年のクライフ監督からだろう。

88-89シーズンのリーグは2位でフィニッシュ、クラブ史上3回目になるカップウィナーズカップを獲得している。クライフ監督の2年目はリーグ3位、このシーズンは国王杯で優勝。最初の2シーズンで、2つの大きなタイトルを獲得しているものの、まだ国内リーグ制覇は成し遂げていない。

リーグ初優勝は3年目の90-91シーズン、ここから国内リーグ4連覇を果たす。91-92シーズンはクラブ初のUEFAチャンピオンズカップ優勝の快挙を達成。クライフ監督率いるバルセロナは〝ドリームチーム〟と呼ばれるようになった。

現在、ペップ・グァルディオラ監督が率いるバルセロナは、ドリームチームを基礎としている。グァルディオラはクライフを画家のラファエロにたとえ、

## Chapter 2　ドリームチームのデザイン

「全体像を描いたのはクライフだ。ラファエロの作品が多くの弟子たちの手によって完成されたように、クライフの仕事を我々が受け継いでいる」

と、語っている。バルセロナの魅力と強みは、その継続性にあるのだが、まずクライフの描いたフットボールのデザイン、フィロソフィーが秀逸だった。

クライフの影響力は圧倒的で、彼なしにはドリームチームはもちろん、現在のバルセロナもありえなかっただろう。クライフは何を考え、何をピッチ上にもたらしたのかは、現在のバルセロナについて語るうえでも欠かせない。

では、クライフはいったい何をもたらしたのか？

簡単にいえば、アヤックスのフットボールをバルセロナに移植した。

彼が初めて監督になったのは、自身が選手として黄金時代を築いたアヤックス・アムステルダムだ。85年にテクニカルディレクターという名目で監督に就任し（コーチングライセンスを取得していなかった）、86、87年にKNVBカップに優勝、87年にはカップウィナーズカップを獲得している。アヤックスで用いた戦術は、バルセロナにそのまま持ち込まれることになる。

クライフ監督時代のアヤックスは、当時としては画期的ともいえる3—4—3のフォーメーションだった。

80年代の主流は4—4—2、または3—5—2である。前者はチャンピオンズカップを席巻したイングランドのクラブが得意としていた。4人のゾーンディフェンス、2人のセントラルMF、サ

イドMF、そして2トップ。一方、3-5-2はマンツーマンの守備をベースに発展したもので、相手の2トップに対して2人のDFがマンマークし、背後をリベロがカバーする3バック。中盤は中央に3人、両サイドには〝ウイングバック〟を配置、前線は2トップという形が多かった。

4-4-2、3-5-2のどちらにしても、当時の主流は2トップだ。ところが、アヤックスは3人のFWを前線に置いている。そこが冒険的といわれたゆえんだが、アヤックスが変わっていたのはそれだけではない。3トップの背後にはセカンドトップを配置しているので、実質的にFWは4人使っていた。中盤は前線をサポートし、リンクする攻撃的なMFが2人、そして中央にシステムのキーマンとなる、やがてバルサでそう呼ばれるようになった〝4番〟がいる。相手の2トップに対しては3人のDFで対応した。1人がリベロとして前に出した形になるが、むしろリベロを余らせるというよりも、元はリベロだった〝4番〟を前に出した形と解釈されている。

この3-4-3の形は、そのままバルセロナに移植された。ただ、それがドリームチームの本質とはいえないだろう。そこに込められた意味が、現在まで受け継がれ、バルセロナのフットボールの骨格を形成している。

3-4-3という形も珍しかったが、どうプレーするのかという考え方そのものが、他のチームとは違っていた。

## ヌメロ・クワトロ

日本でもCSで放送されている「バルサTV」という番組がある。その特集で「リメンバー・ボス」というバルセロナの歴代監督にスポットを当てたドキュメンタリーがある。歴代最長の8シーズンを率いたヨハン・クライフは、3回に分けて放送されていた。

ドリームチームの戦術を中心にした2回目の放送では、クライフがインタビューに応じて、彼のフットボールについての考え方をわかりやすく語っていた。ただ、「わかりやすく」といっても、理解するには難しいところもある。言葉自体はたいへんわかりやすいのだが、その意味するところについては「？」という感じだろうか。

戦術メインのインタビューなので、インタビュアーは緑色の戦術板を用意して臨んでいた。戦術板というより、ピッチが描かれた緑色の布だった。その上に、選手の代用となる丸いコマを乗せて使うわけだ。ところが、話が始まるや、クライフはテーブル上の戦術板ならぬ戦術布を手前に引き寄せ、その結果、ピッチの3分の1ほどがテーブルから垂れ下がってしまった。冒頭からクライフらしくて可笑しかったのだが、ここに彼のフットボール哲学が表れていたといえるかもしれない。

使うつもりがないのだ、ピッチの3分の1は。

自陣側の3分の1、この地域はバルセロナにとってはGKのエリアなのだが、クライフはいきなりこの部分の説明を省略してしまった。基本的にピッチの3分の2しか使わない、あるいは使う気がない。クライフはセンターサークルから自陣に入った地域にDFとして3つのコマを置き、センターサークルに1つのコマを置く。

「これが最も重要な選手だ」

センターサークルに置いた選手は背番号4（ヌメロ・クワトロ）である。

ドリームチームで、このポジションの代表選手といえば現監督のペップ・グァルディオラだった。グァルディオラの背番号は3番が多く、ドリームチームで実際に4番をつけていたのはロナルド・クーマンなのだが、クライフにとってそこは「4番」のポジションであり、バルサファンにも〝クワトロ〟のポジションとして知られている。

クライフ監督の1年目、主にここでプレーしたのはミジャだった。先発メンバーが1〜11番を着ることになっていた当時、ミジャは4番のジャージを着てプレーしている。2年目にクーマンが加入し、やはり4番でこのポジションを務める。やがてグァルディオラが台頭するとクーマンはDFにポジションを下げるのだが、背番号はそのまま4番をつけていた。おそらくそれでグァルディオラは空いていた3番を着ることになったのだろう。

いわゆるポジション番号制だったとはいえ、選手には背番号への愛着があったようで、センターフォワードだったミカエル・ラウドルップはウイングに回っても9番のままだった。ホセ・マ

## Chapter 2　ドリームチームのデザイン

さて、4番の話。クライフが「最も重要なポジション」と言ったのと、ピッチの3分の2しか使うつもりがないのには、密接な関係がある。後方からのビルドアップにおいて、4番はボールの経由地点になる。ボールは4番へ集められ、4番から各ポジションに散らされていく。そこで、この4番には最も技術の高い選手が起用された。パスを受け、配球する能力に優れていることが4番の条件である。

このポジションはアンカー、ワイパー、中盤の底、ディフェンシブハーフなどと呼ばれていたように、一般的には守備力のある選手が起用されていた。味方ディフェンスラインのすぐ前で、相手の攻撃の芽を摘み取る役割。ときに防波堤となり、露払いを務める。第一に守備力が求められるポジションと考えられていた。

ところが、クライフが4番に起用したミジャ、グアルディオラは、体の線も細くて体重も軽く、守備力もとくに優れている選手ではなかった。クライフが求めていた4番は、パスの受け渡しにとびきり優れた技巧派であって、守備力は二の次だったのだ。なぜか。

ボールを持っているかぎり、守備をする必要がないからだ。チームがボールを保持しているかぎり、守備をする必要がない。そして、ボールを保持するには、4番のポジションにパワークの軸となれる選手を置きたい。ビルドアップの中心になる4番はほとんどミスをしないので、ボールは自然とつながっていく。ボールを保持する時間が長け

れば、敵陣でプレーする時間も長くなる。だから、自陣の3分の1でプレーすることはほとんどない（実際にはそうでもないのだが、理想としてはそういう考え方）。ひとことでまとめると、攻撃は最大の防御。これがクライフとバルセロナの根幹にある考え方である。

バルサの4番は、位置的には3バックの前だ。ダイヤモンド型のMFの底にあたるから、一般的にはディフェンシブハーフと呼ばれる位置である。しかし、このポジションを任される選手の特徴は全くディフェンシブではなかった。

位置が後方寄りなだけで、プレーの特徴はパスワークの中心であり、プレーメーカーで、攻撃に強みのある選手なのだ。パスワークをスムーズにしてボールをキープするため、攻撃するめ、あるいは守備をしないための選手といえる。攻撃をすることで守備に貢献する選手ということになるだろうか。

後方だから守備の強い選手、ではなく、ボールを失わない選手を起用する。こうした発想はクライフらしい。天才と呼ばれるゆえんだが、一般的な考え方とは全く違う発想は、ドリームチームの構築において随所に出てくる。バルセロナの選手たちも、最初はクライフの考え方が理解できなかったそうだ。

## 1 タッチプレーの6番

ドリームチームの背番号6は、いわゆるトップ下のポジションである。

トップ下といえば、たいがいは10番だ。WMシステムの時代なら、インサイドレフトが10番なのだが、トップ下はその流れをくんでいる。ところが、バルセロナではなぜか6番。これは3-4-3が、4-3-3から変化したフォーメーションだと考えると説明がつく（図5）。

4バックは右から2、3、4、5番。このうち中央の4番が、1つ前方にポジションを上げた。例のクワトロのポジションだ。MFから前方は、WM時代のポジション番号をあてはめると、右ウイングが7、右のインサイドフォワードが8、左が10、センターフォワードが9、左ウイングが11となる。6番はどこかというと、4-3-3の中盤の中央になる。ただ、ここには4番が上がってくるので、6番が1つ前方に押し出されたと考えると辻褄が合うわけだ。

ちなみに、現在のバルセロナのフォーメーションは4-3-3に戻っている。そのため、かつての4番に該当する役割をする選手の背番号は6番になっている。この4番から6番への変化は、ドリームチームから現在のバルサへの変化を象徴しているのだが、この点はチャプター5で述べる。ともあれ、ドリームチームのトップ下は6番だった。

トップ下が6番というのも珍しいが、背番号だけでなく、求められるプレーも一般的なトップ

下のイメージとは少し違っていた。

80〜90年代のトップ下といえば、ミッシェル・プラティニ、ジーコ、ディエゴ・マラドーナに代表される、ゲームを組み立てて決定的なパスを出し、自らも得点を狙う、いわゆるナンバー10のイメージが強い。攻撃のエースであり、敵のMFとDFの間のバイタルエリアと呼ばれる地域に侵入し、そこで前向きにプレーする。ドリブルで崩し、スルーパスで切り裂き、シュートを放つ、とても華のあるプレースタイルだ。

ところが、ドリームチームで6番を背負っていたホセ・マリア・バケーロは、ちょっと違うタイプなのだ。

バケーロは1タッチプレーの名手だった。がっちりとしているが背は高くない。極端なO脚。ほとんどドリブルはしない。小柄な部類なのにヘディングシュートが得意で、クロスに飛び込んでのダイレクトシュートやヘディングシュートで多くの得点をゲットしていた。レアル・ソシエダで8シーズンプレーした後、他のバスク人プレーヤーとともにバルセロナに移籍している。

クライフ監督が就任した88-89シーズンはバケーロをはじめ、バスク人が多かったのでバルセロナをもじって〝バスクローナ〟と呼ばれていた。バスクはスペインでは名選手の宝庫だ。闘争心に溢れていて逞しいタイプが多い。クライフの就任が決まる前、ホセ・ルイス・ヌニェス会長はハビエル・クレメンテ（当時はアトレティコ・マドリードの監督）に相談を持ちかけていたという。そのとき、バスク人のクレメンテが推薦したのがバスクローナの面々だった。つまり、本

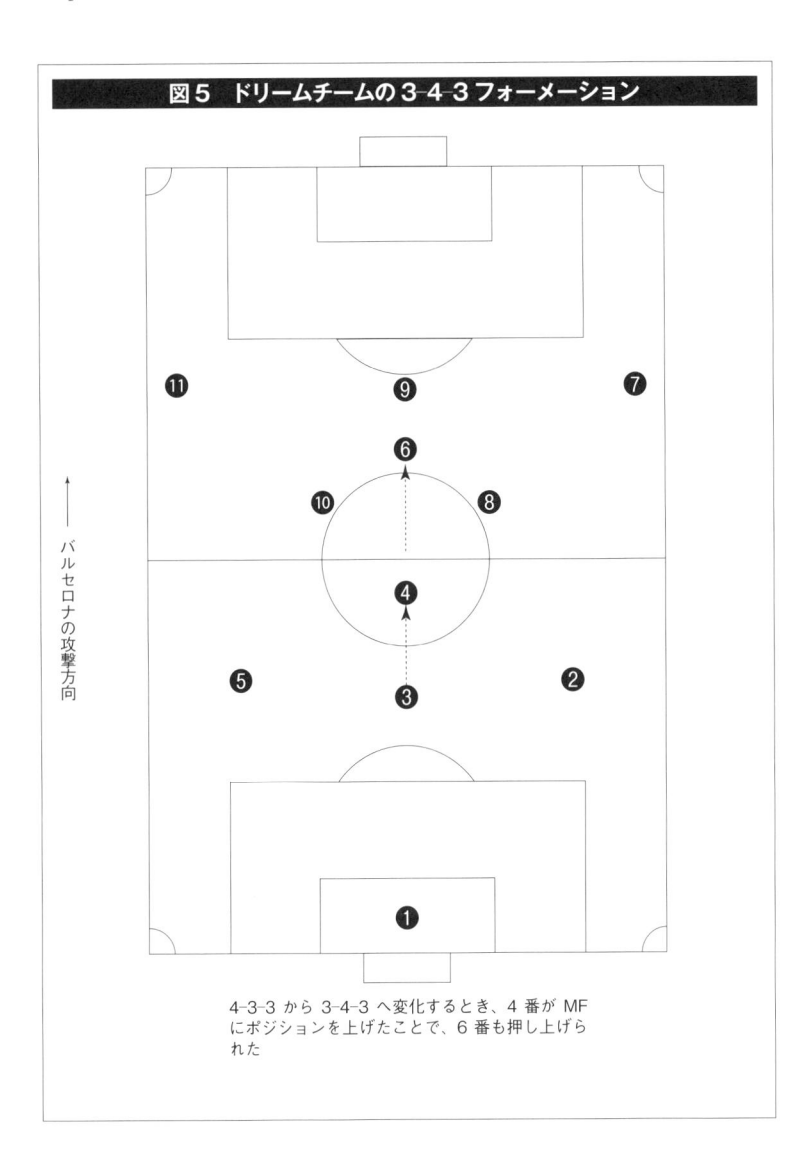

Chapter 2　ドリームチームのデザイン

## 図5　ドリームチームの3-4-3フォーメーション

←バルセロナの攻撃方向

4-3-3 から 3-4-3 へ変化するとき、4 番が MF にポジションを上げたことで、6 番も押し上げられた

来はクライフではなく、クレメンテがバルセロナの指揮を執る予定だったのだろう。もしそうなっていたら、バルセロナのその後の歴史も全く違ったものになっていたはずだ。

ともあれ、バルセロナに移籍してきたバケーロは、セカンドトップではあっても典型的な10番というタイプではなかった。そのかわり、バケーロは典型的な"6番"になる。

バルセロナの6番の役割はポストプレーだ。

しかし、多くのチームが9番（センターフォワード）に期待するようなポストプレーではない。バルサのパスワークはほとんどが4番を経由する。つまり、DFからロングボールを受けるポストプレーではなく、主に4番から出てくるグラウンダーのパスを、敵が密集している地域で受けるポストプレーがメインだった。ロングボールをヘディングで競り落としたり、体の大きさや強さを生かして持ちこたえるのではなく、足下に入ってきたパスを主に1タッチでさばくポストプレーである。

バルセロナにおいて、なぜこのポストプレーが必要なのか。

自陣から丁寧にパスをつないでビルドアップしようというチームにとって、それが成功するかどうかは縦方向のパスが入るかどうかにかかっている。有効な縦パスが入らないかぎり、ボールは前に進まない。例えば、センターバックがサイドバックにつなぐ。ここから前へボールを運べればいいのだが、サイドバックにプレッシャーをかけられると、もう一度センターバックに戻すことになる。センターバックもプレッシャーをかけられると、さらにGKに下げる。こうなる

## Chapter 2　ドリームチームのデザイン

と、結局はGKが大きく前方に蹴り出すという結果に。これではビルドアップではなくて"ビルドダウン"だ。

自陣からのビルドアップを志向しながら、ビルドダウンを余儀なくされてしまう。そういうケースをよくみるが、その原因の1つは4番の不在だろう。DFからボールを受け取ってやれる技術と自信を持った4番がいれば、センターバックやサイドバックから短いパスを受けてやれる。そこでプレッシャーをかけられたとしても、技術に優れた4番はボールをいったん下げ、さらにもう一度受けてビルドアップを図ることもできる。

ただし、4番だけではなかなか前へは進めない。

「4番は、ここから出てはいけない」

クライフが示す「ここ」とは、センターサークルだった。4番はセンターサークルの中だけでプレーしろと言う。これは極端な表現だが、最後尾のDFから正確なパスを期待できる距離がセンターサークルだからだろう。同時に、中央にいれば、どの場所からもボールを集めやすく、展開もしやすい。敵のプレッシャーもあるが、厳しくマークされるほどでもない。1タッチでコントロールすれば、前を向けるポジションである。

実際、ドリームチームの3-4-3は、相手が2トップの場合を想定したフォーメーションなので、4-4-2のMFがフラット型のときは、グァルディオラはマークすべき相手を持たないこと

が多かった。相手の2トップに対して、バルサはDF2人がそれぞれマークをする。そしてもう1人のDFが余って数的優位を確保する。DFが2トップをマークしてくれているので、グァルディオラが対峙するのは主に相手チームのボランチになる。しかし、ここもバケーロとラウドルップ（センターフォワード）が抑えているので、当面はマークすべき相手がいないのだ。

この数的優位の確保はバルサの戦術の核ともいえる部分なのだが、それもまた後述したい。リベロにとりあえず、ここではドリームチームにおける4番はフリーマンに近かった、という特定の相手と対峙していないので、ボールを受けるときもフリーになりやすかった。

だが、4番から前方のポジションはもっと厳しくマークされる。DFにはボールを持ったときに余裕がある。4番も技術があれば前を向ける。しかし、そこから前方の選手は簡単に前を向けない状況になっている。そこで6番の登場となるわけだ。

6番は、4番と違って簡単に前を向くことができない。しかし、彼は1タッチプレーの名手である。敵に背後から当たられる前に、1タッチでボールを離せる選手だ。つまり、6番の役割は、縦パスを受けて素早く戻し、8、10、4番などに前向きでプレーさせることであった。縦パスが通らなければ、当然ボールは前に進まない。しかし、縦パスが入ると味方をフリーにすることができる。敵の視野を奪うからだ。

例えば、4番から6番へ縦パスが入ったとしよう（図6）。このとき、4番と6番の間には8

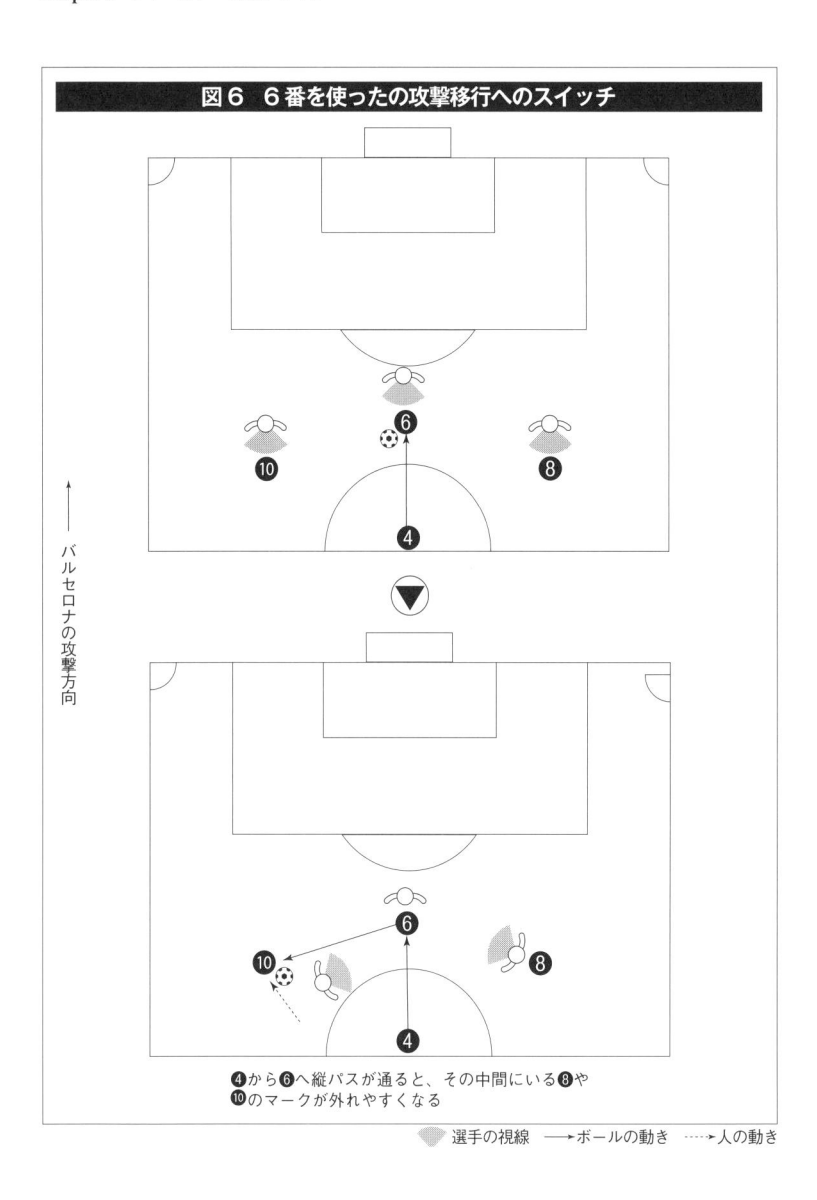

Chapter 2　ドリームチームのデザイン

## 図6　6番を使ったの攻撃移行へのスイッチ

← バルセロナの攻撃方向

❹から❻へ縦パスが通ると、その中間にいる❽や❿のマークが外れやすくなる

選手の視線　→ボールの動き　……人の動き

番と10番がいる。しかし、8も10もマークされている。4番から8、あるいは10番へのパスでは、敵から素早くプレッシャーをかけられる。前を向くことができないかもしれないし、最悪コントロールをミスしてボールを奪われてしまうかもしれない。ところが、8番と10番をとばして、さらに前方にいる6番へのパスならばどうか。

8番や10番をマークしている敵は、4番から6番への縦パスが通った瞬間に6番を見る。そのとき、マークしている8、10番を見ていない。この瞬間に8、10が動けば、敵はマークすべき8や10を見失う。また、バルサの4番と6番の間にいる相手チームの選手は、ボールの出先である6番へプレッシャーをかけにいくことが多い。6番をサンドイッチにしようとするわけだ。こうして1つとばした場所に縦パスが入ることで、その中間にいる選手のマークが外れやすくなる。

もちろん、それは一瞬の出来事にすぎない。だが、それで十分なのだ。地域的には、ボールはいったん下がっているが、8番や10番へ、6番からボールが戻される。10番はマークを外して前向きにボールを受けているから、さらに前方へ展開する余裕のある状況に変わっている。ボールホルダーに余裕があれば、FWはパスを予測して動き出すことができる。この段階で、攻撃側ははじめて先手のとれる状況に移行したといえる。ここから後、守備側は攻撃側のアクションの後追いをすることになり、守備のスイッチが入った状態に一変する。攻撃のスイッチが入った状態に一変する。

守備にも攻撃的（アグレッシブ）な守備と、受け身の守備がある。前進して、相手にプレッシ

## Chapter 2　ドリームチームのデザイン

ャーをかけていくほうが守備は強い。反対に、相手を後ろから追いかけているような守備は強くない。予測が後手に回り、ことごとく事後処理的な守り方にならざるをえないからだ。

ドリームチームの4番が、ボールを保持するため、確保するためのツールだとすれば、6番は本格的な攻撃態勢に移行するためのスイッチだった。

多くのチームが行っているロングボールを使ったポストプレーも、原理的にはバルセロナの6番によるポストプレーと変わらない。ただ、その距離が違うと意味合いも違ってくる。30メートルを超えるロングボールは浮き球になることが多い。蹴るほうも受けるほうも、精度を欠きやすい。さらに、ポストプレーヤーが落としたボールを、他の選手が拾いにいくまでに時間がかかる。ボールの出どころと、受けどころの間の距離が長いので、その中間にいる選手たちがセカンドボールを拾うまでの距離も長くなる。より長い距離を走らなければならず、その間にいったん視野を奪われた敵もリカバリーする時間ができてしまう。マークを外した効果が半減してしまう。

ロングボールを蹴り、競り落とし、セカンドボールを拾いに急行する攻撃は、いっけんスピーディーで迫力があるが実は遅い。バルセロナの6番がポストプレーをするとき、彼が受けるパスはせいぜい20メートル程度、しかもグラウンダーが多い。そのかわり、より密集した地域で受けなければならず、ボールに何度もタッチできる状況ではない。1タッチ、2タッチでさばき、その短い時間でマークを外した味方が6番からのパスを受ける。走る距離は短いし、走る速度も速くないかもしれない。だが、思考のスピードははるかに速い。展開のテンポが速い。守備側にと

「1タッチでプレーできるのは素晴らしい選手。2タッチはまあまあ。3タッチはダメな選手だ」

有名なクライフの言葉だが、バケーロは確かに1タッチでプレーできる選手で、クライフ監督にとって欠くことのできない6番だった。

1タッチでプレーできる選手とは、最も厳しい状況でもプレーできるという評価になる。1タッチしか許されないような状況で、2タッチが必要な選手はプレーできない。3タッチは論外というわけだ。

クライフの評価基準はやはり独特で、天才的な香りを放っている。ただし、あまりにも真に受けてしまうと誤解もあるだろうから、蛇足ながら付け加えておきたい。

1タッチもできないとなれば、それはもうプレーできないことになる。だから、1タッチしか許されない状況でも的確なプレーができないなら、いつも1タッチしか許されない状況ばかりではない。2タッチできる状況なら、2タッチでプレーするのが良い選手だ。最初のタッチでターンして前を向けるのに、安易に1タッチでボールを下げてしまうのは良いプレーとはいえない。必要なときにドリブルするのも良いプレーだ。いつも1タッチが良いのではなく、状況に応じてプレーできる、そして最も厳しい状況でも1タッチでプレーできるのが良い選手であるはずだ。

## "クライフ型"の9番

クライフ監督が高く評価したバケーロは、実は1タッチでしかプレーできない選手だった。1タッチ、2タッチ、だいたいそこまで。ドリブルで仕掛けていくこともなければ、キープしてタメを作ることも少ない。ただ、1タッチプレーの上手さは図抜けていた。視野が広く、1タッチでピッチの端までボールを飛ばせる。通常、1タッチパスといえば近くの選手へ渡す、決め打ちのパスになるが、バケーロはときにトップ下の位置からサイドバックへ1タッチでパスを出すことすらあった。飛ばせる距離、アングルが広いので、とっさにプレーの変更が利く。決め打ちになりがちな1タッチプレーでも、バケーロは選択肢が多いので変更ができる選手だった。タッチ数が増えると意外と平凡なのだが、1タッチだと光るプレーをする。

もともと1タッチ専門という異能型だったバケーロの特徴が、クライフ独特のフットボール哲学に上手く合致したというのが真相ではないかという気がしている。ともあれ、クライフの描くプレースタイルにとって、6番バケーロは不可欠の存在で、それはどのチームのトップ下とも少し違っていた。

ドリームチームのセンターフォワードといえば、ロマーリオを思い浮かべるファンも多いだろう。ロマーリオがやってきた93-94シーズンは、ドリームチーム時代の中でも最も輝かしい一時

期だった。

クライフ監督が指揮を執った8シーズン中でも最多、リーグ91ゴールを記録している。このうち30ゴールをロマーリオが決めていた。

ただ、ロマーリオがフル稼働したのはこの1シーズンだけだった。公約の30ゴールを達成したシーズンが終わり、94年ワールドカップでブラジル代表のエースとして活躍、優勝すると、ロマーリオはチームの規律に従わなくなり、やがてシーズン中に故郷ブラジルのフラメンゴへ移籍してしまう。

わずか1シーズンと少しだったが、ロマーリオが与えたインパクトはそれだけ大きかった。けれども、実はドリームチームの9番（センターフォワード）として、ロマーリオはむしろ例外なのだ。

最前線に構えて味方のパスを待ち、ボールが来ればゴールする。ペナルティーエリアの中で真価を発揮するものの、その他はほとんど仕事をしない。ロマーリオのような純粋なゴールゲッターは、ドリームチーム期にはほかに存在しない。

典型的なセンターフォワードがいなかったわけではない。

クライフが就任した88-89シーズンには、イングランド代表のガリー・リネカーが在籍していた。86年W杯の得点王にもなったリネカーは、まさにペナルティーエリアの中の男である。俊足で、スルーパスを受けてすり抜けるのが上手く、サイドからのクロスに飛び込むシュートも得意

## Chapter 2　ドリームチームのデザイン

としていた。だが、クライフ監督はリネカーを9番ではなく、7番（右ウイング）として起用した。フリオ・サリナスもいた。長身のサリナスはリネカーとはタイプが異なるが、やはり典型的なセンターフォワードだった。サリナスはドリームチームの9番としてプレーしたが、リネカーと同じく7番でも起用されている。クライフ時代の2年目にミカエル・ラウドルップが入団すると、9番にはラウドルップが起用されることが多くなったからだ。

ドリームチームと呼ばれた時代の9番は、ラウドルップかバケーロがメイン。ときどきサリナスやフリスト・ストイチコフも起用されているが、基本線はラウドルップだった。ロマーリオがいた時期はロマーリオが据えられていたが、ロマーリオ離脱後はバケーロが再び起用され、クライフ監督最後の95-96シーズンになって、ようやく本格的なセンターフォワードであるメホ・コドロが9番としてプレーしているが、もはやドリームチーム自体が崩壊しはじめていた。コドロ自身もレアル・ソシエダで活躍したときのようにゴール量産とはいかず、32試合出場して9得点にとどまった。

つまり、ドリームチームの9番は、ロマーリオを例外として、主に攻撃的MFのタイプの選手がプレーしていたのだ。センターフォワードがいなかったわけではない。サリナスもリネカーもいたのに、あえて使わなかったのだ。

クライフ監督が描く9番のイメージは、自身の現役時代に近いようだ。4番を中心に組み立て、6番のポストプレーで本格的な攻撃態勢のスイッチを入れる。そして

最後の仕上げのところで、さらにもうひとヒネリ加える。9番にはその役割が与えられていた。

「9番は下がってプレーする。そうすると、相手のセンターバックは9番をマークするかどうか迷う。マークすれば、相手の最終ラインは4人から3人になり、中央は1人になる。我々には攻略できるスペースが大きくなるわけだ。もし、センターバックが9番をマークしないなら、9番はボールを受けられる。あとは好きなようにやればいい」

クライフが語る9番のイメージは、彼の現役時代そのものだ。ちなみに、クライフは最も似ている選手としてマルコ・ファンバステンをあげている。

「マルコは私と似ている。相手が右だと予想すると左へ動き、外だと思えば中へ入る」

クライフ監督にとって、理想の9番はマルコ・ファンバステンだった。アヤックスの監督だったときのエースがファンバステンになった。その後、ファンバステンはイタリアのACミランへ移籍し、クライフはバルセロナの監督になった。当時、バルセロナは財政的に苦しく、シルビオ・ベルルスコーニ会長のバックアップを受けていたミランのほうが豊かなクラブだった。クライフはファンバステンをバルセロナに入れたかったようだが、給料を削ってまでファンバステンがミランを出るとも思えず、願望に近いものだったろう。

ファンバステンの代役というわけではないだろうが、クライフ監督が9番に起用したのはデンマーク人のミカエル・ラウドルップだった。筆者は、ファンバステンよりもむしろラウドルップのほうが現役時代のクライフに似ていると思う。

## Chapter 2　ドリームチームのデザイン

ラウドルップは万能型のアタッカーだ。スピードが抜群で、キレのあるフェイントを駆使したドリブルは天下一品、意表をつくアイデア、ディフェンスの隙間を通す芸術的なスルーパス、正確なクロスを蹴り、両足で鋭いシュートを打つ。万能型とはいえ本質的にはゴールゲッターだったファンバステンよりも、ウイングやトップ下のタイプだった。

今風にいえば、ラウドルップはゼロトップである。

中盤に引いたり、サイドへ流れたりして、最前線の中央にとどまっていない。敵にマークされればシンプルなプレーで味方を生かし、前を向ければ得意のドリブルでこじ開け、絶妙のスルーパスや鋭いシュートで得点を狙った。現在のバルセロナでは、リオネル・メッシがラウドルップと同型のプレーをしている。

ドリームチームは主にゼロトップだったといえる。しかし、同時に2トップでもあった。バケーロとラウドルップは、互いにセンターフォワードとトップ下の位置関係を入れ替えることができたからだ。2人同時にボックス内へ突っ込むこともあれば、2人とも中盤へ引いて相手のセンターバックを迷わせることもできた。この2人の変幻自在な動きが、ドリームチームの魅力の1つだったと思う。

9番がドロップし、相手のセンターバックがマークしないとき、クライフは「そのときは好きにやればいい」と言っているが、万能のラウドルップはまさに好きなようにやれるだけの能力を持っていた。ドリブルもパスもシュートもあるラウドルップに好きなようにプレーされたら、相

## ウイング＝戦術上、最も重要なポジション？

バルセロナは、必ずウイングプレーヤーを2人使ってプレーする。2トップの時代もあったが、ドリームチームとその流れをくむライカールト監督の時代、そして現在のグァルディオラ監督のチームは、必ずといっていいほど2人のウイングを配置する。

センターフォワードに名ばかりの偽センターフォワードを起用しているのとは対照的に、サイドには本格的なウイングプレーヤーを使う。プレーの特徴としては、例えばリネカーを右ウイン

手チームはたまらない。しかし、ラウドルップを抑えにいけば、今度はセンターバックが1人になったところにバケーロが入ってくる、サイドからはストイチコフが、チキ・ベギリスタインが来る。エウセビオやアモールも出てくる。

バルサの攻撃は、常に相手の守備陣に問題を投げかける。さあ、どうする？ 相手をまどわせておいて、何かを選択したらその逆をいく。けっこう意地悪だ。こういうところはとてもクライフらしくも、バルサらしいと思う。

例えば、現在のアスレティック・ビルバオのフェルナンド・ジョレンテのように、威風堂々のセンターフォワードを中央にデンと据え、そこへ左右からのクロスボールを入れて、いざ真っ向正面から男と男の勝負……というのはクライフらしくも、バルサらしくもないのだ。

## Chapter 2　ドリームチームのデザイン

グに起用したように、ウイングよりもストライカーだったりもするのだが、タッチラインいっぱいにポジションをとることが義務づけられているのだ。センターフォワードは、むしろセンターフォワードの位置にいないことを要求されていたわけだが、まったく逆に、ウイングは必ずウイングのポジションをキープするように求められていた。

いくつかの点で、バルサにおけるウイングは戦術上非常に重要な役割を負っている。タッチライン際のポジショニングが要求されているのもそのためだ。

まず、守備面。2人のウイングプレーヤーは、2人で相手DF4人を足止めする役割を負っている。

2人で、どうやってDF4人を止めるのかはチャプター5で詳しく説明するが、相手のセンターバックではなく、サイドバックをマークすることがポイントになる。サイドバックさえ抑えておけば、たとえセンターバックにフリーでボールを持たせても、センターバックが前進してくることはあまりない。サイドバックをフリーにすると中盤まで前進してくるが、センターバックは中盤に至る手前で止まる。

なぜなら、中盤から向こう側はバルサのほうが数的優位なので、センターバックは前進するためのスペースがないからだ。バルサが2人のウイングで4人のDFに対しているとすれば、中盤から向こうの人数は8対6でバルサが2人も優勢ということになる。うっかりボールを持ったセンターバックがドリブルしていけば、人数で優勢なバルサがマークを受け渡してプレスをかけて

くると予想される。普通のセンターバックは、そんな罠の匂いがぷんぷんする密集地帯には足を踏み入れたりしない。

サイドバックが抑えられていて、センターバックも前進しないとなれば、相手の4人のDFは最終ライン近くにとどまることになる。つまり、バルサのウイング2人で、相手DF4人を足止めできるわけだ。2人で4人の前進を阻めるので、後方に2人の数的優位のポゼッションをもくろんでいる。だから、バルサのウイングは数的優位によってすみやかなボールの回収と高率のポゼッションにいなければならない。これが第一の理由である。

バルサのウイングが戦術的に重要である第二の理由は、攻撃の幅を作るためのポジションになっているからだ。

「ウイングは、スパイクの裏が白くなっていなければならない」

バルサに限らず、3トップ時代のウイングプレーヤーは必ずこう言い渡されたものだった。とくに中盤では、タッチラインいっぱいに開いていなければならないとされていた。狭い地域を守るほうが守りやすい。狭ければ狭いほどいい。逆に、攻撃側は幅を持ったほうが有利になる。例えば、3人のFWが全員ペナルティーエリアの幅に収まっていれば、DFはその幅を守るだけでいい。しかし、タッチライン際にFWないし攻撃側の選手がいる場合は、そちらも注意しなければならないので、守備側の選手のポジションは分散される。もちろん、守備側はボールサイドを中心に守るので、例えば攻撃側の右サイドにボールがあれ

## Chapter 2　ドリームチームのデザイン

ば、守るほうの選手は左方向へ移動しながら守ることになる。では、そのときにボールと反対の左サイド（守備側の右サイド）の選手が開いていたらどうか。守備側の右サイドバックは、その選手とは距離を開けて守ることになる。逆サイドに張っている選手をぴたりとマークしていたら、その選手を抑えることはできても、中央のカバーリングが間に合わなくなる。すると、このケースでは、右のセンターバックと右サイドバックの距離が開きすぎてしまうのはまずい。必然的に左サイドに張っている選手は放置される。

この左で張っている選手に素早くボールが回ってくると、彼には大きなスペースと時間が与えられることになる。ドリブルが得意な選手であれば、絶好の見せ場だ。クロスが得意な選手であれば、それもまた見せ場となる。

逆に、右サイドバックが左に張っている選手を警戒し、ぴたりとマークしないまでも、あまり中央に絞りすぎないポジションをとったらどうか。そのときは、前記したようにDF間の距離が開いてしまう。それだけ攻撃側には使えるスペースが広くなるわけだ。例えば、センターフォワードが右からのクロスをシュートするために動くとして、本来なら右サイドバックにカバーされている場所が空いている、ということが起こる。

攻撃で幅を作ることの重要性は、バルセロナにかぎらず昔から認識されていた。ただ、守備に重点を置く考え方が主流になっていった結果、ドリームチームが活躍した時代にはワイドにFWを張らせるチームが少なくなっていたにすぎない。

ウイングの第三の重要な役割は、得点である。

ドリームチームの、というよりバルサのセンターフォワードは中盤へ引いてしまう。最前線に張っているわけではない。それは中盤で数的優位を作るためであり、相手のセンターバックに選択を迫るクイズでもあった。そして、センターバックの釣り出しに成功したとき、1人のセンターバックが守っている中央の地域を急襲するのは主にウイングプレーヤーの役目になる。このときこそ、ウイングはタッチラインを捨てて中央へ入り込み、ゴールを狙わなければならない。

クライフ監督がリネカーやサリナスといった典型的なセンターフォワードをウイングに起用したのも、もともと点取り屋である彼らの得点能力に期待したからだろう（あまり上手くいったようには思えなかったが）。ストイチコフは、この役割にぴったりだ。ラウドルップもウイングでプレーした。センターフォワードとウイングをどちらもやるのは現在のメッシと同じである。ビジャはウイングで起用されることが多いが、彼もストライカータイプだ。ライカールト時代のロナウジーニョは、ウイングでありストライカーでプレーメーカーも兼ねていた。

ラウドルップ、ストイチコフ、ロナウジーニョ、アンリ、メッシ、ビジャと並べると、バルサのウイングは看板スターのポジションだ。ただし、ドリームチームではチキ・ベギリスタインやエウセビオのような地味な選手もウイングとしてプレーしている。エウセビオは便宜的に、そのポジションが必要だったのであってがわれていた感もあるが、チキに関しては長くレギュラーとして、主に左サイドで起用されていた。チキはサイドのスペシャリストだが、忠実な守備やゴール

Chapter 2　ドリームチームのデザイン

前に出て行く運動量、得点感覚が、機能的にバルサのウイングに求められる役割とマッチしていた。突破型のウイングとして、ゴイコチェアも活躍した。
守備能力、タッチラインで勝負を仕掛ける足技やスピード、そして中央へ入ってのゴールセンス。すべてが完璧という選手はなかなかいないだろうから、どれを優先するかによって起用法も変えていたようだ。

## 8番と10番

背番号8と10は、WMのポジションにあてはめれば、どちらもインサイドフォワードのナンバーだ。4-3-3が全盛の70年代でも、攻撃的なMFは8番や10番を着ることが多かった。
バルセロナの番号の振り方は、基本的にWM時代と同じであり、8番と10番は昔ならインナーと呼ばれていたタイプの選手がつけている。ただし、むしろそれは現在の4-3-3のフォーメーションのほうがそうで、例えば現在のバルサの8と10は、チャビとイニエスタである。いまはポジション番号ではないのでチャビは6、イニエスタは8のジャージを着ているが、ポジション的には8番と10番は彼らだ。
ただ、ドリームチーム時代は少し違っている。
資質的には、確かに昔ながらの8と10なのだ。ところが、当時の3-4-3では要求される役割

75

が少し違っていた。そのために、現在のチャビ、イニエスタから想像すると、若干違うプレースタイルの選手も8、10番のポジションを務めていた。

ドリームチームの8、10番といえば、代表的な選手はギジェルモ・アモールだ。カンテラ育ちという点でもチャビの先輩にあたる。パスワークのテクニックに優れ、運動量もあった。初期に重用されたロベルトもアモールと同系統の選手で、チャビやイニエスタの源流というタイプ。だが、エウセビオとなると若干雰囲気が違ってくる。

エウセビオはアモールやバケーロと並んで、ドリームチームの中核をなす重要なプレーヤーだった。やはりバルサの選手らしくスキルがしっかりしていて、勤勉で、インテリジェンスは高かった。アモール、ロベルトと比べると、やや守備型の堅実なタイプである。

こうしてドリームチームを支えた8番、10番を列挙してみると、意外と地味な印象ではないだろうか。現在のチャビ、イニエスタ、その前のデコと比べても、こういっては失礼だが華がない感じがする。それは選手の資質もあるのだが、ドリームチームの8、10番にはより多くの守備面での負担があったからだろう。

対戦相手に4-4-2が多かったドリームチーム時代、バルサは前線の攻撃エリア以外のエリアでは、8対6の数的優位を確保することが基本になっていた。2人のウイングが4人のDFの前進を止め、それによって後方で数的優位を生かしてマークを受け渡しながらプレッシングで潰す、相手がパスをつないでくれば2人のフリーマンを生かしてマークを受け渡しながらプレッシングで潰す、あるいはロングボールを蹴らせ、ボー

## Chapter 2　ドリームチームのデザイン

ルの落下点での数的優位を生かしてセカンドボールを拾い、さらにショートパスでボールを確保する。

では、対戦相手が中盤をフラットにした4−4−2だと仮定して、8番と10番の役割を整理してみよう（図7）。

ウイング2人で相手DF4人に対応できるとして、残りは相手6人に対してバルサは8人になる。オーバーナンバー（数的優位）は2人だ。そのうち1人はDFであり、個人名でいえば例えばクーマンになる。そしてもう1人は、3バックの前にいるグァルディオラだ。残りの6人はマークすべき相手を持っている。相手の2トップに対しては、2人のDFがマークする。例えばフェレールとナダル。相手の中央の2人、いわゆる2ボランチに対してはバケーロ、ラウドルップが対応することになる。ただ、このあたりは流動的で、相手のセンターバックにバケーロかラウドルップがプレッシャーをかけにいくときや、相手のボランチが前に出てくれば、グァルディオラが空いている相手選手をマークすることになる。

さて、残っているのは2人だ。4−4−2の相手の両サイドにいるMF、攻撃的なMFをマークしなければならないのは、バルサの8番と10番ということになる。

例えば、WM時代のインサイドフォワード（8、10番）は、相手の攻撃のエースをマークする役割は負っていない。どちらかといえば、彼らはマークされるほうだった。4−3−3時代の8、10番は、相手との力関係で立場が決まっていた。相手チームのほうが力が上ならば、マークする

時間が長くなる。そのときは、3人のMFの位置関係を調整し、相手の最も攻撃力の高い選手に対して守備型の選手をつけるなど、対人マークの組み合わせを工夫した。

ときには、ともにプレーメーカー同士が互いをマークするという事態も発生するわけだが、チームで最高のMFは多少守備型の負担をかけないように配慮されていた。

66年W杯決勝での逸話だが、このとき西ドイツのフランツ・ベッケンバウアーは相手の司令塔であるボビー・チャールトンを厳重にマークするように指示を受けていた。しかし一方で、イングランドもチャールトンがベッケンバウアーをマークする予定だったという。試合前の指示からすればこの両雄はダンスのペアのように一緒に動くことになった。中盤に関してはマークする選手まで決めてみると、当時はマンマークがベース。中盤に関してはマークする選手まで決めていないことが多かったようだが、実際に相手のプレーメーカーに専用のマークを決めてしまえば当然そうなるわけだ。

ば、残りは2人同士になるので、マークを決めないといっても相手の2人のうちどちらかをマークするだけで、ほとんど相手を決めてマークするのと変わらなかった。

MFの3人を6、8、10番とすると、10番は6番にマークされる選手。6番は10番をマークする選手。そして、8番は互いを監視しあう。これが4-3-3における大雑把な力関係のイメージだった。しかし、ドリームチームの8、10の守備負担はこれよりも明らかに重い。

4-4-2のサイドには、ウイング型の選手を置くチームも多かった。バルサの8、10番は、攻

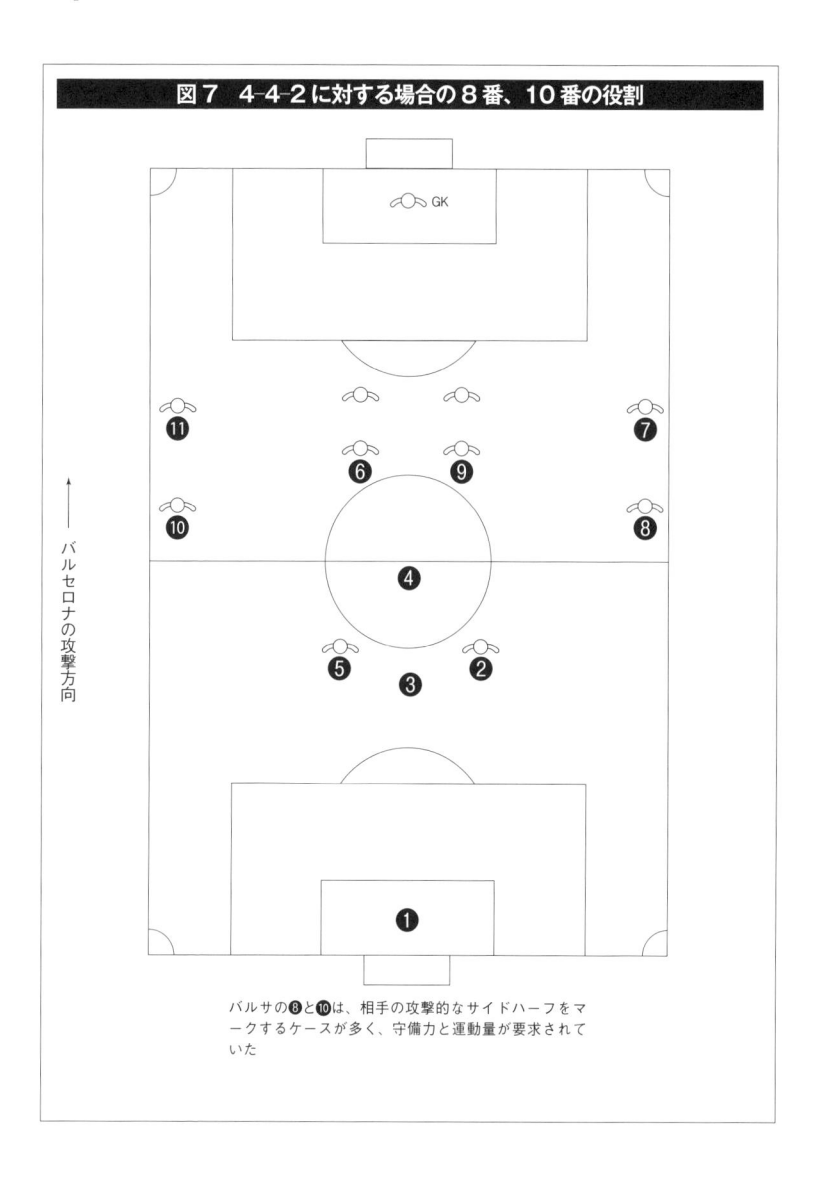

Chapter 2　ドリームチームのデザイン

## 図7　4-4-2に対する場合の8番、10番の役割

← バルセロナの攻撃方向

バルサの❽と❿は、相手の攻撃的なサイドハーフをマークするケースが多く、守備力と運動量が要求されていた

撃時にはバケーロやグァルディオラと協力しながら組み立てを担う。ところが、守備時にはタッチラインに開いている強力なドリブラーを止めなければいけない。つまり、サイドバック的な守備力も求められていた。3－4－3の3バックが開いて、相手のサイドMFを抑えにいくことも多かったが、そのときはDFのカバーに回るので守備負担が軽くなるわけではない。

ドリームチームはポゼッションの有利を前提にしている。だから、理想どおりのプレーができていれば、8と10の守備負担もそれほどのものにはならない。マークするのではなく、多くの時間でマークされる側になるのだから。しかし、現在のバルサならともかく、ドリームチームと呼ばれたチームでも、一方的に攻めていたわけではない。守勢に回ることも少なくなく、カウンターの危機にさらされる頻度は現在のチームの比ではなかった。理想はともかく、実際にはアモール、エウセビオといった選手は、かなりの運動量を強いられていたのではないか。彼らはクライフの掲げる理想と現実のギャップを必死に埋めていた防水シールだったのではないか。資質的には現在のチャビ、イニエスタの先輩でありながら、重労働の結果、地味なイメージになっているような気がする。

## クーマンと3バックとスビサレータ

ロナルド・クーマンがバルセロナにやって来たのはクライフ監督の2シーズンめ、89－90シー

## Chapter 2　ドリームチームのデザイン

クーマンはすでにスタープレーヤーだった。オランダのPSVアイントホーフェンの中心選手として活躍し、在籍した3シーズンはすべてリーグ優勝、87-88シーズンではチャンピオンズカップも制していた。オランダ代表でも88年ヨーロッパ選手権に優勝している。ポジションはセンターバックで、冷静な読みとポジショニング、当たりの強さ、そしてクーマンを有名にしたロングフィードの能力で当時を代表するリベロだった。

ところが、バルセロナに移籍した最初のシーズンで与えられたポジションは、クワトロ（4）。3-4-3のフォーメーションの中盤の底、3バックの前だ。

クライフ監督は、おそらくクーマンの守備力とフィード力を生かそうと考えていたのだろう。クーマンが来る前の4番はミジャが務めていた。ミジャは後のグァルディオラもそうなのだが、体スワークの中心になれるテクニシャンだった。ただ、これはグァルディオラもそうなのだが、体の線が細くて守備力には不安があった。バルサが4番に求める第一の資質はパスワークの軸となりうるスキルや判断力であって、守備の強さではない。しかし、やはりこのポジションの選手が1対1で簡単に抜かれたり、競り負けたりするようでは具合が悪いのも確かである。

その点、クーマンは本職がDFなので守備力は高い。とくに前に出て潰す、相手を止める能力は高かった。ヘディングも強く、競り合いの強さはミジャの比ではない。パスワークた。さらに、トレードマークであるロングフィードの正確さ、世界でも屈指だったFKからの強

烈なシュートもある。ただ、クーマンの4番は失敗とはいえないまでも、大成功ともいえなかった。クーマンが本領を発揮したというより、本職のDFにポジションを移してから、クーマン自身のパフォーマンスが良くなったというより、4番にグアルディオラが定着し、クーマンが後方に下がったことで、バルサの戦術の根幹であるボール支配力が上がり、チーム全体のパフォーマンスが上向いていった。

ここではドリームチームを代表するセンターバックとしてのクーマンについて記してみたい。

クーマンの最大の武器はインサイドキックである。サイドキックで40メートルのロングパスを軽々と蹴れた。軽々と、というよりもウェートの乗った、速くて強いキックができた。もちろん精度の高さは折り紙付き。92年チャンピオンズカップ決勝でのバルサの決勝ゴールは、クーマンのFKからの1点だった。

バルサのフォーメーションではウイングプレーヤーを起用する。ボールとは逆サイドのウイングはフリーになりやすいポジションで、そこへクーマンから正確なロングパスを届けるのは得意な攻め手になっていた。ウイングがフリーになりやすいのは、相手の守備がボール寄りにスライドしているからで、そこは空けても問題ない、あるいは仕方のない場所だからである。ところが、そこへクーマンから速度と精度のあるロングパスを通されてしまうと、どうしても守備の対応は遅れてしまう。

ウイングへのフィードだけでなく、中央へゴールに直結するロングパスを出すパターンもあっ

## Chapter 2 ドリームチームのデザイン

た。センターフォワードのラウドルップが引き、相手のセンターバックを釣り出したとき、ウイングやMFがディフェンスラインの裏へ入れ違うように飛び出し、そこへクーマンからのロングパスが供給された。アメリカンフットボールのタッチダウンパスのようだった。

しかし、クーマンにも欠点はある。足が遅いのだ。4番としてプレーしているクーマンなら、実はスピード不足はそれほど致命的な欠点にはならない。背後にはまだ味方がいるからだ。だが、センターバックとなると、振り切られてしまえばGKとの1対1になってしまう。そこで、フェレールやセルジといったスピードのあるDFと組み合わせて、役割分担をしていた。

例えば、相手のロングボールに対してはクーマンが競りにいき、残りの2人のDFがクーマンの背後をカバーする。クーマンにカバーさせると、相手FWとの競走に負けてしまう恐れがあるからだ。そのかわり、前の勝負には強いクーマンが空中戦ではじき返す役割を負っていた。

クーマンのほかに、もう1人守備面でドリームチームを語るうえで欠かせない選手がいる。GKのアンドニ・スビサレータだ。

スビサレータはアスレティック・ビルバオから85年にバルセロナへ移籍。スペイン代表でも通算622試合に出場した80～90年代を代表するGKだった。ドリームチームでもゴールを守り続け、スビサレータの活躍がなければドリームチームの栄光もなかっただろう。バスクの出身で、堅実なGKとして知られるスビサレータだったが、ドリームチームでプレーの幅を広げることになった。

クライフ監督の導入したプレースタイルは、ピッチの敵陣側3分の2でプレーが行われること を念頭に置いていた。つまり、自陣の3分の1に関しては主にGKの守備範囲ということにな る。スビサレータは練習試合でフィールドプレーヤーとして起用されるなど、カバーリングバッ クとして足を使ったプレーを要求されたという。

「そんなに前に出ていて、もし相手がロングシュートを決めたらどうするんだ」

スビサレータの問いに、クライフ監督はこう答えたという。

「そのときは、相手を拍手で称えるしかない」

スビサレータにとっては、ドリームチームの戦術は悪夢に思えたかもしれない。攻撃のことば かり優先しているようにみえる戦術と人選、さらにフィールドプレーヤーのようなプレーまで要 求される。当時、まだGKがバックパスを手で扱うことは禁止されていない。現在のGKのよう に、足を使ったプレーが必須とはまだ考えられていなかった時期である。

スビサレータにとって、クライフ監督の要求や戦術は、一種のカルチャーショックだったとい う。だが、懸命にそれをこなすうちに、ゴールマウスでの堅実なプレーに加えて、果敢にペナル ティーエリアを飛び出し、味方の背後をカバーするプレーを自分のものにしていった。

実際のドリームチームは、クライフの理想どおりではない。まともにカウンターを食らうケー スは毎試合のようにあったし、押し込まれる時間帯もあった。押し込まれたときのバルサの守備 はさほど強力とはいえず、スビサレータの活躍がなければ落としていたはずの試合も数多かった

はずだ。その点でも、スビサレータは文字通りドリームチームを支えた名選手だった。

Chapter 3
# ドリームチームの足跡

La huella del "Dream team"

## 足跡① 88-89 クライフ監督の就任と"ヒッチコック・ディフェンス"

ここからは、ドリームチームの足跡を簡単に振り返ってみたい。ヨハン・クライフが監督に就任してから解任されるまで、1シーズンごとに1試合ずつピックアップし、ドリームチームの試合ぶりが実際にどうだったかを確認していく。

試合は無作為にピックアップしてみた。出来のいいゲームも良くないゲームもあり、必ずしもそのシーズンの戦いぶりを代表するような試合ぶりとはいえない。無作為に選ぶことで虚心に試合を振り返ってみようと思った次第だ。

通するものはあったはずで、詳細な分析というよりも印象を記す程度になるが、駆け足でドリームチームの8試合でもあり、詳細な分析というよりも印象を記す程度になるが、駆け足でドリームチームの8シーズンをまとめてみたい。まず、クライフ監督が就任した88-89シーズンから。

このシーズンのリーグ戦成績は23勝11分4敗、得点80、失点26。57ポイントでバルセロナは2位。優勝はレアル・マドリードだった。

無作為に選んだのは26節のベティス・セビージャ戦。メンバーは以下のとおりだ（図8）。

GK　スビサレータ
DF　セルナ、アロイジオ、セルジオ・ロペス

Chapter 3　ドリームチームの足跡

## 図8　88-89　26節ベティス・セビージャ戦メンバー

**⑪** ベギリスタイン　　**⑨** フリオ・サリナス　　**⑦** リネカー

**⑥** アモール

**⑩** ロベルト　　**⑧** エウセビオ

**④** ミジャ

**③** セルジオ・ロペス　　**⑤** アロイジオ　　**②** セルナ

**①** スビサレータ

← バルセロナの攻撃方向

MF　ミジャ、エウセビオ、アモール、ロベルト
FW　リネカー、フリオ・サリナス、ベギリスタイン

　メンバーを見てみると、ドリームチームの中心となってこの後も活躍するスビサレータ、エウセビオ、アモール、ベギリスタインが含まれている。このシーズンにはバケーロも重要なメンバーだったが、この試合は出場していない。試合はフリオ・サリナスの個人技による2ゴールでバルサが2−0で勝利した。
　フォーメーションは3−4−3。3バックの前の4番にはミジャ、トップ下の6番には欠場のバケーロに代わってアモールが入っている。左右のMFにはエウセビオ、ロベルト。FWは右からリネカー、サリナス、チキ（ベギリスタイン）だったが、チキが開始早々に腰を痛めてカラスコと交代した。
　全体の印象からいえば、やろうとしていることはわかるが、まださほど効果は表れていない。裏目に出ている場面も目立っていた。
　まず、目をひいたのは開始直後からのプレッシングだ。前方からどんどんプレッシャーをかけていく。そして球離れの早さ。とくに4番（ミジャ）、6番（アモール）、8番（エウセビオ）の3人はボールを扱うときの姿勢がよく、両足でコントロールでき、ショートパスの判断が速い。この3人は現在にも通じるバルサらしいタイプの選手だ。

数的優位を生かしたプレッシングとポゼッション。バルサスタイルの根幹にあるプレーは、すでにクライフ監督就任のシーズンから明確に表れている。ただ、前記したようにそれが裏目に出ているケースもあり、まだ十分に表現できていたとは言い難い。できている場面もあるのだが、そうでない場面もある。面白いサッカーをやろうとしているのは理解できるのだが、効果のほどは疑問符がつくプレーぶりといったらいいだろうか。

前からプレスをかけるのはいいのだが、それがかわされて逆サイドへ展開され、一気にゴール前まで持って行かれるといった場面や、その一歩手前といったケースが何回も見られる。プレッシングが逆効果になって、自らの首をしめているような印象すらあった。

トップからボトムまでの距離が長すぎる。そのために、最初のプレッシャーがかわされると、2つめもパスで逃げられてしまっていた。徹底したフォアプレスを成功させるには、コンパクトになっていないのだ。

攻撃のときに、バルサのポゼッションが十分でない。現在のチームや、その後のドリームチームと比べてもパスを回してじっくり攻略していく様子がなく、場当たり的にパスを回している。パスミスも多い。

バルサの狙っている試合の流れを整理してみる。

ショートパスをつなぐ→後方の押し上げが利く→ボールを失ったときにもコンパクトになっている→前方からのプレスによって前向きの守備ができる→ボールの回収力が高まる、という好循

環のはずなのだが、どの条件も満たされていない。そのためにプレスが空回りしていた。
プレスで相手のパスワークを押さえつけられないと、大きく空いているスペースへ展開され、そうなると自陣方向へ帰陣しながらの守りにならざるをえない。本来、そうなってはいけないはずの場面が頻発している。このシーズンのバルサの守備は、「ヒッチコック・ディフェンス」と揶揄された。ヒッチコックとは、ご存じのとおりサスペンスとスリラーの巨匠である。ハラハラ、ドキドキのディフェンスだというわけだ。バルサファンにとっては、心臓が止まりそうになる場面には事欠かない。

ところが、スタッツをみてみると、このシーズンの失点は38試合で26失点。このシーズンでは3位バレンシアと並ぶ最少失点なのだ。得点80も、首位レアル・マドリードの91点には及ばなかったもののリーグ2位。総合順位は2位で、レアルとは5ポイントの差があったが、得失点差は同じだった。

クライフ監督初年度のバルサは、見た目ほど失点していないのだ。
サンプルで取り上げたベティス戦からは、とうていそうは思えない。シーズンを通して「ヒッチコック」と呼ばれていたのだから、おそらくずっと同じような状態だったと想像される。やりたいことがパーフェクトにやれていたわけではなく、それゆえの不安定さも相当なものだったが、それでもクライフ監督のコンセプトに沿った結果はポジティブだった。

「ボールを支配すれば、相手に攻められることもない」

## 足跡② 89-90 クーマンとラウドルップの加入

攻撃は最大の防御。この考え方でやってみて、完璧にこなしたわけでもないのに、そこそこの結果が出た。また、このシーズンはカップウィナーズカップで優勝している。決勝の相手は、92年のチャンピオンズカップ決勝でも対戦するサンプドリアだった。最初は首を傾げていたメディアも、いったんは矛を収める形になっている。

このシーズンには、ドリームチームの重要なピースとなるクーマンとラウドルップが加入している。リーグ成績は3位で、前シーズンより1つ順位を下げたが、国王杯で優勝している。

このシーズンのサンプルは〝エル・クラシコ〟。開幕間もない6節のゲームである。バルサのスターティングメンバーは以下のとおり（図9）。

GK　スビサレータ
DF　ウルバノ、アレサンコ、アロイジオ
MF　クーマン、エウセビオ、ロベルト、バケーロ
FW　フリオ・サリナス、ラウドルップ、ベギリスタイン

4-4-2のレアル・マドリードに対して、3-4-3でスタートしたバルサだったが、途中から4-3-3に変更している。このシーズンのレアルは、シーズン107得点の強力なアタックラインを持っていた。先制のPK（ウーゴ・サンチェス）につながるファウルを誘ったエミリオ・ブトラゲーニョは故障で交代したが、シーズン38得点で得点王になるサンチェスがいて、右サイドにミッチェル、左サイドからゴルディーリョ、トップ下の位置にはマルティン・バスケスがいた。そこで、バルサはウルバノにミッチェルをマークさせ、右はエウセビオのポジションを1つ下げてゴルディーリョにあてている。

前半7分、ブトラゲーニョがバルサのディフェンスラインの裏をとり、遅れたクーマンがファウルしてPK。これをサンチェスが決めてアウェーのレアルが先制する。しかし、3分後にはフリオ・サリナスが右サイドでDFを背負いながらターンで外し、右足を一閃させてニアポストを抜いて1-1に追いついた。

本来はセンターフォワードタイプで、前シーズンはセンターにいたサリナスだが、この試合では右ウイングとして先発していた。長いリーチを生かしたドリブルと、ゴール前に入り込んでのシュートでウイングとしても活躍している。

新加入のラウドルップはセンターフォワードで起用されていた。しかし、頻繁に中盤に引いてきてパスを受け、そこから1人あるいは2人をドリブルでかわしてチャンスを作っている。自由に動くラウドルップはバルサの新しい魅力になっていた。

94

Chapter 3 ドリームチームの足跡

### 図9　89-90　6節レアル・マドリード戦メンバー

❶ スビサレータ
❷ ウルバノ
❸ アレサンコ
❹ クーマン
❺ アロイジオ
❻ バケーロ
❼ フリオ・サリナス
❽ エウセビオ
❾ ラウドルップ
❿ ロベルト
⓫ ベギリスタイン

← バルセロナの攻撃方向

クーマンは4番を着け、ディフェンスラインの前にポジションをとる。前シーズンにミジャがいたポジションだった。途中からバルサが4バックになったときも、クーマンのポジションは基本的に中盤の底。ここで中盤でパスワークとラウドルップの中心になることが期待されていたわけだ。前半は、クーマンを中心としたパスワークとラウドルップのチャンスメーク、空いたゴール中央にサリナスやバケーロが飛び込む形でバルサが優勢だった。

ところが、後半にはレアルが攻勢に出る。バルサは4バック対応に変化したが、ゴルディーリョの力強いドリブルに手を焼いた。バルサは中盤で1人余っているのだが、ボールポゼッションではレアルが優位だった。

バルサは押され気味の展開の中、サリナスのドリブルをきっかけにPKを得て、クーマンが決めて2-1と逆転に成功、残り15分でリードを奪った。この後、バルサのパスがようやく回るようになり、終了間際にはまたもサリナスのドリブルからファウルを誘い、クーマンがPKを決める。終わってみれば3-1の快勝だった。サリナスは3ゴールに絡む大活躍であった。

前シーズンに比べると、戦術的な骨格が整いつつあるという印象だ。ラウドルップの加入でゼロトップが成立しているのが大きな違い。クーマン（4番）、バケーロ（6番）、ラウドルップ（9番）という縦の軸が出来上がったシーズンだった。

## 足跡③ 90-91 初優勝のシーズン

クライフ監督が就任して3シーズンめの90-91は、ついに念願のリーグ優勝を成し遂げた。ここから4シーズン連続の優勝、91-92シーズンにはチャンピオンズカップにも初優勝してドリームチームと呼ばれるようになっていく。

ピックアップしたのはアウェーでのアスレティック・ビルバオ戦。この試合には、クライフ監督がベンチにいない。心臓バイパスの手術のために入院していて、コーチのカルレス・レシャックが代わりに指揮を執っている。

ビルバオはハビエル・クレメンテ監督に率いられたフィジカルの強力なチームで、バルサは苦手としているタイプだった。しかし、この試合ではアウェーでありながら6-0と大勝している。

先発メンバーは次のとおり（図10）。

GK　スビサレータ
DF　ナンド、アレサンコ、フェレール
MF　アモール、エウセビオ、ベギリスタイン、バケーロ
FW　ゴイコチェア、フリオ・サリナス、ストイチコフ

試合はキックオフ直後から素早いプレスの応酬になったが、1分もたたないうちにゴイコチェアのパスから抜け出してストイチコフが先制する。さらに、たたみかけるようにカウンターアタックからサリナスのパスが抜け出してシュート、GKが弾いたところをストイチコフが詰めて2－0とリードを広げた。

わりとドタバタした展開のうちに2点をリードしたバルサだったが、20分をすぎると完全にペースを握った。前線からの素早いプレッシング、ボールホルダーの背後からのスチール、ロングボールを蹴らせての素早い回収。攻めては、バックパスを多用しながら右に左にボールを回してポゼッションを握る。さすがに優勝したシーズンだけあって、現在に通じるバルサの勝利の方程式が出来上がっている印象だ。

このシーズンの目玉はフリスト・ストイチコフの加入だろう。

前年にゴールデンブーツ（欧州得点王）を獲得していたとはいえ、バルサ加入時のストイチコフはまだスーパースターではなかった。しかし、迫力満点の突進力と左足の強烈なシュートで、たちまちバルサのスターになっていった。

早々に2得点したストイチコフは、さらにカウンターから50メートルをドリブルで独走して、前半だけでハットトリックを達成する。

後半はさらに一方的な展開となり、バケーロがボレーシュートを決めて4－0。さらにサリナスへのファウルで得たPKンのチャンスメークからサリナスがゴールして5－0。さらにサリナスへのファウルで得たPK

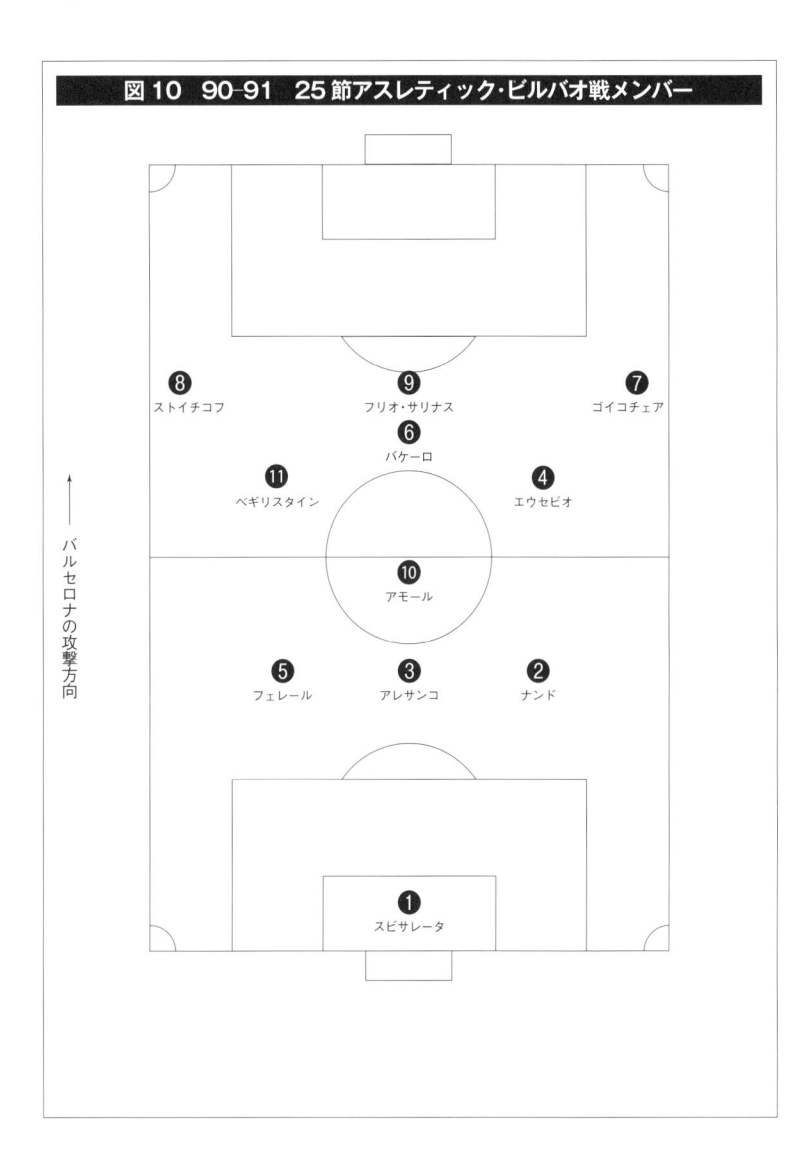

Chapter 3　ドリームチームの足跡

## 図10　90-91　25節アスレティック・ビルバオ戦メンバー

← バルセロナの攻撃方向

❽ ストイチコフ
❾ フリオ・サリナス
❼ ゴイコチェア
❻ バケーロ
⓫ ベギリスタイン
❹ エウセビオ
❿ アモール
❺ フェレール
❸ アレサンコ
❷ ナンド
❶ スビサレータ

をストイチコフが決めて6-0。ストイチコフは4ゴールの大爆発だった。
この試合には、クーマンとラウドルップが欠場している。クーマンが務めていた4番のポジションにはアモールが入った。アモールは10番のジャージを着ていて、ポジションもバルサの10番をやることが多かったが、"4番"も難なくこなしている。このアモールとエウセビオ、ベギリスタイン、バケーロで構成する中盤はコンビネーションも手慣れてきて、軽快なパスワークはいかにもバルサらしい。

センターフォワードにはフリオ・サリナスが入った。もともと典型的なストライカータイプでもあり、こちらも全く違和感はない。ラウドルップのようなテクニックはないが、守備も献身的にこなし、稼働範囲の広いバルサ的センターフォワードの役割を彼なりに消化していた。

このシーズンの戦績は25勝7分6敗。得点74、失点33。57ポイントは3位だった前年と同じで、得点はやや減って、失点はやや増えている。引き分けが減って勝ちが増えているが、全体の数字はそれほど変わっていない。"キンタ・デ・ブイトレ"と呼ばれ、リーグ5連覇を成し遂げていたライバル、レアル・マドリードのピークが終わったということだろう。

## 足跡④ 91-92　連覇とヨーロッパ王者

この91-92シーズンはリーグを連覇し、チャンピオンズカップではクラブ史上初の優勝に輝い

Chapter 3　ドリームチームの足跡

## 図11　91-92　6節レアル・マドリード戦メンバー

❶ スピサレータ
❷ ナンド
❸ グァルディオラ
❹ クーマン
❺ ファン・カルロス
❻ エウセビオ
❼ ナダル
❽ ストイチコフ
❾ ラウドルップ
❿ アモール
⓫ ベギリスタイン

← バルセロナの攻撃方向

101

た。ドリームチームのピークといっていいだろう。

サンプルとして見たのは、レアル・マドリードとのエル・クラシコ。結果は1ー1の引き分けだった。クーマンのFKで先制したが、イエロに同点ゴールを決められている。メンバーは次のとおり（図11）。

GK　スビサレータ
DF　ナンド、クーマン、ファン・カルロス
MF　グァルディオラ、アモール、エウセビオ、ラウドルップ
FW　ナダル、ストイチコフ、ベギリスタイン

　まず、グァルディオラが〝4番〟に入っている。このシーズンから、グァルディオラが定着してクライフ監督の理想が現実のものになっていった。この試合でも、ボールポゼッションははっきりと優位に立っていた。クライフ監督が就任したばかりの1、2年目と比べると、飛躍的な進歩といっていいぐらいである。
　バケーロが欠場で、ラウドルップが〝6番〟に入っている。センターフォワードはストイチコフだ。チキ・ベギリスタイン、アモール、エウセビオといったドリームチームに欠かせない〝脇役〟たちも健在である。

Chapter 3　ドリームチームの足跡

興味深いのは、ナダルの右ウイングだ。ナダルはドリームチームのセンターバックとしてチームを支えていくDFなのだが、この試合ではなぜかFWの右で起用されている。スキルはしっかりしているし、フィジカルも強いナダルだが、右ウイングにさほど適性があるとは思えない。レアル・マドリードの左MFでプレーするゲオルゲ・ハジを警戒していたのかもしれないが、正直この試合を見ただけでは意図は計りかねる。

ただ、ナダルにせよ誰にせよ、このワイドのポジションに誰かがいなくてはいけないのがバルセロナのやり方なのだろう。

## 足跡⑤ 92-93　盤石のV3

3連覇したシーズンの開幕戦がホームでのレアル・マドリード戦だった。よくぞこんな日程になっていたものだ。

開幕戦ということで、両チームともまだ固さが感じられる内容だった。結果は2-1でバルサの勝利。バケーロのヘディングシュートで先制したが、ミッチェルのPKで同点に追いつかれる。エウセビオが退場となるハプニングがあったが、ストイチコフが決勝ゴールを決めた。先発メンバーは次のとおり（図12）。

GK　スビサレータ
DF　フェレール、クーマン、ナダル
MF　グァルディオラ、エウセビオ、バケーロ、ファン・カルロス
FW　ストイチコフ、ラウドルップ、ベギリスタイン

前シーズンにCLを制覇したメンバーが中心。アモール、ゴイコチェアが交代出場している。戦績は25勝8分5敗。87得点34失点。試合平均2.2ゴールは前シーズンと同じだった。この時期には、もう初期のころにあった不安定な試合運びもなくなっている。

## 足跡⑥ 93-94　ロマーリオとストイチコフのV4

ドリームチームといえば、この93-94シーズンのチームを思い浮かべるファンも多いはずだ。

PSVアイントホーフェンで大活躍したロマーリオが入団している。

ロマーリオは公約どおり30ゴールを叩き出し、チームとしても91ゴールと、ドリームチーム期でも唯一90点を超えている。

ロマーリオがフルシーズンプレーしたのは、実はこの年だけなのだが、印象的なゴールの数々でバルサファンの心をわしづかみにした。ロマーリオといえば、わがままな選手の代名詞のよう

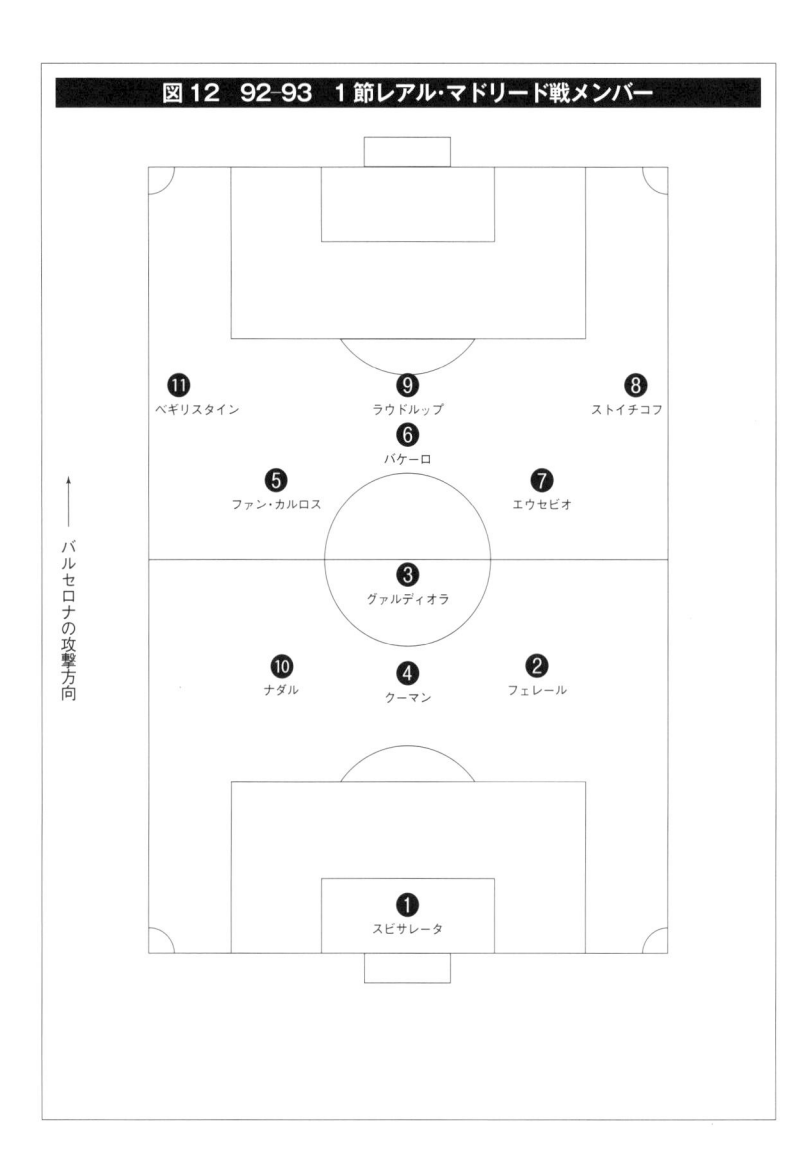

Chapter 3 ドリームチームの足跡

### 図12　92-93　1節レアル・マドリード戦メンバー

❶ スビサレータ
❷ フェレール
❸ グァルディオラ
❹ クーマン
❺ ファン・カルロス
❻ バケーロ
❼ エウセビオ
❽ ストイチコフ
❾ ラウドルップ
❿ ナダル
⓫ ベギリスタイン

← バルセロナの攻撃方向

105

にいわれていたが、このシーズンでは守備もしっかりとこなし、必要に応じて違うポジションもこなしている。ストイチコフとのコンビは抜群で、ロマーリオとストイチコフのコンビで多くのゴールをもたらした。

サンプルとして取り上げるのは、29節のラシン・サンタンデール戦（図13）。

GK　スビサレータ
DF　フェレール、ナダル、セルジ
MF　グァルディオラ、イバン・イグレシアス、アモール、バケーロ
FW　ラウドルップ、ロマーリオ、ベギリスタイン

この試合ではクーマンとストイチコフが欠場している。当時、外国人枠は3人だったので、クーマン、ロマーリオ、ストイチコフ、ラウドルップの4人のうち1人は外さなければならなかった。ロマーリオ、ストイチコフは攻撃のエースだったので、ラウドルップかクーマンのどちらかが外れることが多かった。

この試合の結果は1―1。開始5分にラシンがラドチェンコのヘディングシュートで先制。その後、バルセロナが得意のパスワークで反撃するが、ラシンの守備が固くてなかなか同点に追いつけず、84分にようやくアモールが同点ゴールを決めている。

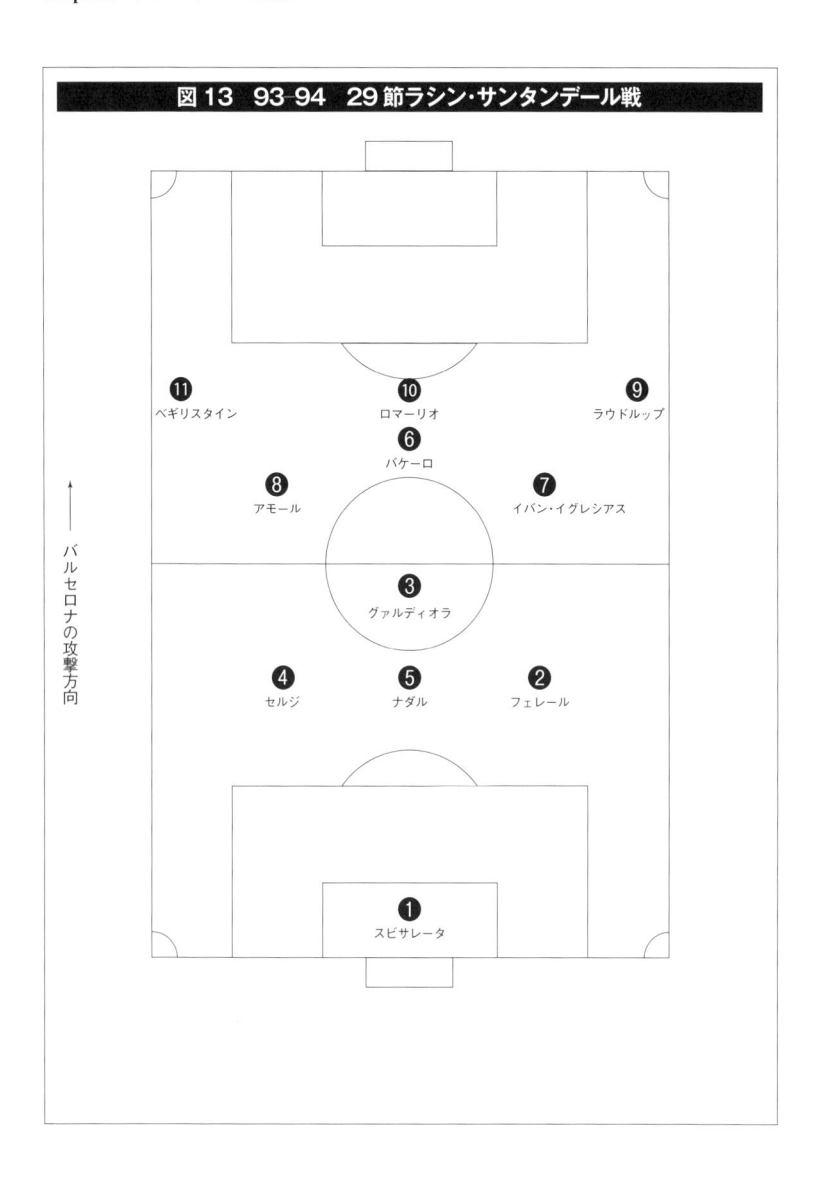

Chapter 3 ドリームチームの足跡

## 図13 93-94 29節ラシン・サンタンデール戦

⑪ ベギリスタイン　⑩ ロマーリオ　⑨ ラウドルップ

⑥ バケーロ

⑧ アモール　　⑦ イバン・イグレシアス

③ グァルディオラ

④ セルジ　⑤ ナダル　② フェレール

① スビサレータ

← バルセロナの攻撃方向

## 足跡⑦ 94-95 サイクルの終焉

リガ・エスパニョーラ4連覇、最強の名をほしいままにしたドリームチームだったが、このシーズンの成績は4位。18勝10分10敗、得点60、失点45。クライフ監督が就任して以来、最もふるわない戦績だった。シーズン80点以上だった得点が初めて60点に下がった。前年の91点に比べると、何と31点のダウンである。ほぼ戦線離脱状態で、

4連覇を成し遂げたこのシーズンになると、フォーメーションもかなり柔軟になっていて、前半に攻めあぐむ時間が続くと、右ウイングのラウドルップが中盤の上がり目にポジションをとって変則的な2トップに変化している。ロマーリオが加入したこのシーズンでも、攻撃の司令塔はグァルディオラ、バケーロ、ラウドルップの3人である。ラウドルップは右に左にポジションを移動しながら、サイド攻撃を仕掛けて突破口を見出そうとしていた。

0-1のビハインドで後半に入ると、バケーロとベギリスタインを交代させ、エルクンドとフリオ・サリナスを投入。サリナスをセンターフォワードに起用し、ロマーリオはトップ下に1つポジションを下げた。エルクンドが右、ラウドルップが左に張って、フォーメーションは3-2-3-1といったところ。このあたりも、相手と状況によってフォーメーションを変化させるバルサらしさが出ていた。

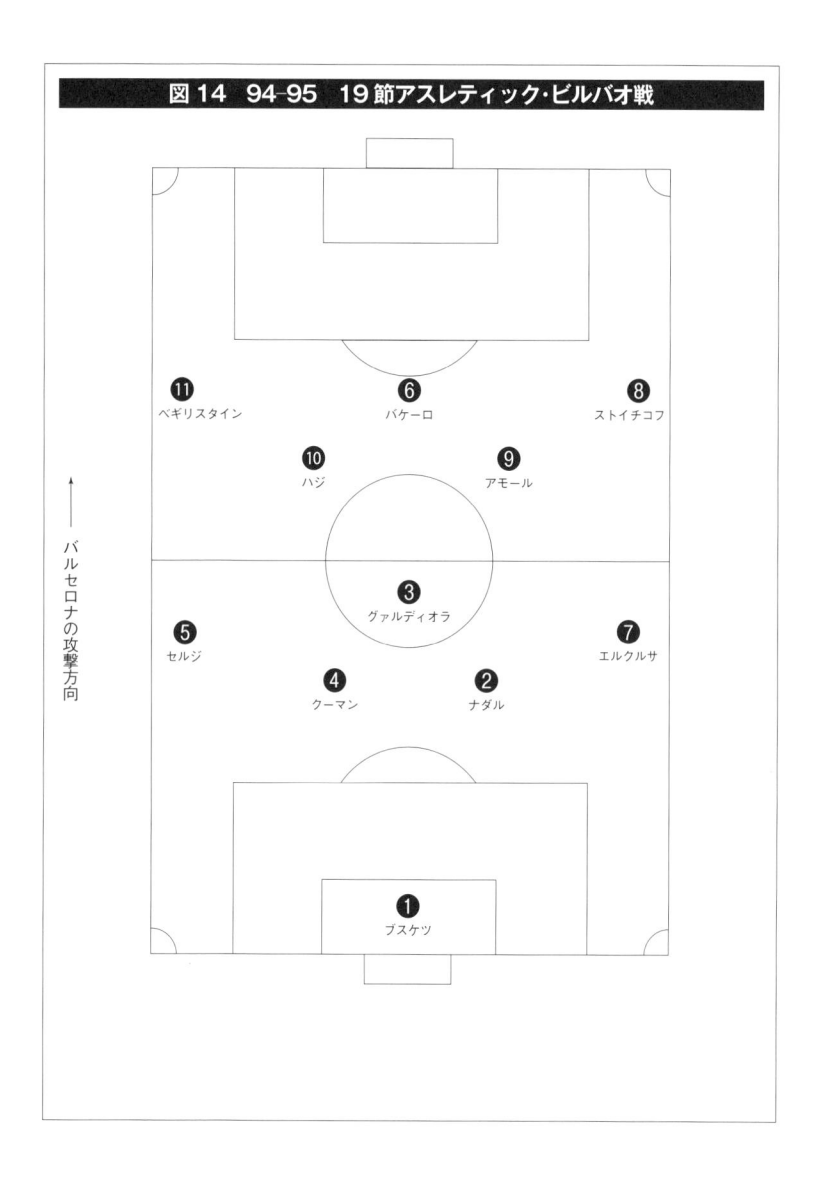

Chapter 3　ドリームチームの足跡

## 図14　94-95　19節アスレティック・ビルバオ戦

← バルセロナの攻撃方向

⓫ ベギリスタイン
❻ バケーロ
❽ ストイチコフ
❿ ハジ
❾ アモール
❸ グァルディオラ
❺ セルジ
❼ エルクルサ
❹ クーマン
❷ ナダル
❶ ブスケツ

ついにフラメンゴへ移籍してしまうロマーリオが前シーズンに記録した30ゴールが、そのままマイナスになったともいえるかもしれない。失点45も過去最多だった。

このシーズンは、94年米国W杯の後に始まった。W杯で活躍したルーマニアのゲオルゲ・ハジが新たに加わっている。ドリームチームの頭脳だったラウドルップはクライフ監督との確執の末、ライバルのレアル・マドリードに移籍している。レアルに移籍したラウドルップはトップ下で持ち前のテクニックを存分に発揮し、レアル優勝の原動力になった。

ドリームチーム失速の要因として、ロマーリオとラウドルップの離脱があげられるだろう。ラウドルップの穴を埋めるはずのハジも、そこまでの活躍はできなかった。

前シーズンのリガでは劇的な優勝を果たしていたが、チャンピオンズカップ決勝ではミランに0-4という屈辱的な敗戦を喫している。ゴイコチェア、スビサレータ、フリオ・サリナスの長年チームを支えてきたベテランを放出し、メンバーの入れ替えを行ったのだが、それが上手くいかなかった。

チェックしたのは19節のアスレティック・ビルバオ戦。83分のバケーロのゴールによるバルサの勝利（1-0）だった。先発メンバーは次のとおり（図14）。

GK　ブスケッツ

DF　エルクルサ、ナダル、クーマン、セルジ

Chapter 3　ドリームチームの足跡

MF　グァルディオラ、アモール、ハジ

FW　ストイチコフ、バケーロ、ベギリスタイン

ドリームチーム終焉のシーズンだが、実はここまでチェックした試合の中では、最も現在のバルサに近いプレーぶりだった。前方からのプレスも速く、パスワークのテンポ、パススピードも速い。チームプレーの部分では、4連覇の過程ですっかり出来上がっていたのだろう。主力の放出があったとはいえ、ドリームチームの大半は残っている。ただ、やはりロマーリオ、ラウドルップが抜けたことで個の強さがさほど感じられなくなっていた。

## 足跡⑧　95-96　世代交代の途中で

95-96シーズン、クライフ監督が解任された。リガの順位は3位。クライフは本格的なメンバー刷新を断行し、新しいドリームチームの構築を開始したシーズンだったのだが、ヌニェス会長との溝は埋めがたいものになっていたのだ。

新ドリームチームのための新加入選手は、ルイス・フィーゴ、ゲオルグ・ポペスク、イバン・デラペーニャ、ロベルト・プロシネツキ、メホ・コドロといったところ。クライフは後に、ジネディーヌ・ジダンを獲得したかったと語っていた。クライフ自身、このシーズンの補強は成功で

はなかったと認めている。新加入選手はいずれも才能と技量は確かで、クライフ解任後にも活躍したフィーゴ、デラペーニャが含まれているのだが、クライフによると、もっと強烈な個性を持った選手のほうがよかったらしい。

21節のデポルティーボ・ラコルーニャ戦のメンバーをみてみよう（図15）。

GK　ブスケッツ
DF　ナダル、アベラルド、セルジ、ロジェール
MF　グァルディオラ、ポペスク、デラペーニャ
FW　プロシネツキ、バケーロ、フィーゴ

クーマン、ストイチコフが退団して、ドリームチームのメンバーはナダル、セルジ、グァルディオラ、バケーロが残っているぐらい。この試合に出場していないフェレール、途中出場のアモールもいるが、ベギリスタイン、エウセビオはいない。世代交代を一気に進めたシーズンだった。

このデポルティーボ戦は前半戦の最終節で、すでにクライフの更迭論が出ている。新チームで目立つのが、トップ下でプレーしているデラペーニャだ。

アモールやグァルディオラと同じく、いかにもバルサらしいプレーをするデラペーニャは、後のチャビやイニエスタにも通じるスキルの高いMFである。小柄で俊敏、パスの受け渡しが抜群

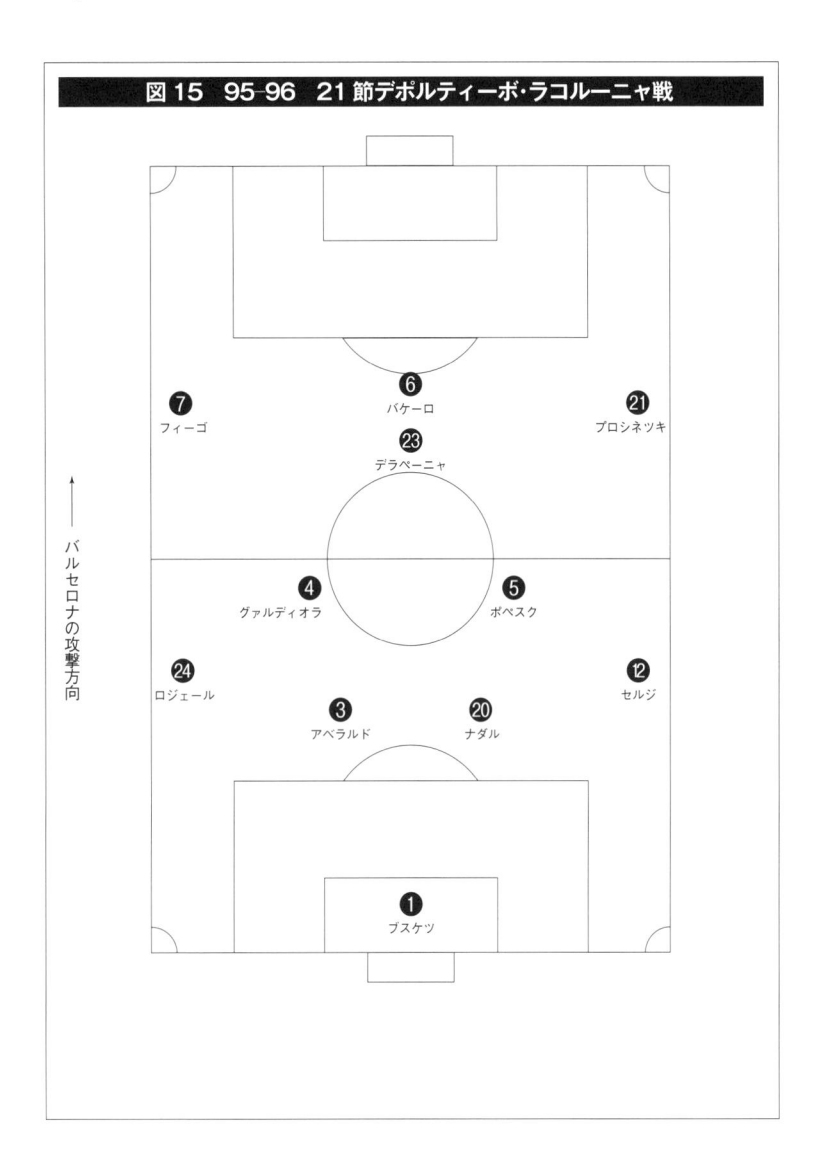

Chapter 3　ドリームチームの足跡

## 図15　95-96　21節デポルティーボ・ラコルーニャ戦

←バルセロナの攻撃方向

❼ フィーゴ
❻ バケーロ
㉑ プロシネツキ
㉓ デラペーニャ
❹ グァルディオラ
❺ ポペスク
㉔ ロジェール
❸ アベラルド
⓴ ナダル
⓬ セルジ
❶ ブスケツ

113

に上手い。常に周囲を見ていて判断のいいプレーをする。だが、デラペーニャはそれだけではなかった。

狭いスペースでもピタピタとボールを止められるボール感覚は、それまでのバルサの選手にはないもので、むしろ今日のチャビやイニエスタをも超えている。ノールックのスルーパスを連発するスタイルは、むしろイニエスタの次世代であるチアゴ・アルカンタラのようでもあった。クライフ退任後のチームでも、デラペーニャは中心選手として活躍した時期があったが、あまり長続きせず、ルイス・ファンハール監督時代にはレギュラーポジションを失って移籍してしまった。

この試合のバルサのフォーメーションは4－2－3－1で、デラペーニャはトップ下でプレーしている。バルサのトップ下といえばバケーロがお馴染みだが、デラペーニャはバケーロと違って、いわゆる典型的な背番号10のタイプであり、ドリームチームでは珍しい起用法だったといえる。ビルドアップまでは問題なし。だが、前シーズンに続いてゴール前のスピード、迫力は不足したままだった。

結局、クライフ監督が解任され、デラペーニャやフィーゴを中心とした新しいドリームチームは半ば実現せずに終わっている。デラペーニャとフィーゴは次のシーズンも活躍し、カップウィナーズカップ優勝に貢献。リーグも優勝はできなかったが、2位と持ち直す。ただ、〝戦術はロナウド〟のチームだった。

## Chapter 4
# ドリームチームから現在まで
Del "Dream team" al presente

## 戦術はロナウド

ヨハン・クライフが解任された後、96－97シーズンに監督に就任したのは英国人ボビー・ロブソンだった。ロブソンはイプスイッチの監督として名をあげ、86年W杯ではイングランド代表を率いてベスト8、90年W杯ではベスト4へ導いた。その後、活躍の場を外国へ移し、オランダのPSVアイントホーフェン、ポルトガルのスポルティング、FCポルトを歴任してバルセロナにやって来た。このとき、FCポルトから一緒に来た通訳がジョゼ・モウリーニョである。42戦して28勝6分8敗。リーグは2位で優勝に届かなかったが、国王杯とカップウィナーズカップの優勝で2冠を達成している。

このシーズンから、外国人選手が一気に増えた。95年にボスマン判決が出て、ヨーロッパのサッカーが大きく変動する最初のシーズンだったのだ。まず、3人のポルトガル人がいる（ルイス・フィーゴ、フェルナンド・コウト、ヴィトール・バイア）。さらにブラジル代表のジオバンニ、ロナウド。フランス人センターバックのローラン・ブランも移籍してきた。レアル・マドリードからルイス・エンリケも獲得している。

このシーズンに優勝したライバルのレアル・マドリードも、ダボール・シュケル、プレドラク・ミヤトビッチ、クラレンス・セードルフ、フェルナンド・レドンド、ゼロベルトらを擁した

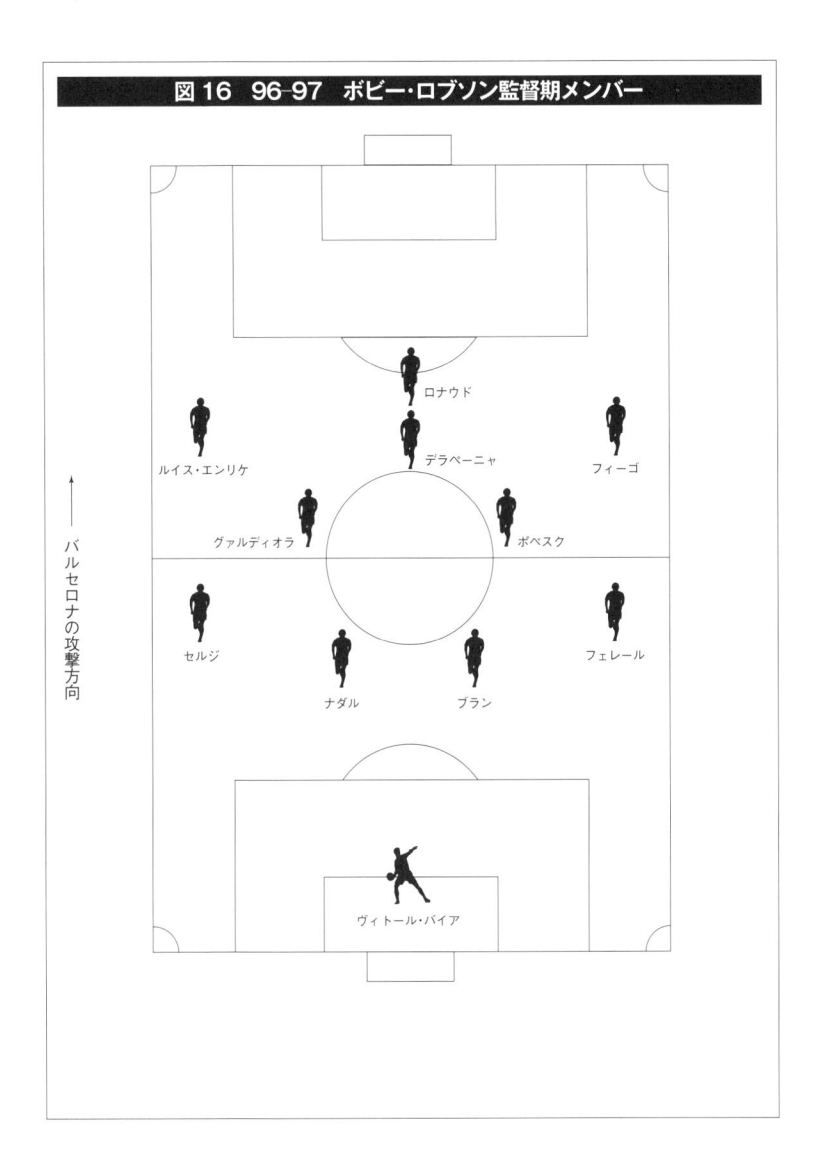

Chapter 4　ドリームチームから現在まで

## 図16　96-97　ボビー・ロブソン監督期メンバー

← バルセロナの攻撃方向

- ロナウド
- ルイス・エンリケ
- デラペーニャ
- フィーゴ
- グァルディオラ
- ポペスク
- セルジ
- フェレール
- ナダル
- ブラン
- ヴィトール・バイア

117

多国籍軍団だった。ボスマン判決によってEU選手の自由化が決まり、ビッグクラブは一気に多国籍化するのだが、バルサとレアルはその先陣を切ったクラブだった。

バルサの主力には、ドリームチーム時代のメンバーも残っている（図16）。フェレール、セルジ、ナダル、グァルディオラ、バケーロ、クライフ時代の最後に加入したポペスク、カンテラ出身の天才デラペーニャもいた。しかし、スタメンの半分は外国人選手で占められている。ドリームチームの時代、同時にプレーできる外国人選手は3人だったから、もちろんこんな事態は初めてである。メンバーの半分は従来の選手たちが残っているから、がらりとプレースタイルが変わったわけではない。基本的な戦術はドリームチームのときと同じである。ただ、やはり変わった部分もあった。それは、もしクライフが監督を続けていてもそうだったかもしれない。ボスマン以前と以後、ヨーロッパのサッカーが否応なしに迎えた大変動に、バルセロナも無関係ではいられなかったのだ。

このシーズン、バルサに2ポイント差でリーグを制したレアルだが、ファビオ・カペッロ監督はわずか1シーズンでチームを去った。優勝はしたものの、戦術が守備的だと批判され、カペッロ自身もミランへの復帰を優先したこともあって、優勝監督の退任という珍しい事態になった。ちなみにカペッロは06-07シーズンにもリーグ優勝を果たしているが、このときも戦術を批判されて退任している。バルサも2冠をもたらしたロブソン監督が、やはり1シーズンで退任した。ロブソンの場合は、リーグ2位とはいえヨーロッパ年間最優秀監督に選出されていて評価は高

## Chapter 4 ドリームチームから現在まで

かったのだが、現場を退いてジェネラルマネジャーに就任。監督の座をルイス・ファンハールに譲っている。 戦術的にもとくに守備的になったわけでもなく、カペッロのような批判は受けていない。だが、ロブソン監督のチームはドリームチームとはかなり違っていたのも確かである。戦術はロナウド、そう言われた。それほどロナウドは強烈な印象を残したのだ。

ドリームチームは "戦術はロマーリオ" とは言われていない。ロマーリオの場合は、最後の30メートルのところでその天才を発揮して点をとりまくったが、そこまでのお膳立てはチームがやっている。

しかし、フィニッシュワークはロナウドが1人でやってしまうケースがあまりにも多かった。ロナウドは37ゴールを叩き出した。試合平均の得点は0・91、ほぼ毎試合得点している。ロナウドの先輩であるロマーリオの平均が0・9だった。

戦術はロナウドの先輩であるロマーリオの平均が0・9だった。ロマーリオの場合は、最後の30メートルのところでその天才を発揮して点をとりまくったが、そこまでのお膳立てはチームがやっている。

ところがロナウドの場合、ピッチの半分も走って得点してしまうこともしばしばだった。ペナルティーエリアの中でパスを受けてフィニッシュというよりも、そのはるか手前からドリブルで1人、2人とぶっちぎってシュートという場面が繰り返されたので、印象としてはロナウドが1人でゴールしているような感じなのだ。

現在のメッシも、よくドリブルで数人を抜いて得点する。しかし、メッシの場合はチームメー

119

トとのパス交換がその前にあったり、味方が作ったスペースを縫うようにドリブルしていくことも多い。パスもドリブルもあるので、アルゼンチン代表ではそうでもない。バルサでは威力満点のメッシのドリブルも、アルゼンチン代表ではそうでもない。バルサでは味方のポジショニングがメッシのドリブルを助けているが、アルゼンチンではただメッシ単独のドリブルでしかないので潰されやすいのだ。メッシの個人技でのゴールには、チームプレーとの関連性が感じられる。

一方、ロナウドのほうはチームとの関連性が希薄だった。パスとみせかけてドリブルというよりも、直線的にゴールへ向かっていく。ほとんど味方のポジションは関係なし、敵も味方もただロナウドを後ろから追いかけていくような具合なのだ。フィニッシュへかけての戦術は、ロナウドによってかなり省略されていたといえる。

ロナウド以外では、ルイス・フィーゴの活躍が目立った。フィーゴ自身も「2シーズンめは最高だった」と述懐している。キープ力やドリブルのキレ、シュート力とどれをとっても抜群。この後、彼はバルサのキャプテンにまでなりながら、00年にレアル・マドリードへ移籍し、バルサファンから〝ペセテーロ（守銭奴）〟呼ばわりされることになるのだが……。

攻撃面でのロナウド戦術を別として、守備面ではドリームチームのころほど前方からのプレッシングを行わなくなっている。ロナウドとデラペーニャ（またはジオバンニ）は、前線から精力的に守備をしなかった。ロマーリオも守備はしなかったが、ロマーリオ1人ならば影響もさほど

Chapter 4　ドリームチームから現在まで

## アヤックス化の栄光と反発

ボビー・ロブソン監督がジェネラルマネジャーとなった97-98シーズン、オランダ人のルイス・ファンハールが監督に就任する。ファンハール監督のバルセロナは、就任したシーズンでリーグ優勝、翌シーズンも優勝して連覇を達成した。97-98は国王杯も制して2冠を獲得している。

過去にもビク・バッキンガム、リヌス・ミケルス、ヨハン・クライフとアヤックスの元監督が指揮を執っていて、その点でファンハールは馴染みやすかった。

1シーズンプレーしてインテルへ移籍したロナウドの後釜として、やはりブラジル人のリバウドが入団している。攻撃の中心はリバウドとキャプテンを務めたフィーゴ。レギュラークラスで大きくない。しかし前線の2人があまり守らないとなれば、前方からのプレスは機能しにくい。ボビー・ロブソン監督のバルサは、ドリームチームをある面では進化させたかもしれないが、ある面では退化させた。強力な外国人アタッカーによる破壊力を手にした半面、チームプレーの斬新さはやや失われた。ただ、進化か退化かというより、ドリームチームとはチーム自体の性質が少し変わってきたのだろう。それが鮮明になったのが、ファンハール監督が率いた3シーズンだった。

ドリームチームの時代からの選手はグァルディオラ、フェレール、セルジ、ナダルぐらいだったが、プレースタイルはドリームチーム時代を踏襲していた（図17）。

ところが、3シーズンめの99—00シーズンを2位で終わると、ファンハール監督はあっさり解任されてしまう。人気がなかったのだ。

ファンハール監督の3シーズン、リーグ優勝2回と国王杯のタイトルを獲っているが、CLでは97—98がグループリーグ最下位で敗退、98—99もグループ3位で敗退。このシーズンは同じグループに優勝したマンチェスター・ユナイテッド、準優勝のバイエルン・ミュンヘンが同居する不運はあったが、2シーズン連続のCLグループリーグ敗退だった。3シーズンめの99—00はベスト4まで勝ち残ったが、同じスペインのバレンシアに敗れてしまった。ちなみに97—98、99—00はライバルのレアル・マドリードが優勝していて、バルサファンはCLに関しては不満が募っていた。

ただ、ファンハール監督は2度のリーグ優勝をもたらしていたのだから、その手腕は高く評価されていた。では、なぜ不人気だったのかといえば、あまりにもオランダ人選手を起用しすぎたからだ。

就任したシーズンのオランダ人はルート・ヘスプ、ウィンストン・ボハルテ、ミハエル・ライツィハーだけだったが、翌シーズンにはロナルド・デブール、フランク・デブール、フィリップ・コクー、パトリック・クライフェルト、ボドウィン・ゼンデンと急増。序盤はもたついたが、最終的にはレアル・マドリードに11ポイントもの大差をつけて優勝している。CLは2年連

122

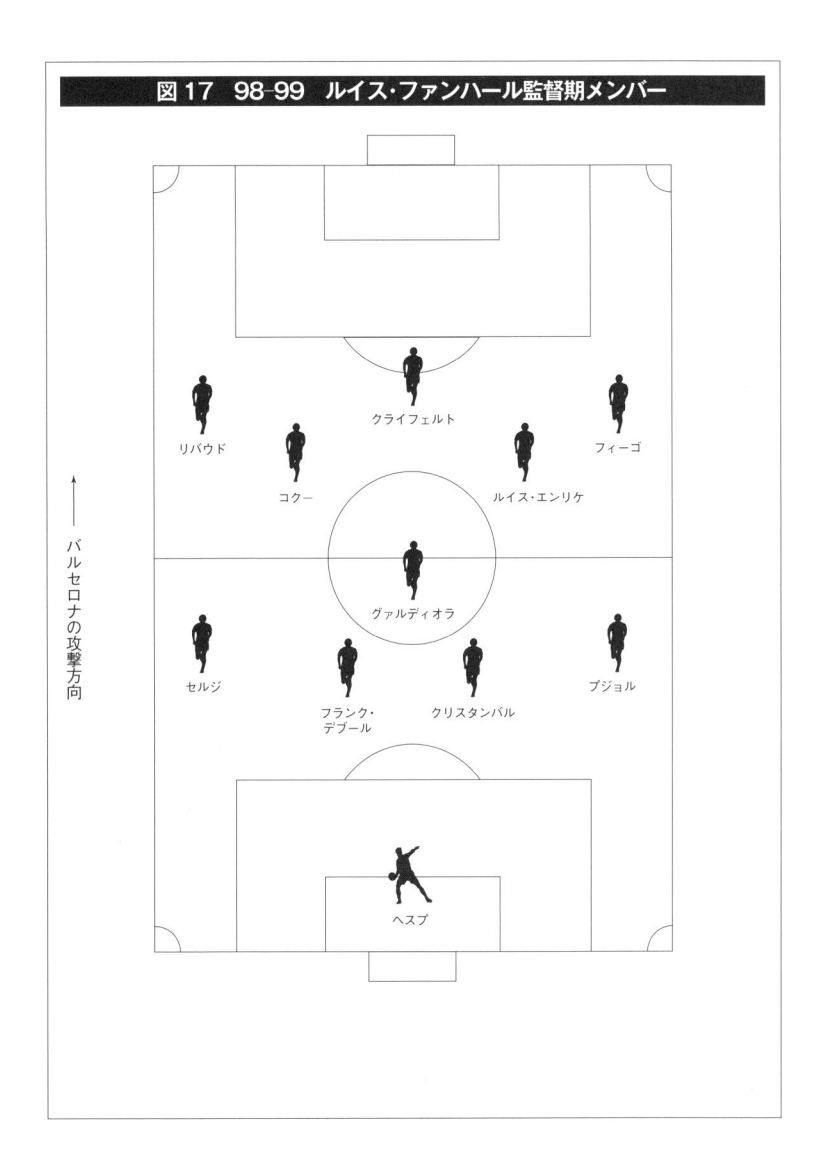

Chapter 4　ドリームチームから現在まで

### 図17　98-99　ルイス・ファンハール監督期メンバー

クライフェルト
リバウド
コクー
ルイス・エンリケ
フィーゴ
グァルディオラ
セルジ
フランク・デブール
クリスタンバル
プジョル
ヘスプ

← バルセロナの攻撃方向

続のグループリーグ敗退とはいえ、リーグ戦の強さは図抜けていた。従って、オランダ人の多さに不満はあっても、勝っている限りは許容されていたのだが、99－00シーズンにデポルティーボ・ラコルーニャにリーグ優勝をさらわれると、オランダ選手の多さに嫌気がさしていたファンにそっぽを向かれることになった。

それには、ファンハール監督の性格も影響していたと思われる。腕は確かだが、仕事熱心のあまりに周囲と摩擦を起こしてしまうのだ。

話は飛ぶが、2011年4月、ファンハールはバイエルン・ミュンヘンの監督を解任されている。すでに10－11シーズンいっぱいで退任が決まっていたのだが、ブンデスリーガの順位がCL出場獲得圏外に落ちたタイミングで首脳陣が断を下した。このシーズン、ファンハール監督らしいエピソードがある。

選手とのミーティングで「ズボンを脱いだ」らしい。そのころ選手交代をめぐって首脳陣から批判されていた。それに対してファンハールは、「私は、誰かの指図を受けることなく、私の判断で選手を交代することができる」と言い、「なぜなら、私にはキン○マがついているからだ！」と言って、ズボンを下ろしたらしい。話の流れからすると、これはズボンを下ろしただけでなくパンツも下ろしたのは確実だ。ときどき素っ頓狂なマネをする。しかし、本人は至って真面目なのだ。

オランダのAZで指導者のキャリアをスタートさせたファンハールは、91年にアヤックスの監

## Chapter 4　ドリームチームから現在まで

督に就任。93-94シーズンからは、オランダリーグ3連覇を成し遂げ、92年にはUEFAカップ優勝、95年にはCLを制した。このころのアヤックスは〝マイティ・アヤックス〟と呼ばれた最強時代で、94-95は27勝7分0敗でリーグ優勝している。

ちょうどバルセロナのドリームチームが崩壊したのと入れ替わるように、3-4-3の超攻撃的スタイルで欧州を席巻したのがファンハール率いるアヤックスだった。95年のボスマン判決によって、アヤックスはリッチクラブの草刈り場と化してしまい、最盛期は3シーズンほどで終わってしまったが、それまでの強さは格別で、史上に残るチームの1つだろう。

当時から、ファンハールはエキセントリックな印象だった。いつもメモ帳に何か書き込んでて、そうかと思えばメモ帳を握りつぶして、テクニカルエリアで跳び蹴りをする（相手選手のファウルへのアピールとして、こーんなんだったぞ！とエア跳び蹴り）。記者会見ではバカでかい声で話し始め、スピーカーの前にいた記者の鼓膜が破れそうになる。トヨタカップで来日したときは、芝生の悪さに腹を立て「まるで競馬場じゃないか」とがなり立てる。ずっと「ホース！ホース！（馬）」と叫んでいた。

アヤックスでの大成功の後、バルセロナの監督に就任したわけだが、大きな成功を収めたにもかかわらず、タイトルを逃すやあっさり解任された。バイエルンで2冠（CL決勝でインテルに勝っていたら3冠だった）の快挙の次シーズンの序盤には早くも解任論が出ていたのもバルサのときと同じである。

プレー自体はかなり洗練されていた。グァルディオラを軸としたビルドアップに、両翼のフィーゴ、リバウドの個人技、クライフェルトのポストプレーと、アヤックス時代のスタイルをバルサ流に上手くアレンジしている。ドリームチームを上回る破壊力を秘めた強力なチームだった。論理的な指導に定評のあるファンハール監督は、やや型にはめる傾向があったものの、もともとアヤックス流を取り入れていたバルサだから違和感はそれほど大きくはない。デブール兄弟などの元アヤックス勢はファンハールのやり方に慣れていたし、フィーゴやリバウドにはある程度の自由も許されていた。

やはり、問題はファンハール監督の性格だった。傲慢で強情、あまりにも四角張ったパーソナリティに首脳陣もファンも辟易してしまったのだ。バルセロナの監督だったころ、ファンハールは郊外のリゾート地に住んでいた。街で見かけるファンハールは穏和で、飾り気がなく、真面目そうな、要するにとってもいい人に見えたそうだ。

人間、好きな仕事は一生懸命やる。しかし、いくら好きなことでも、仕事として続けていくのは楽ではない。監督業というのは、切った張ったの世界である。生き馬の目を抜く熾烈な勝負の世界だ。そういう仕事にやりがいを感じて、いや、やりがいを通り越して中毒のようになってしまう人がいる。そして、そういう人こそ監督業に向いているのだが、あまりに熱心に続けていくと、"あっち側の世界"へ足を踏み入れてしまうようだ。

あっち側の世界とは？　好きだからとか、世のため人のためとか、そういうのを超えてしまっ

## 迷走の3シーズン

ルイス・ファンハールが退任した後、バルセロナは3シーズンの迷走期に突入している。この3シーズンで4人の監督が指揮を執り、会長も交代している。78年に初の選挙によって会長になったホセ・ルイス・ヌニェスが22年もの長期政権だったのに、00年にヌニェスの後継となったジョアン・ガスパールはわずか3年あまりで退任、次のエンリック・レイナは暫定で1年も経たないうちにジョアン・ラポルタに交代している。

ファンハールが解任される前、すでにヌニェス会長が失脚していた。新会長となったガスパールは長年ヌニェスの右腕だった人物だったが、彼はファンハールを解任してロレンソ・セラ・フェレールを監督につけた。セラ・フェレールは97年からバルセロナのカンテラの監督を務めていた。

ボスマン判決以後、大物選手の移籍が活発化し、ビッグクラブでは毎年のように陣容が入れ替わるようになっていたが、セラ・フェレール新監督のスタート時にも、マルク・オフェルマル

て、そこに仕事があるから、そこに勝負があるから、それだけの理由でとことんまで行ってしまうと、あっち側になる。普通の人にはついていけない世界の人、例えば、キン○マを見せるために突然パンツを脱いでしまうとか……。

すでにバルサのキャプテンで、この年のバロンドールも獲得することになるフィーゴの移籍は市場で最大の話題となったのは、フィーゴのレアル・マドリードへの"禁断の移籍劇"であった。

すでにバルサのキャプテンで、この年のバロンドールも獲得することになるフィーゴの移籍は大きな戦力ダウンになった。バルサのサポーターはフィーゴを"裏切り者"と呼ぶほど傷つけられた。ちなみに、バルサとレアルの間には過去にも大物選手の移籍は発生していて、ドリームチームの中心だったミカエル・ラウドルップがレアルへ移籍しているし、ルイス・エンリケは反対にレアルからバルサに来ている。ベルント・シュスターやロナウドなど、バルサとレアルの両方でプレーした選手もいる。ただ、フィーゴのケースは特殊だった。レアルの新会長に就任したフロレンティーノ・ペレスが、選挙公約としてフィーゴ獲得を掲げていたのだ。ぎりぎりまで移籍を否定していたフィーゴが、最終的により年俸が高いという理由でレアル行きを選択したことで、バルサファンの怒りが爆発。フィーゴは"守銭奴"と非難され、カンプ・ノウでのクラシコでは豚の頭の皮などがフィーゴめがけて投げ入れられるなど、試合が一時中断するほどの騒ぎになった。

フィーゴの穴を埋められるほどの補強も行えず、セラ・フェレール監督は解任を決断する。後任は、クライフの右腕だったカルレス・レシャック。レシャックは4月の時点でガスパール会長が解任の後も臨時監督を務めていて、セラ・フェレー

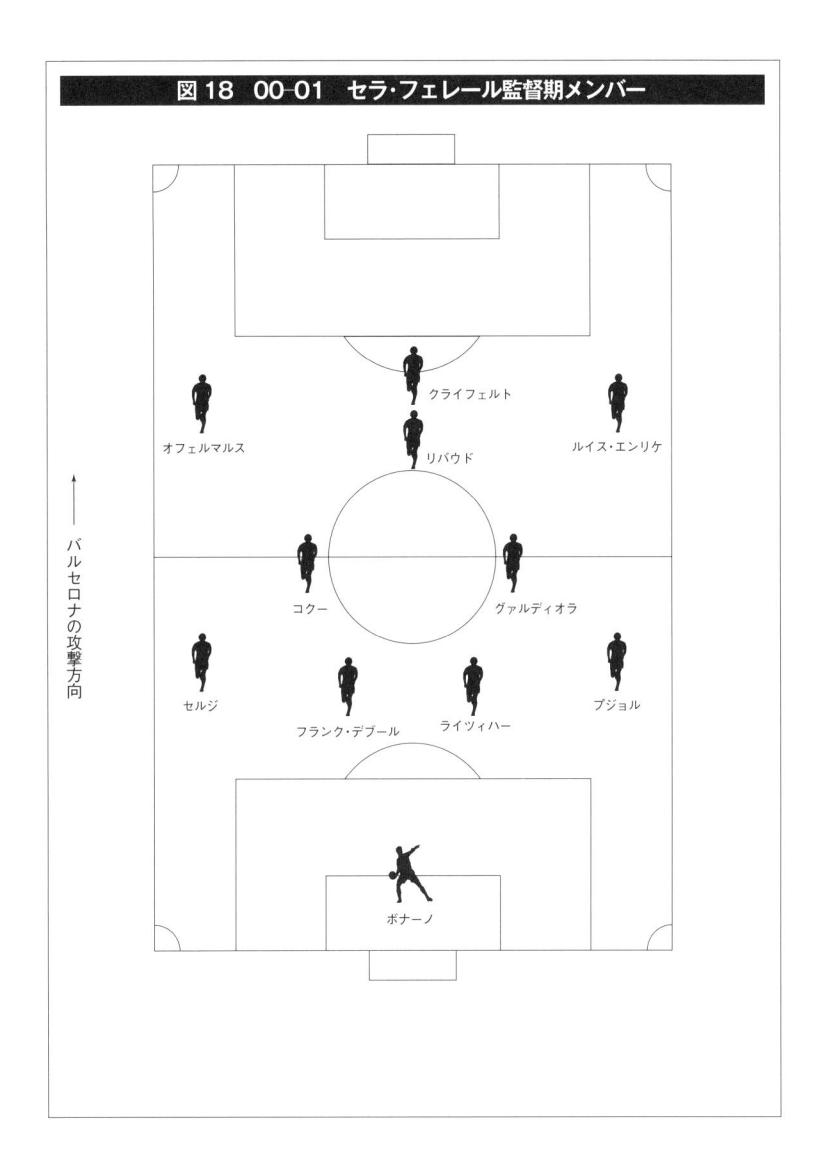

**Chapter 4** ドリームチームから現在まで

## 図18  00-01 セラ・フェレール監督期メンバー

クライフェルト
オフェルマルス
リバウド
ルイス・エンリケ

コクー
グァルディオラ

セルジ
フランク・デブール
ライツィハー
プジョル

ボナーノ

← バルセロナの攻撃方向

129

ルの後も短期的なケアテイカーと思われていたが、レシャック監督は次の01－02シーズンも継続。しかし、順位はどちらも4位にとどまった（図19）。

3シーズン連続無冠となったバルサは、02年にオランダ代表監督を退いていたファンハールを呼び戻す。

ファンハールとの不仲が公然だったエース、リバウドはこのタイミングでバルサを去っていた（ACミランへ移籍）。リバウドの後釜としてアルゼンチン人のファン・ロマン・リケルメが入団するが、リケルメの獲得はファンハール就任が決まる直前に決まっていて、ファンハールは「私が希望した選手ではない」とメディアに公言するなど、出だしから噛み合っていない。案の定、開幕しても不振が続き、ついにシーズン途中でファンハールが解任され、セルビア人のラドミール・アンティッチ監督に引き継がれたが、リーグの成績は6位（図20）。4シーズン連続の無冠となった。

この迷走期の中心選手はリバウド、ルイス・エンリケ、クライフェルト、フランク・デブールといった第一期ファンハール時代と変わっていない。ファンハール時代よりオランダ色は薄まって、カンテラからチャビ、プジョルなどが抜擢されている。これはもともと育成担当だったセラ・フェレール、レシャックが監督に就任したためで、またそれがクラブとしての意思だったわけだ。「バルサは正常化された」とファンは喜んだものの、肝心の成績がついてこなかった。

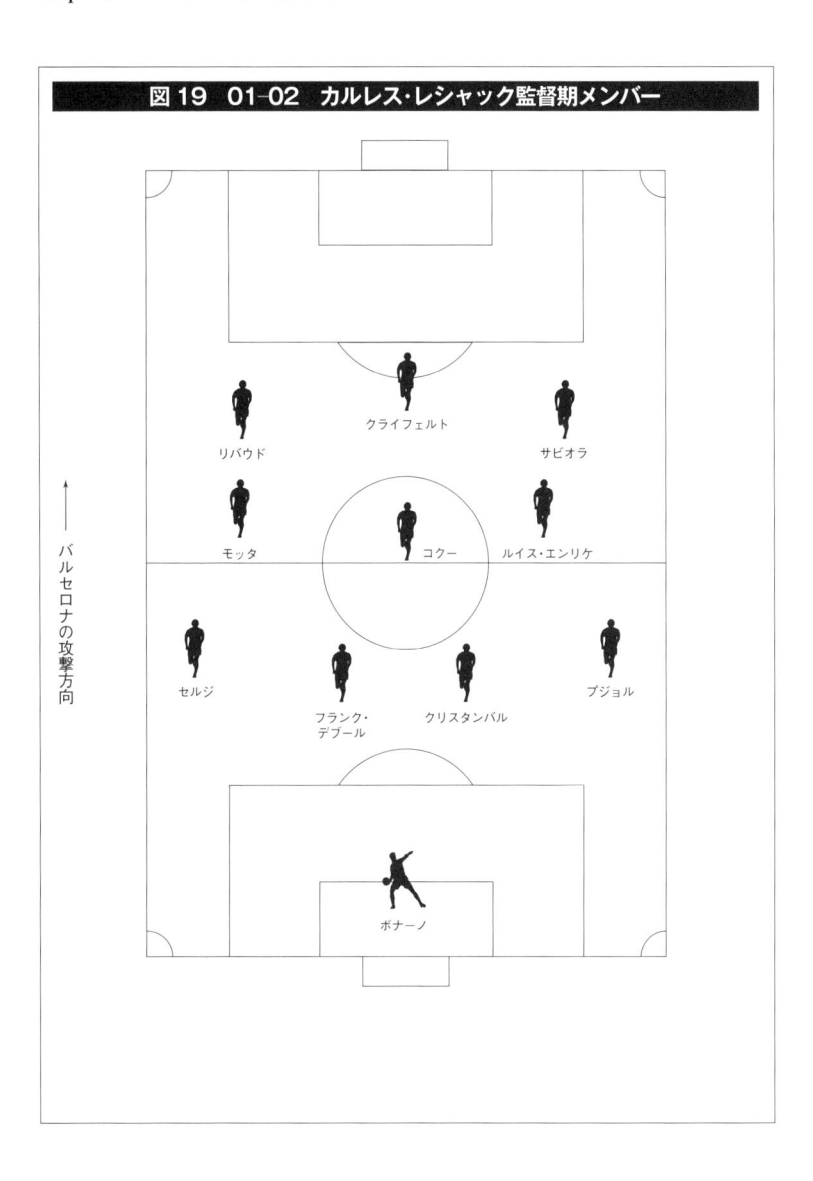

Chapter 4　ドリームチームから現在まで

### 図19　01-02　カルレス・レシャック監督期メンバー

← バルセロナの攻撃方向

- クライフェルト
- リバウド
- サビオラ
- モッタ
- コクー
- ルイス・エンリケ
- セルジ
- フランク・デブール
- クリスタンバル
- プジョル
- ボナーノ

## ロナウジーニョと強いバルサの復権

　2003年の会長選挙でジョアン・ラポルタが当選、フランク・ライカールトが監督に就任し、ここから5シーズンのライカールト監督期はドリームチーム時代に迫る好成績を残した。

　ラポルタ会長は選挙公約としてデビッド・ベッカムの獲得を掲げていたが、ベッカムはライバルのレアル・マドリードが獲得。しかし、バルセロナにはロナウジーニョがパリ・サンジェルマンから移籍してきた。結果論だが、バルサにとってはベッカムよりもロナウジーニョで正解だった。

　ラポルタ会長の後ろ盾となっていたのがクライフである。監督解任以来、バルサは脱クライフを図り、クライフもバルサと距離をとっていたが、ラポルタ会長はクライフの助言を仰いでさまざまな施策を打っている。ライカールト監督の就任もその1つだった。

　03－04シーズンは2位で終わるが、続く2シーズンはリーグ連覇。05－06シーズンはクラブ史上2度目のCL優勝を成し遂げた。ちなみに、決勝のアーセナルに対する逆転勝利（2－1）はバルサファンにとっては大きな意義のある試合だったという。このライカールト時代からの若いファンは別として、古くからのファンはバルサが重要な試合で逆転勝ちできると初めて信じられるようになったという。それまでにも逆転勝ちは何度もあったのだが、CL決勝で逆転勝ちができ

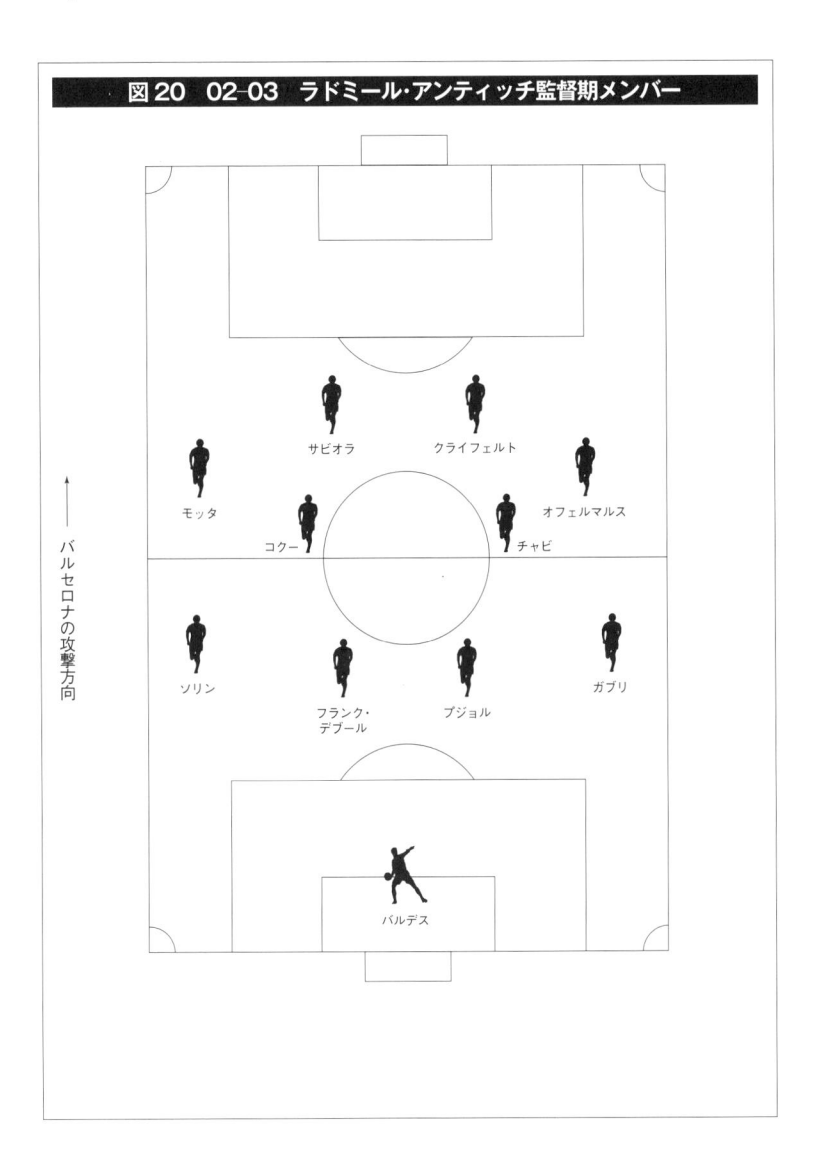

Chapter 4　ドリームチームから現在まで

## 図20　02-03　ラドミール・アンティッチ監督期メンバー

← バルセロナの攻撃方向

サビオラ　クライフェルト
モッタ　　　　　　　　　　オフェルマルス
　　　コクー　　　　　チャビ

ソリン　　　　　　　　　　ガブリ
　　フランク・　　プジョル
　　デブール

バルデス

るとは多くのファンが信じていなかった。それが長年レアル・マドリードの後塵を拝してきた歴史によるのか、それとも、もともとカタルーニャ人が悲観的なのかはわからない。ただ、古参のファンほどチームの精神力、反発力を信じていなかったというのだ。

ライカールト監督の時代は、さまざまなことが変化している。ドリームチーム期のスタイルが復活し、CLに優勝して勝者のメンタリティを身につけたことだけでなく、クラブの財政も好転しはじめた。バルサを取り巻く空気が変わっていった。

ロナウジーニョはその象徴だった。陽気なブラジル人は、いつも笑っていた。

バルサはある種、悲壮感を纏ったクラブであり、プレースタイルは非常に理詰めだ。その半面、ライバルのレアル・マドリードが持っている自信、図々しいまでの押しの強さに欠けていた。バルサはMFのサッカー、レアルはFWのサッカーと言われる。バルサがカンテラ出身者を中心に、洗練されたパスワークと内容にこだわった試合をみせるのとは対照的に、レアルはFWにスーパースターを獲得して、とにかく結果を叩き出す。実はプレースタイルもよく似ているライバル同士なのだが、バルサはレアルのように、ときに根拠のない自信を持つという面がない。

マンチェスター・ユナイテッド、バイエルン・ミュンヘンもそうだが、ビッグクラブ特有の、自分たちこそが〝選ばれたクラブ〟という認識をバルサは持たない。

ある日、筆者がカンプ・ノウへ試合を見に行ったときのこと。記者席から下るエレベーターの中で、バルサファンが話題にしていたのは、いま見たばかりのゲームではなく〝レアル・マドリー

## Chapter 4 ドリームチームから現在まで

ードの試合結果〟であった。レアルが負ければ、自分たちが負けていても、とりあえず安心するのだ。だが、その日はあいにくレアルが勝っていた。すると、次に話題にのぼるのは〝エスパニョールの結果〟なのだ。エスパニョールは負けていたので、エレベーター内に小さい歓声がわき起こった。ライバルの不幸に喜びを見出すのは、万国共通のファン心理ではあるけれども、バルサほどのビッグクラブにしては少し奇異に思えた。

レアル・マドリードが〝銀河系〟と呼ばれた大スター軍団を擁した時期、ちょうどバルセロナは迷走期にあった。ライバルの躍進ぶりが、迷走に拍車をかけていたかもしれない。しかし、それはロナウジーニョの入団を境に変わっていった。

ロナウジーニョはマジカルのテクニックと、プレーする喜びを全身から発散させるスーパーな選手だった。つい自虐的になりがちなバルサファンにとって、ロナウジーニョのあっけらかんとした明るさは救いだったに違いない。ロナウジーニョには悲壮感のかけらもなく、いつも自信満々。自分の技量への自信もあるだろうが、それ以前の根源的な自信、あるいは楽観、つまりバルサに欠けていたものを全部持っていた。

ロナウジーニョは主に左ウイングとしてプレーし、攻撃の中心として機能した。左から一発の高速サイドチェンジで決定機を作るかと思えば、ドリブルでカットインして中央突破を図り、サイドをえぐってのクロスありと、技巧とスピードとヒラメキを見せつけてバルサの攻撃をリードした。

04―05シーズンから加入したデコの働きも大きい。元ブラジル人のポルトガル代表、攻守に働き、創造的なプレーをする。左サイドでロナウジーニョ、デコがコンビを組んだことでバルサの破壊力は倍増した。同じシーズンに移籍してきたサミュエル・エトーもロナウジーニョ、デコに負けない存在感を示した。カンテラからの若手の台頭はバルサの伝統だが、この時期からチームの中心を占めるようになっていく。すでに活躍していたチャビに続いて、ファンハール時代にデビューしたイニエスタが重要なメンバーとなっていく。メッシもカンテラからトップチームに引き上げられ、このシーズンにクラブ最年少ゴールを記録した。

このライカールト監督時代のバルサは、現在のバルサに最も近いチームだと思う（図21）。多少の違いを探せば守備だろう。エースのロナウジーニョは熱心に守備をするタイプではなかった。結局、そこからチームの弱体化が進んでしまう。初期のころはロナウジーニョもバルサ方式の前線からのプレスをこなしていたのだが、年々運動量が落ち、守備面で手を抜くようになっていった。攻撃の中心でスーパースターのロナウジーニョは外せない選手ではあるが、出場すれば守備面では穴になってしまう。攻撃面でのプラスと守備面でのマイナス、その収支がマイナスへ傾きはじめ、06―07、07―08と2シーズン連続の無冠に終わる。ライカールトの参謀役だったコーチ、ヘンク・テンカーテがチームを離れた影響もあったようだ。

08年夏、ラポルタ会長はバルセロナBの監督だったグァルディオラにトップチームを任せる決

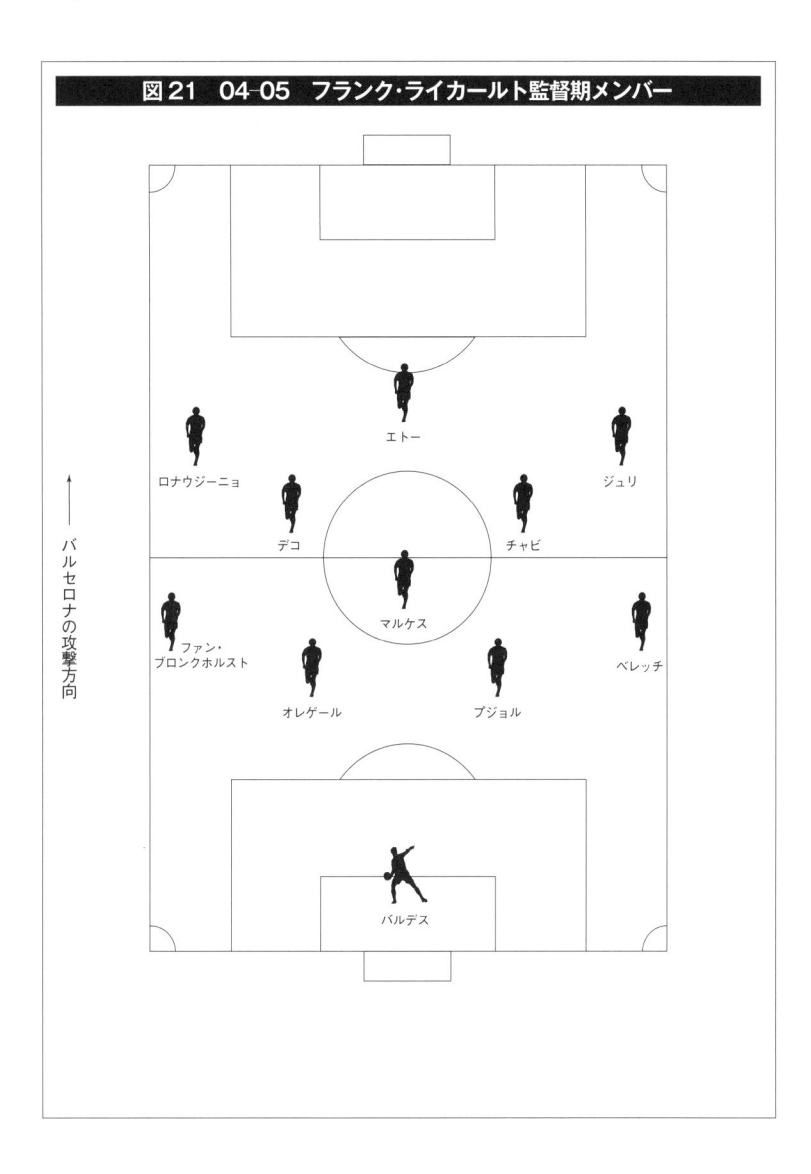

Chapter 4 ドリームチームから現在まで

## 図21　04-05　フランク・ライカールト監督期メンバー

← バルセロナの攻撃方向

エトー
ロナウジーニョ　　　　　　　　　　ジュリ
デコ　　　チャビ
マルケス
ファン・ブロンクホルスト　　　　　　　ベレッチ
オレゲール　　プジョル
バルデス

137

断を下した。グァルディオラ監督は、ロナウジーニョ、デコを放出してメンバーの刷新を行う。新監督のバルサは、リーグ、国王杯、CLの3冠を達成。09－10シーズンもリーグを連覇、いまやクラブ史上最強といわれている。

## Chapter 5
# カルレス・レシャックのバルサ論

La teoría del Barça de Carles Rexach

## 数学的なバルサ

カルレス・レシャックは、バルセロナとともに歩んできた人だ。カタルーニャ人であり、2シーズンばかりCDコンデルというクラブでプレーした後にバルセロナの一員となった。67年から81年まで、バルサでプレーし続けた。現役時代はテクニシャンのFWとして知られ、71年にはリーグ得点王も獲得。73年に入団したヨハン・クライフ、ウーゴ・ソティルとともに強力なフロントラインを形成した。引退後もバルサのコーチ、監督、育成部長などを務め、とくにクライフ監督の片腕としてドリームチームの指導者だったのは有名である。

「現在のバルサのプレースタイルの契機は、オランダ人のリヌス・ミケルス監督が就任したときです」

そのころレシャックは現役選手である。それ以前から、バルセロナはスペインとヨーロッパの強豪クラブであり、攻撃的でスキルフルなプレーが好まれていたという。だが、現在につながるコンセプトが導入されたのは、アヤックスでトータルフットボールを興したミケルス監督が最初だったそうだ。

その後、クライフ&レシャックの率いたドリームチームは、ミケルスが導入したコンセプトをより具体的に、かつ鮮明にした。そして、ドリームチームの遺伝子は現在のグァルディオラ監督

## Chapter 5　カルレス・レシャックのバルサ論

が率いるチームにも色濃く受け継がれている。カンプ・ノウでのエル・クラシコに5-0と大勝した後、グァルディオラがまず言ったのは、

「クライフとレシャックに感謝したい」

ただ、名コンビだったクライフとレシャックは、クライフ監督の解任によって袂を分かつことになった。クライフはバルサを去ったが、レシャックは残ったからだ。クライフはレシャックがクラブに残ったことが不満だったという。

クライフは敵をつくるタイプだ。誰とでも上手くやっていこうなどとは考えておらず、物別れに終わった人は少なくない。ドリームチームの中核だったラウドルップやストイチコフ、スビサレータ、ロマーリオなど、ケンカ別れのケースがほとんどだった。クライフから見れば、レシャックの場合、彼は生粋のカタランだったようだが、レシャックも敵ということになるのかもしれないが、レシャックはもともとバルサとともに歩んできた人間なのだ。それぞれに原因はあるようだが、レシャックの場合、彼は生粋のカタランだったようだが、レシャックも敵ということになるのかもしれないが、レシャックはもともとバルサとともに歩んできた人間なのだ。

ドリームチームの後、98年に横浜フリューゲルスの監督を務めた以外はバルサ一筋。01-02シーズンには監督も務めている。育成も手がけたレシャックは、いわばバルサについては何でも知っている生き字引のような人かもしれない。実は、歴史あるクラブにはレシャックのような人物がいるもので、ライバルのレアル・マドリードではペレス会長と対立して辞めるまでのビセンテ・デルボスケが似たタイプだった。

周囲の反対を押し切ってグァルディオラをトップに引き上げたり、レシャックのエピソードは事欠かない。メッシに関しては、当時14歳であまりに小柄だったにもかかわらず、そのプレーをひとめ見て、

「紙ナプキンでも何でもいいから、即座にサインさせろ」

と言ったという。レシャックはキックオフの時間に遅れて来て、ピッチの4分の3周を歩いた。その間、すでにメッシの才能に気づき、契約することに決めていたそうだ。

さて、興味深い話は数々あるものの、ここで登場していただくレシャックには、バルセロナのプレーの基礎理論を語ってもらった。おそらく、この点では最も適任だと思ったのでインタビューをお願いした次第である。やや意外だったのは、天才肌の選手だったレシャックの話がかなり理論的だったことだ。

余談だが、その緻密さにおいて、オランダの理論とカタルーニャ人の気質は相性が良かったのだろう。

バルセロナは古くから栄えた豊かな街だった。それゆえ、中央政府から狙われ、対立してきた歴史はよく知られるとおりだ。サッカーでも、長くレアル・マドリードの後塵を拝してきた時期もあった。カタルーニャ人は、いつも安心できない気質だという。常に油断なく構え、上手く立ち回り、危機に備えている。いわば次男坊気質だろうか。長男は黙っていてもいろいろなものが

142

# Chapter 5 カルレス・レシャックのバルサ論

与えられるが、次男は自分から動かなければ何も得られないことがわかっている。優秀なスポーツ選手には次男が多いという説が吹聴されたこともあったが、バルセロナには創意と工夫があり、半面、レアル・マドリードのようなどんと構えていられる自信に欠けている。

そうしたカタラン気質は、かなりオランダ人と符号していると思う。とくに要領の良さ、あるいは理詰めで突き詰めないと安心できないところ。いったん突き詰めれば、頑固なほどそれに固執するところ。発想の斬新さ。ここではそれがテーマではないので、深くは掘り下げないが、オランダのサッカーを受け入れる土壌がバルセロナにはあったのだろうと感じる。

## ボールポゼッション＝勝ちに近い

「サッカーは勝つか、負けるか、引き分けるかです。当たり前ですが、そのどれかの結果が出るわけです。しかし、強いチーム、良いプレーをしたチームが必ず勝てるわけではありません。強いチームが負ける率でいえば、バスケットボールなど他の球技よりはるかに高いのでしょう。とはいえ、それでも良いプレーをしたほうが、やはり勝つ確率が高いのは確かです」

レシャックの"講義"は、最も基本的なところから始まった。それはサッカーとは何か、どうプレーすべきかという哲学に関わる話だ。

「私は、ボールポゼッションがカギだと考えています。ボールをより長く支配することで、ゲー

ムを支配できるからです。自分たちはより多くの攻撃、より多くのチャンスを作り、反対に相手にはより少ないチャンスしか与えない。体力的にも、ボールと相手を走らせることで相対的に有利になることが多い。7割方ボールを支配できていれば、それだけ勝ちに近い位置にいられます。そうすると、だいたい8割方は試合に勝てるのです」

レシャックが説くのは絶対不敗の戦法ではない。彼は、最初から良いチームが勝つとはかぎらないのがサッカーだと言っている。では、どうすればより勝利に近い位置に立てるのか。ここから、いきなり具体的で核心的なところに話は進んでいった。

「バルセロナと対戦する相手のフォーメーションは、現在考えられるところで主に次のようなものになります。4-4-2、4-4-1-1、4-1-4-1、4-2-3-1です。それに対して、我々は逆のフォーメーションを組みます」

例えば、ドリームチームの時代には4-4-2の相手が多かった。そこで、バルサは相手の2トップに対して3バック、MF4人に対して同数の4人、FW3人の3-4-3をとることが多くなったのだという。これは大変バルサらしい、あるいはカタルーニャ人らしい考え方に思えるのだが、相手によって自分たちのフォーメーションを変えていく、対応していくのだ。相手がどうであれ、自分たちのフォーメーションは変えない、何となくそれがバルサのイメージのようにも思えるが、実際にはまったく逆なのだ。

では、なぜバルサは相手のフォーメーションをいつも気にして、それに対応するようにしてい

Chapter 5 カルレス・レシャックのバルサ論

「目的は数的優位を発生させることです。それによって、ポゼッションが有利になるからです」

ここでレシャックは、ピッチを3つのゾーンに区切った。バルサの場合、基本的にプレーするのは自陣の3分の1を除いた、残りの3分の2のピッチである。その3分の2を、さらに守備ゾーン、中盤ゾーン、攻撃ゾーンの3つに区切る。

「まず攻撃ゾーンですが、ここだけが数的に不利になります。相手が4-4-2ならば、相手選手はこのゾーンに4人いますから、バルサは2人も数的に不利になっています」

りこのゾーンのバルサの選手は2人です。FWは両サイドの1人ずつ、つま

レシャックは守備の話から始めている。オーバーナンバー（数的優位）を作ることを目的だとしながら、攻撃ゾーンだけはそうではないという。それは、中盤と守備の2つのゾーンで数的優位を確保するための前提が、このゾーンになるからだ。

「2人のFWで、4人のDFを止める」

これがバルサ式の出発点になる。しかし、どうやって2人で4人を止めるのか。

## 数的優位の作り方

「2人のFWで、4人のDFを（バルサの）攻撃ゾーンから出てこられないようにする」

方法は意外と簡単だった。2人のFWは、原則的に相手のサイドバックをマークするのだ。相手のセンターバックがボールを保持しているとき、バルサのFWは両サイドバックをマークする。あるいは、サイドバックにボールが入ったときに前進させないようにプレッシャーをかける。

「相手のセンターバックは2人がフリーです。しかし、彼らがボールを持ってこちらの中盤ゾーンに侵入してくることはあまりありません。なぜなら、そうするとボールを失ったときに中央の守備が薄くなってしまうからです。バルサのウイングは俊足ですから、もし中央のDFが1人になっていたら（スペースが空いていたら）、そこを狙うことができます。相手のセンターバックはその危険を冒したくないので、前進しにくいのです」

もう1つ、相手のセンターバックが前進をしにくい理由がある。バルサは攻撃ゾーンでは2対4の数的不利になっていると書いたが、後方の中盤と守備ゾーンに目を移せば、8対6の数的優位になっている。相手センターバックとすれば、安全なパスコースを探しにくい状況になっているわけだ。一番安全と思われるサイドバックへの展開は、バルサの両ウイングによって封じられている。センターバックがパスコースを探しているうちに、バルサは2人の数的優位を生かして縦にマークを受け渡しながら、プレッシャーをかけてくる。そうなると、センターバックの選択肢は多くの場合、バルサの中盤ゾーンに侵入する手前でロングボールを蹴ることに落ち着く（図22）。

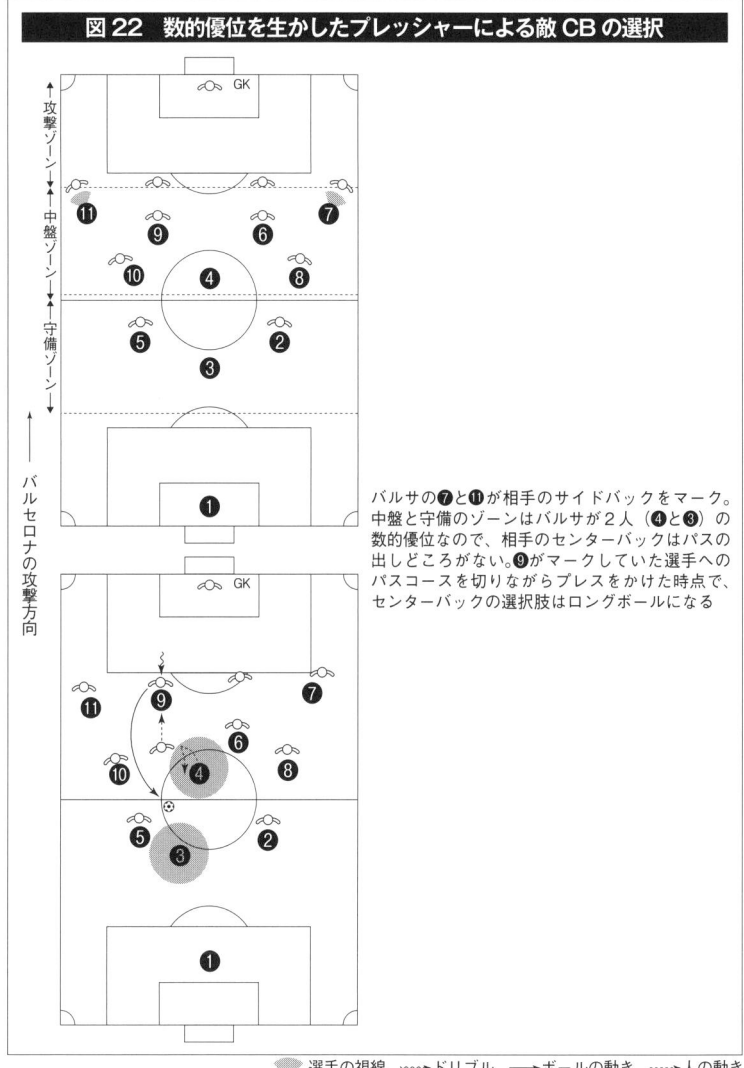

Chapter 5 カルレス・レシャックのバルサ論

## 図22 数的優位を生かしたプレッシャーによる敵CBの選択

攻撃ゾーン ← 中盤ゾーン ← 守備ゾーン

← バルセロナの攻撃方向

バルサの❼と⓫が相手のサイドバックをマーク。中盤と守備のゾーンはバルサが2人（❹と❸）の数的優位なので、相手のセンターバックはパスの出しどころがない。❾がマークしていた選手へのパスコースを切りながらプレスをかけた時点で、センターバックの選択肢はロングボールになる

◆ 選手の視線　～～→ドリブル　──→ボールの動き　……→人の動き

「バルサの攻撃ゾーンからロングボールを蹴らせる。ボールが落ちる場所は、バルサの数的優位です。ロングボールは精度を欠きやすく、さらに受ける選手はすでにマークされていて、しかもカバーリングもついている。バルサがロングボールをカットし、セカンドボールを拾う確率が高いわけです」

 ロングボールを蹴らせてカットしたら、今度は数的優位にモノをいわせてパスを回していく。相手にはロングボールを蹴らせるが、自分たちは蹴らない。これだけでもポゼッションはかなり有利になる。

 ドリームチームの3-4-3と、当時相手チームに多かった4-4-2の組み合わせでいえば、バルサの守備ゾーンは2人の数的優位を確保していた。2トップに2人のDFがマークし、例えばクーマンがカバーリングバックとして余る。さらに、その前にグァルディオラが余る。ロングボールの落下点には、バルサの選手が2人も余っているわけだ。相手が中盤ゾーンにパスをつなげたら、マークを受け渡してプレッシャーをかけていく。いずれにしても相手にロングボールを選択させ、それをカットしていくのがバルサの基本戦略になっている。

## ▰▰▰ 前進守備と整理されたプレッシング

「ボールを失ったFWが、いきなり自陣ゴール前まで走って戻りますか？ 戻らないですよね」

## Chapter 5 カルレス・レシャックのバルサ論

極論から始めるのは、ちょっとクライフと似ていると思った。クライフとレシャックは、彼らのサッカーを共有していた。レシャックが立ち上がって守備の話を始めたとき、それはまさにバルサTVで見たクライフと同じだった。

「この部屋を1人で守れといわれたら、もう歳をとってしまった私には無理だ。しかし、このソファの幅だけなら今でも守れる」

レシャックが言いたいのは、前から守ればいいということ。そして、全体をそれに合わせていけば守る面積が小さくなる、つまりコンパクトな前進守備について話そうとしていた。

「バルサには体重の軽い選手が多い。テクニックを重視しているので、どうしてもそうなりがちなのです。テクニックといっても、我々が求めているのはドリブルで何人も抜いていける選手ではなく、パスをして動ける選手です。現在でも、ドリブルで何人も抜いていける選手はメッシぐらいしかいません。しかし、パスワークに優れていて、俊敏な選手はどうしても小柄になることが多いのです」

こちらはむしろ本音の部分だろう。バルサには軽量の選手が多い。チャビ、イニエスタ、メッシ、ペドロなどがそうだ。軽量な選手にボールを奪い取る仕事は、本来あまり向いていない。チャビが頑張っても、ジダンやカカからボールを奪い取るのは簡単ではないのだ。体重の差で弾かれてしまう。そこで、そんな選手たちでも守れるような方法で守りたい。

「下がって守るのは難しい。前進して守れるほうが守りやすいのですよ。ですから、まずボールに

プレッシャーをかけにいかなくてはならない。ボールにプレッシャーがないと、全員が下がりながら守らなければなりません。なるべくそうならないように、前からプレッシャーをかけて守備をします」

まず、可能なかぎりボールに対してプレッシャーをかける。

「プレッシャーを与えることは有効です。というのも、ほとんどの相手チームはバルサのようにボールをつなぐことができないからです」

プレッシャーをかけるとミスをする、ロングボールを蹴る、良いプレーができない。ノープレッシャーならそうでないかもしれないが、プレッシャーを感じたときに良いプレーができるチームは少ない。ならば、どんどんプレッシャーをかけていけばいい。前線からプレッシャーをかけ、それに連動して全体が前傾しながら守る。「前進して守るほうが守りやすい」というセオリーに合致する。

「ただし、やみくもにプレッシャーをかけ、前進するのではなく、プレッシングは整理されていなければなりません」

整理されたプレッシングでカギを握るのは、現在の4-1-2-3のフォーメーションの「1」の選手だ。背番号6のプレーヤーで、トップチームでいえばセルヒオ・ブスケツがそれにあたる(トップチームは個人番号制なので6番はチャビだが)。

「6番がMFとDFの間のスペースをコントロールします。例えば、相手のセンターバックに対

Chapter 5　カルレス・レシャックのバルサ論

## 図23　ブスケツとセンターバック2人の連動による守備

(1)

GK

ビジャ　メッシ　イニエスタ　ペドロ
　　　チャビ
　　　　　ブスケツ
アビダル　　　　　　　アウベス
　　　プジョル　ピケ

GKバルデス

↑
バ
ル
セ
ロ
ナ
の
攻
撃
方
向

▼
(2)

GK

ビジャ　チャビ　メッシ　イニエスタ　ペドロ
　　　　　ブスケツ
アビダル　　　　ピケ
プジョル　　　　　　アウベス

GKバルデス

メッシがプレスをかけ、チャビが状況をみてメッシに加勢する前進守備を行うと、ブスケツも前に出てチャビが離した相手選手をマーク。ブスケツが離した相手はピケが拾い、さらにプジョルも上がってオフサイドトラップをかける

〜〜▶ドリブル　──▶ボールの動き　‥‥▶人の動き

してメッシがプレッシャーをかけていったとき、ブスケツは前進してメッシ、イニエスタ、チャビのカバーをできる位置に移動します」

相手が4-2-3-1の場合、ブスケツは相手のトップ下をマークしているが、このケースでメッシのプレッシャーが作用していて、相手がロングボールを蹴ることができないと判断できれば、ブスケツはマークしていたトップ下から離れて自分より前方のチャビ、イニエスタがマークしている選手を預かる。チャビらはブスケツにマークを受け渡し、メッシのカバーをする。つまり、縦方向へマークを受け渡して、ボール周辺の圧力を高めていく。このとき、ブスケツが前進することで、相手の1トップとトップ下の2人に対し、バルサのセンターバックが2人になり、数的優位は保てなくなるが、ロングボールが出ないと判断できた時点で、センターバック2人はブスケツに連動して押し上げてしまう。もし、ロングボールが飛んできたとしてもオフサイドをとることができる（図23）。

反対に、メッシの相手センターバックへのプレッシャーが十分でないと判断すれば、ブスケツはポジションをキープして、相手のトップ下をマークする。ロングボールが予想できるからだ。この場合は、ロングボールに対して3対2の数的優位をキープしている。

「ピッチを100メートル×70メートルとすると、選手1人あたりが担当しなければならない面積は単純計算で700平方メートルです。これではスペースが大きすぎる。バルサでは縦の長さはトップからボトムまでで約40メートル、幅は70メートルで変わりませんが、縦をコンパクトに

152

## 1タッチプレーのためのライン作り

極力ロングボールを蹴らない。バルサのプレーの特徴だ。もちろん、まったく蹴らないわけではない。ロングボールがチャンスになるなら、もちろん長いのも蹴る。また、攻撃サイドを変えるためのロングボールなら、むしろ頻繁に使っている。逃げのロングボール、苦し紛れのロングボールをなるべく蹴らないという意味だ。

しかし、苦しくなっているからロングボールを蹴るのであって、追い込まれた状況で無理につなごうとするのは危険である。だから、多くのチームはバルサよりもロングボールで逃げなくてもすんでいるのか。

「バルサは、1タッチのパス交換ができるポジショニングをとっているからです」

ここでレシャックは、4-4-2のフォーメーションを紙に書いた（図24）。

することで選手1人あたりの担当スペースはずっと小さくなります（280平方メートル）」

部屋は守れないがソファの幅なら守れるよ、と言っていたのは、このことのたとえである。横幅を4人で分割すると、1人が担当する横幅は約18メートル。隣の選手が左方向へ18メートルいっぱいに動くなら、連動して18メートル動けばいい、というのがバルサの基本的な考え方だそうだ。しかし、効率的にスペースをカバーするには、適切なポジションをとる必要がある。

「DFの4人、MFの4人、FWの2人。この形では横のラインは3つしかありません。これではボールを持っている選手がプレッシャーをかけられたら、後ろにボールを下げるしかありません。あるいは、ロングボールで逃げるしかない」

例えば、サイドバックがプレスされて縦方向へのパスが出せなくなり、横についたセンターバックにパスをする。すると、センターバックにもプレッシャーがかけられる。センターバックはGKにパスするか、大きく逃げのロングパスを蹴るしかなくなってしまう。

「サッカーは水平方向にプレーするのではなく、垂直方向か斜めにプレーするべきなのです」

まず、縦方向になるべく多くの「ライン」を作る、とレシャックは言った（図25）。

「ドリームチームなら、中央の最後尾がクーマンですね。彼の10メートル前にはグァルディオラがいる。その10メートル前にバケーロ、さらに10メートル前にラウドルップがいる。30メートルぐらいの深さの中で、中央だけでも4人の選手がいる。先ほどの4ー4ー2に比べると、ラインが1本多いわけです」

そして、クーマンとグァルディオラの中間には左右にフェレールやセルジがポジションをとっているし、グァルディオラとバケーロの間にはアモール、エウセビオがいる。バケーロとラウドルップの間にはチキ、ストイチコフがいる。こうして、30〜40メートルの深さの中に多くのラインが存在がする。平たくいえば、横並びにポジションをとらない。

「ラインを数多く作ることで、1タッチパスを中心としたコンビネーションプレーが容易になり

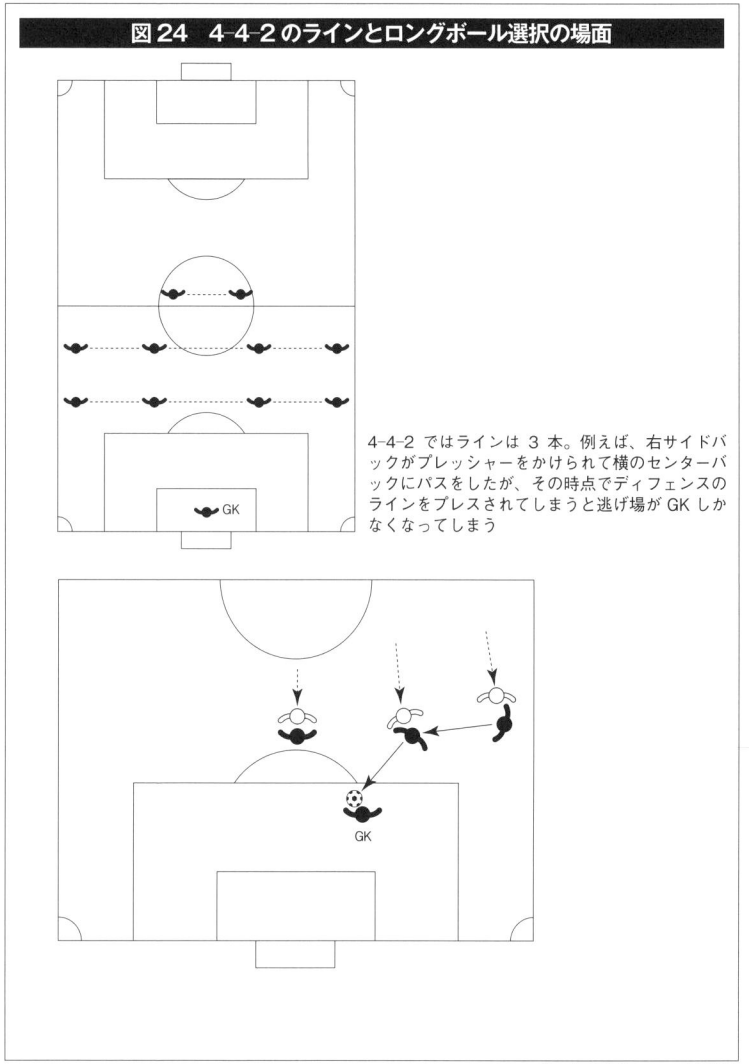

Chapter 5　カルレス・レシャックのバルサ論

### 図24　4-4-2のラインとロングボール選択の場面

4-4-2ではラインは3本。例えば、右サイドバックがプレッシャーをかけられて横のセンターバックにパスをしたが、その時点でディフェンスのラインをプレスされてしまうと逃げ場がGKしかなくなってしまう

──▶ボールの動き　‥‥▶人の動き

ます。バルサの選手の特徴は、こうしたパスワークに秀でていることですが、それをより生かすためのポジショニングが重要だと考えています」

この「ラインを数多く作る」動きが、結果的に相手のラインの中間に潜り込んでパスを受ける形につながっていくわけだ。ボールを持った選手に多くのパスコースを与えることで、ポゼッションは高まっていく。斜め前、斜め後ろ、横、縦に、パスを受けるべく周囲の選手が動く。

「斜めのパスを有効に使います。横方向のパスを受けると、視野が限定されてしまうので。ボールを受けた選手が前を向いている、広い視野を持っていることが重要です」

デ・カラ（顔）。レシャックはそう表現していた。顔が相手ゴール方向へ向いている、ピッチを広く見られる状態の選手にプレーさせることを狙っている。

「例えば、斜め前方へパスをする。パスを受けた選手の顔は前方に向いていません。背後から相手選手が迫ってきます。そのときは、ボールを受けた選手は斜めにボールを下げます。そうすると、今度はパスを受けた選手の顔は完全に相手ゴール方向であり、広い視野を確保しています」

現在のバルサのプレーを思い浮かべれば、随所にこうしたパスワークが思い当たるはずだ。1タッチ、2タッチでポンポンとショートパスをつないで相手のプレスをかわし、広い視野をキープしている選手が相手の守備の薄いほうへボールを展開していく。苦し紛れのロングボールを余儀なくされるケースは少ない。

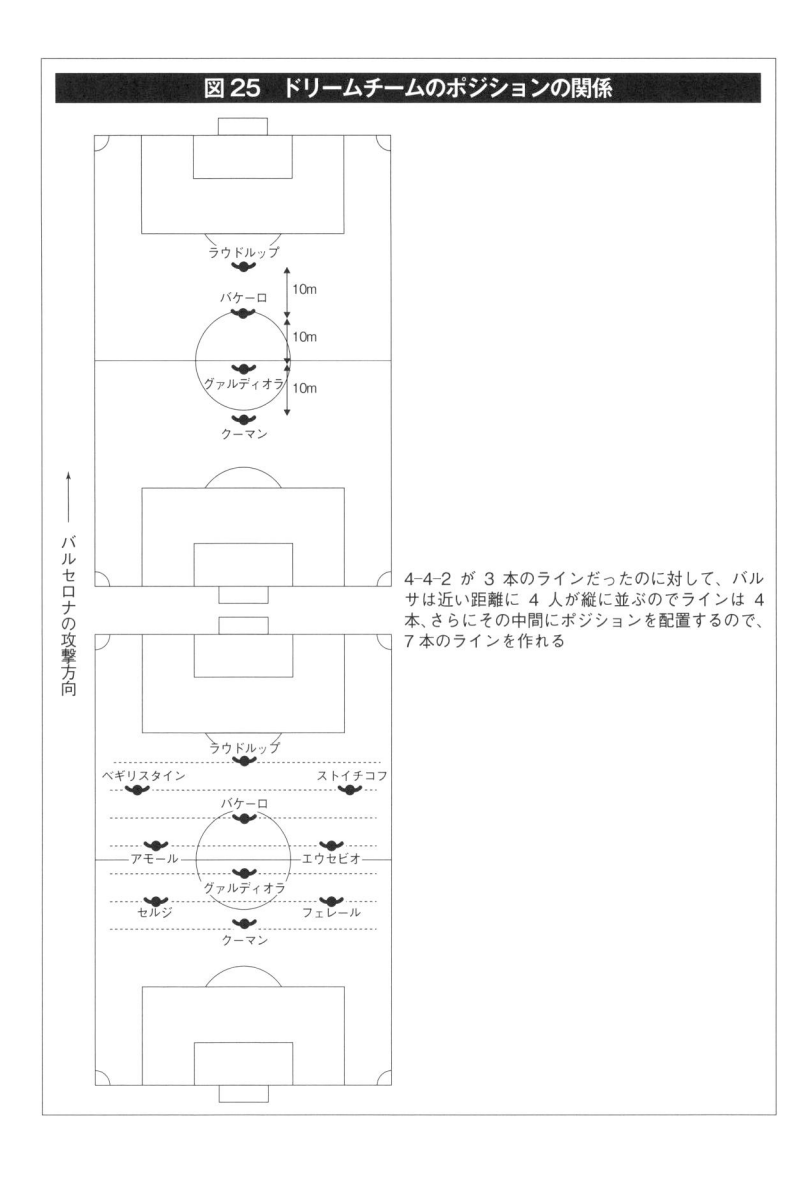

Chapter 5　カルレス・レシャックのバルサ論

## 図25　ドリームチームのポジションの関係

（上図）
- ラウドルップ
- バケーロ　10m
- 　　　　　10m
- グァルディオラ　10m
- クーマン

←バルセロナの攻撃方向

4-4-2 が 3 本のラインだったのに対して、バルサは近い距離に 4 人が縦に並ぶのでラインは 4 本、さらにその中間にポジションを配置するので、7 本のラインを作れる

（下図）
- ラウドルップ
- ベギリスタイン　　ストイチコフ
- バケーロ
- アモール　　エウセビオ
- グァルディオラ
- セルジ　　フェレール
- クーマン

「ラインを数多く作り、それを上手く利用するプレーは、トレーニングによって習慣づけられています。シンプルなやり方としては、パスを受けた選手にリターンしないという約束で練習をしています。相手はどうしてもボールを見てしまいますからね。パスを出した直後の選手には注意を払っても、ボールが違う選手へ渡ったときにはマークが外れやすいのですよ。単純なことです」

横方向に多くのラインを作り、縦にもいくつかのラインを維持する。それによって、斜めの展開を増やしてポゼッションを高める。

「そして、ラインをとばす」

1つ前のラインへのパスではなく、2つ3つ前方のラインへパスを入れ、そこから1つ下げる。三歩進んで二歩下がるという歌ではないが、バルサはこうしてひたひたと相手ゴールへ迫っていく攻撃を得意としている。ラインをスキップすることで、その間にいる相手選手の注意を引きつけ、視野を奪い、スキップされたラインにいたバルサの選手たちを動きやすくする。相手がボールを見るために振り返ってくれるので、マークを外しやすいのだ。そして、1つ下げられたボールを受けたときは広い視野が確保されている。

しかし、完璧にみえるバルサのパスワークも、レシャックからみればそうでもないときがあるそうだ。

「縦40メートルのコンパクトネスは維持できていても、その間のラインが少ないときがあります

ね。例えば、相手のディフェンスラインと同じ線上にメッシ、ビジャ、ペドロが並んでしまうときがある。誰かが下がれば、もう1つラインを作れるのにそうしない。焦りが原因でしょう。点をとらなければいけないと焦っているときに、そういう現象が起こりやすい」

ドリームチームのときには、そうした焦りに備えていたという（図26）。

「例えば0-0で残り10分というとき、センターバックのアレサンコをトップに上げるという手をよく使っていました。彼はヘディングが強いのでね。右サイドからゴイコチェアがクロスを入れるとします。そのとき、アレサンコはファーストポストを狙います。その背後からバケーロがセカンドポストですね。しかし、それ以外の選手までゴール前に入っていかないように注意していました。他の選手まで同じラインに入っていってしまうと、セカンドボールが拾えなくなるからです。エウセビオ、グァルディオラ、ラウドルップ、チキはペナルティーエリアを包囲するようなポジションをとります。もし、クリアされても、このポジションならば前向きの守備ができます。ターンして追いかける守備よりも、ボールを奪える確率が高くなりますから、2次攻撃の可能性を残すことができます」

## 4番と6番　ドリームチームと現在のバルサ

レシャックの〝講義〟はもう少し続くが、ここでドリームチームと現在のバルサの違いについ

て触れてみたい。

バルサのプレースタイルは基本的に変わっていないが、ミケルスが導入し、クライフとレシャックの時代に発展させ、さらにファンハールやライカールトの時代を経て、現在のグァルディオラ監督下のチームはより完成度を増している。

「ドリームチームのときは、相手のほとんどが4－4－2だったのです。それで、我々は4番をフリーにすることができた」

バルサは相手のフォーメーションに敏感に対応する。ドリームチーム時代は、相手の4－4－2に対応していた。2トップに対してDF2人がマークし、1人が余って数的優位を確保する。中盤は相手の4人に対して、バルサは4人がマークしてグァルディオラが余る。前線は相手4人に対して2人のFWで対処する。2人で4人を止めるやり方はすでに記したとおりだ。

「その後、相手がトップ下に強力な選手を配置するようになった。4－2－3－1ですね。このトップ下の選手はバルサの4番と当たることになる」

バルサの4番は技巧派だった。タックルして止めるのが得意な選手ではなく、グァルディオラのようなパスワークの中心になれるテクニシャンのポジションだった。それがドリームチームの大きな特徴でアドバンテージでもあったのだが、このフリーポジションがフリーではなくなってしまったわけだ。もう、4番はリベロではなくなった。

「グァルディオラやチャビのような選手が、例えばカカのように大柄でスピードのあるトップ下

Chapter 5 カルレス・レシャックのバルサ論

## 図26 得点がほしいときにCBアレサンコをトップに上げる場面

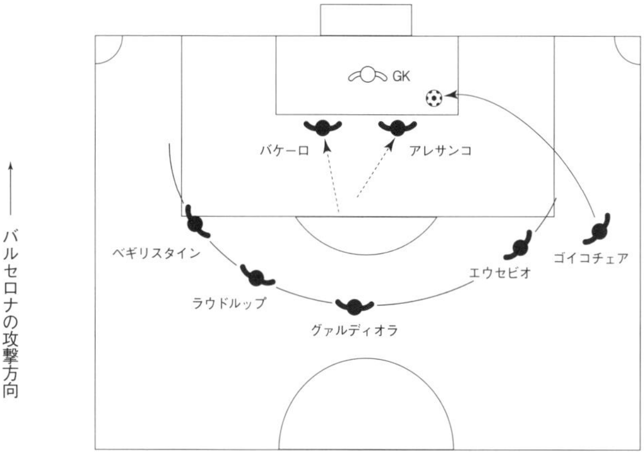

← バルセロナの攻撃方向

GK
バケーロ　アレサンコ
ベギリスタイン
ラウドルップ
エウセビオ　ゴイコチェア
グァルディオラ

アレサンコがニア、バケーロがファーに詰めるほかは、同じラインに他の選手が入っていくことは避ける。他の選手は同じラインに並ばないようにしながら相手ゴールを包囲する

──→ボールの動き　……▶人の動き

を止めるのは難しい。相手のトップ下を抑える能力が、このポジションに要求されるようになった」

同時に、相手のFWは2トップから1トップになった。対応型のバルサは3人のDFを必要としなくなり、センターバックは2人になった。フォーメーションは3－4－3から4－3－3（4－1－2－3）へ変化する。

「そこで、従来は4番に起用されていたチャビのタイプを1つ前へ置き、新たにセンターバックの前にポジションをとる選手には、よりフィジカルの強さが重視されるようになったのです」

つまり、ドリームチームと4－3－3型のバルサとの違いは、4番と6番の違いともいえる。

「相手が4－4－2なら、チャビをピボーテのポジションに起用することは現在でも可能ですよ。そのときは3－4－3になります。相手が試合中に4－2－3－1に変えてくれば、我々は4－1－2－3に変化し、チャビは1つポジションを上げる」

ここでレシャックは話を変え、4番（または6番）のボールの受け方について語り始めた。話の内容は論理的でも、このあたりはやはり天才肌というか、しょっちゅう話題が変わる。実は、この章ではあちこちにとんでいくレシャックの話を同じ種類のものにまとめているわけだが、ピボーテのボールの受け方は無縁ではないので、そのまま続けることにしよう。

「センターバックからセンターバックにパスが渡ったとき、4番（または6番）はボールと反対に動くべきです」

## Chapter 5　カルレス・レシャックのバルサ論

左側のセンターバックから、右のセンターバックにパスが出たとしよう。そのとき、ピボーテは右センターバックからパスを受ける動きをするのだが、どこへ動くべきかという話である（図27・1）。

「ボールと一緒に動くのではなく、右センターバックが左斜め前方のパスを出せる場所へ移動する」

その理由は、

「第一にピボーテがボールを受けたときの視野が広い。右センターバックの前、あるいは右斜めへ移動しながらボールを受けると、ピボーテの視野は狭くなってしまいます（2）。第二に、相手がピボーテへのパスコースを切ってきた場合、右センターバックはボールを持ったまま前へ出られる（3）。ピボーテがセンターバックの前方にいれば、相手もそこにいるわけですから、センターバックは前へ出られません。センターバックがドリブルで前に出た場合は、左センターバックがそのカバーに回り、ピボーテは左センターバックのポジションを埋めます（4）」

このゾーンで、バルサは3対1、あるいは3対2の数的優位を保持している。そのときの、合理的なボールの回し方がこれだそうだ。常に2つの選択肢を用意し、相手がどちらかを防いできたら、残っているほうをチョイスしてボールを運ぶ。このケースでは、センターバックが前進した場合はポジションを修正しているが、3人のポジションバランス自体は変わらない。ピボーテに代わって、センターバックが組み立てていくだけだ。

163

まず後方のゾーンで数的優位を生かしてボールを確保し、前へ運ぶ。大きく蹴ってしまえばボールだけは前へ進むが、次に自分たちのボールになっているかどうかはわからない。バルサは不確実なプレーを嫌うので、一番後ろからでも理詰めで、数的優位を生かして、確実にボールを運ぶ方法を好んでいる。

ところで、こうした攻守にわたるプレーの設定の仕方は、どこかチェスを思わせるものがある。唯我独尊、我が道をゆくようにみえるバルサだが、その道は常に合理的で、現実的だ。相手に対応し、状況を有利にするように腐心する。とても細かい。数的優位なんて1対1で抜いてしまえば簡単じゃないか、そういう大胆で乱暴な発想がまったくない。冷静で緻密で、ある意味小心なほど用心深い。

そうしたバルサ流のメンタリティは、カンテラ（下部組織）の小学生チームにまで共通している。

「相手はバルサを分析して、どうやって守ればいいか常に考えています。ですから、我々も常にそういう相手に対応しなければいけない。相手が何をしてくるか、監督はそれを予想し、察知して、ただちに対応する力を持つべきなんです」

バルサでは、小学生にさえこうした対応力が要求されているそうだ。小学生チームの監督にも対応力が問われている。やっているサッカー、やろうとしているサッカーは、トップチームと何も変わらない。そういう意味では、バルサの少年チームは決して大らかにのびのび育てられてい

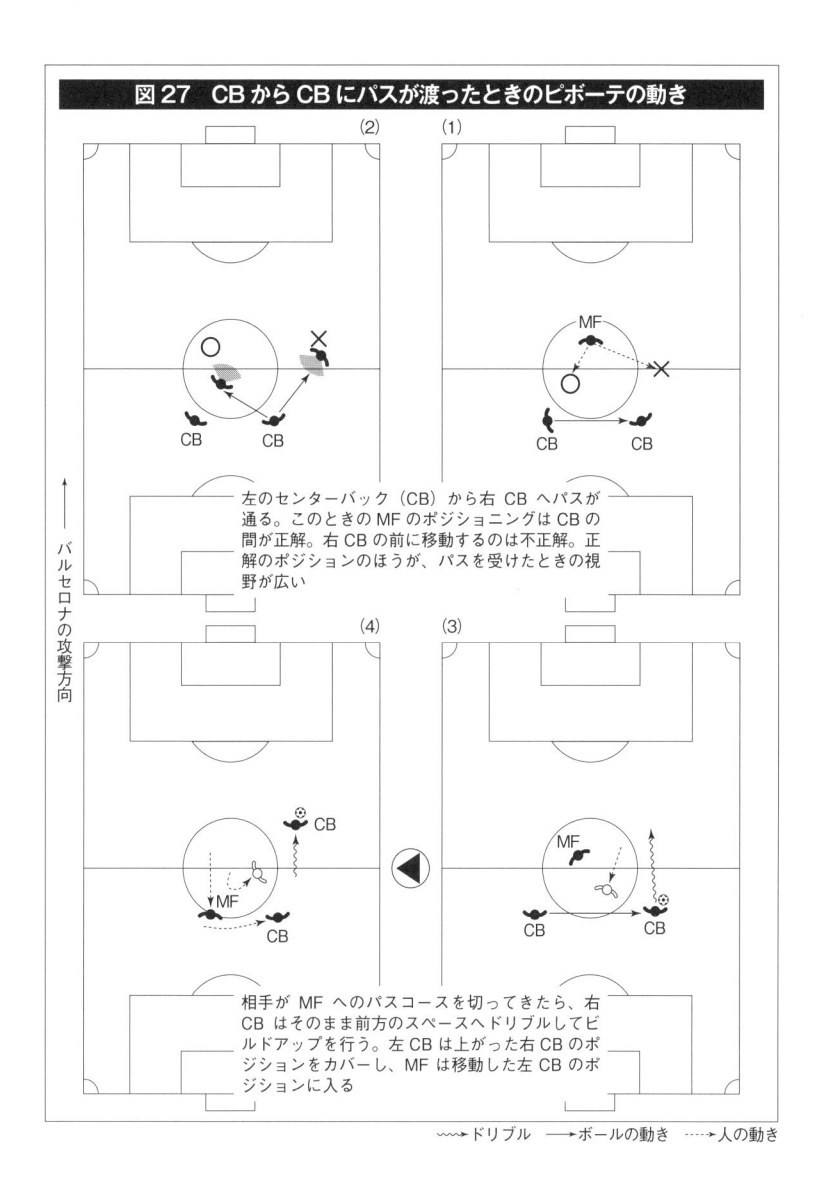

**Chapter 5** カルレス・レシャックのバルサ論

## 図27 CBからCBにパスが渡ったときのピボーテの動き

(2) (1)

左のセンターバック（CB）から右CBへパスが通る。このときのMFのポジショニングはCBの間が正解。右CBの前に移動するのは不正解。正解のポジションのほうが、パスを受けたときの視野が広い

←バルセロナの攻撃方向

(4) (3)

相手がMFへのパスコースを切ってきたら、右CBはそのまま前方のスペースへドリブルしてビルドアップを行う。左CBは上がった右CBのポジションをカバーし、MFは移動した左CBのポジションに入る

〰️▶ ドリブル　──▶ ボールの動き　┈┈▶ 人の動き

るわけではない。バルサの一員として、何をしなければならないかを絶えず叩き込まれる。
現役時代のヨハン・クライフは、相手のフォーメーション変更などをいち早く察知し、対応策を考えるのが早かったという。そうした資質は監督になってからも発揮され、現在のバルサの監督や選手にも要求される能力になっている。
オランダ人はロジスティクス（物流）などの分野で能力を発揮するが、製造業のような地道で単調な分野はあまり向いていないといわれる。チェスではないが、数学的に組み合わせを考えたり、効率的に物事を進めていくのが得意なのだそうだ。オランダ人にも変わっているといわれるクライフだが、その点ではかなりオランダ人らしいのかもしれない。また、それを受け入れて自分たちのものにしているバルセロナやカタルーニャ人にも、やはり同じような資質があるのではないかと思うのだ。

## ■■■ 走りすぎないこと

日本でスペインリーグを放送しているWOWOWが、岡田武史前日本代表監督とヨハン・クライフの対談を特番として組んでいた。ご覧になったファンも多いと思うが、岡田氏とクライフ氏のこの問答である。
「例えば、クライフさんのような天才的な選手は、守備をすると攻撃の能力を出せなくなるもの

## Chapter 5 カルレス・レシャックのバルサ論

なのか？　僕は両方（守備も）やったほうがいいと思うんですけど」

この岡田の問いかけに対して、クライフは「良い選手と良くない選手の違いは、ボールコントロールのスピードにある」と答え、「相手にプレッシャーをかけて、前から守備をしていけばいい」と回答していた。

クライフによれば、対戦相手には「良くない選手」つまり、ボールコントロールのスピードが遅い選手が多いので、プレッシャーをかけていけばミスをする。だから、前からプレスをかけ、後方も押し上げながらコンパクトに守る。そうすれば、そんなに走らなくていいのだと答えている。岡田の問いかけに直接答えていないので、質問と答えが噛み合っていないような印象なのだが、FWも守備をすべきという岡田の考え方自体には賛成なのだ。ただ、それが単なる個人の運動量を増やせばいいというふうにとらえられたくないのだろう。チーム全体の守備のコマとしてFWが運動量を増やして守備をするのが良いのではなく、FWが守備に参加する。その結果、むしろFWの運動量は減るのだというのが、クライフの持論だからだ。

「少なく走るのは、頭がいいということだ」

クライフの回答は、その結論の部分でおそらく岡田の理解を超えていると思う。FWが守備に参加するというプレーに関して、岡田が想定しているのは運動量の増加だろう。ところが、クライフは多く走るのはダメな選手で、少なく走るのが頭のいい選手、インテリジェンスのある選手だと力説している。同じFWの守備でも、クライフは運動量の減少としてとらえているわけだ。

167

ドリームチームを率いていた時代、クライフはいつもこう言っていた。

「走るのはボール。人はそれほど走る必要はない」

でも、そうはいっても、さらに走れればさらに良いプレーができるのでは？　誰しもが疑問に思うところだが、レシャックもクライフと同じことを言う。

「バルサの特徴は、いつでも誰とでも1タッチのパス交換ができることです。それは、そのためのポジションをとっているから。横のラインを増やし、縦のラインも確保して、斜めや縦方向へのプレーができるようにしているからです」

レシャックは、バルサのようでない例として最初のエル・クラシコでのレアル・マドリードをあげた。

「あの5-0の試合でのレアルの問題点は、走りすぎたことにあります。レアルは深さを使った攻撃をするので、縦へのパスがバルサよりもずっと長いんです。ロングボールを蹴って、クリスティアーノ・ロナウドを走らせる攻撃をしていました。しかし、ロングボールをメインにするとボールを失うことも多くなります。ボールを失ったとき、レアルの陣形は縦に大きく伸びてしまう。そうすると、MFはとても広いスペースをカバーしなければなりません。それでは選手が消耗してしまいます」

対照的に、バルサはロングボールをあまり使わず、ショートパスをつなぎながら攻め込んでいく。トップからボトムは40メートル以下に保たれていて、ボールを失ったときもそのエリアをカ

バーすればいい。ポゼッションも長くなるので、レアルに比べると相対的に走らされる時間が少なく、消耗も少ない。

レアル・マドリードが25節のデポルティーボ・ラコルーニャ戦を引き分け、バルセロナとの差が広がった後、クライフはレシャックとほとんど同じコメントを発していた。クライフは、レアルの問題は取り沙汰されていた過密日程の問題ではなく、「レアルは走りすぎなのが問題なのだ」と話している。

良いプレーをするのに走る必要はない。反対に、走りすぎてはいけないのだと、クライフもレシャックも力説する。それはロングボールではなくショートパスを使えという意味でもあり、そのための適切なポジションをとるべきだという話にもなるが、いずれにしても、クライフやレシャックが想定しているのは〝ジャスト〟なタイミングのプレーである。

いるべき場所に、いるべきタイミングで、そこにいること。

極論的な例になるが、3歩動けばパスを受けられるとしよう。そのとき、果たして、もっと良いプレーができるだろうか？　その選手に「もっと動け」と要求すれば、3歩動く前に違う場所へ動くしかない。しかし、その動きは明らかに無駄なのだ。もしかしたら、無駄に動くことでジャストのタイミングを逃すかもしれない。つまり、ジャストなタイミングで動ける選手にとって、「もっと動け」と要求することで、良いプレーヤーが悪いプレーヤーになってしまうかもしれな

いわけだ。

では、それでもプレーにコミットする回数を増やしたほうがいいのではないか、という疑問をぶつけてみたとしよう。しかし、そうしたところで、クライフやレシャックの答えはそれほど変わらないだろう。彼らにとって重要なのは、過不足のないプレーなのだから。そして、それが個人だけでなく、チームとしてそういう枠組みで動いていることが重要と考えているからだ。

つまり、クライフやレシャックが重視するのは、動きの量ではなく、質である。質には徹底してこだわる。そして、質の良い動きをチーム全体でできていれば、結果的にそれほど必要ないと彼らは考えている。少なくとも、対戦相手より多く走る必要はない。質が悪ければ量で補うほかないかもしれないが、そのときに彼らが第一に考えるのは質の改善ということになる。量を増やせ、という発想はまず出てこない。その点で、量を増やせば質も良くなるのではないか？　量を増やせ、という質問はナンセンスなのだ。バルサ的な考え方では、質が良くなれば量は減るのだから。

もちろん、バルセロナの選手が走っていないということではない。チャビは1試合で10～11キロは走る。ただ、それを12キロに増やそうとは思わない。問われるのは、チャビが走った11キロがどういう質だったのかだ。相手のボールを追っての11キロならば、バルサのプレーとしては失敗していることになる。

## 間（あいだ）で受ける

「横浜フリューゲルスの監督をしていたころ、1タッチゲームをよく練習していました。そのとき、日本の人は1タッチだけでは相手ゴールまでボールを運べないのではないか、ドリブルも必要ではないか、とよくたずねてきたものでした。しかし、1タッチで正確につないでいけば、そしてそのための正しいポジショニングができていれば、決して無理なことではないのです」

ただ、レシャックは「技術が前提になる」と言う。

「自分とDFの間の距離を意識してボールを受けることが大事です。自分がプレーできる時間を計算しなければなりません。スキルの高い選手ほど、必要な距離と時間は短くてすみますが」

クライフが良い選手の定義としてコメントした「ボールコントロールのスピード」、そのスキルが高いか低いか。チャビ、メッシ、イニエスタ、ペドロといったバルサのカンテラで育った選手たちのプレーを見れば、レシャックが前提としている技術がどんなものかは想像がつくはずだ。彼らがボールコントロールに要するDFとの距離は短く、必要とされる時間も短い。スペースと時間が限定された中でも、プレーできる選手たちだ。

いわゆる〝間で受ける〟トレーニングは、バルセロナではよく行われているという。例えば、相手が4−4−2の3ラインのチームならば、2と4の間、4と4の間でパスを受けるという意味

だ。それが、結果的にDFの三角形の中心でパスを受ける動きにつながっていく。

ただし、この三角形の中心でパスを受けるプレーは、そのものを意識して行われているわけではない。結果的にそうなっているだけだ。

現代のサッカーでは、ほとんどのチームがゾーンディフェンスを採用している。ボールを持った選手にプレッシャーをかけ、その斜め後ろを別の選手がカバーする。このチャレンジ＆カバーがゾーンディフェンスの基本になっているのだが、このときにチャレンジの選手とカバーの、というよりもディフェンスの選手の間には必ず深さが生じる。そこで、その間にポジションをとれば、その時点ではフリーになれるわけだ。

パスを受ける時点では、カバーの選手が寄せてくる。そのときに、寄せてくる選手と自分の距離、時間を正確に計算できていること。

「1タッチで正確にパスをつないでいけば、相手はついてこられない」

横浜フリューゲルスの監督をしていたときの印象から言えば、

「日本の選手にはスキルもフィジカルもある。問題はそこではなくて、ゲームのやり方を理解すること」

ということらしい。ゲームのやり方とは、ポジショニングであり戦術である。また、選手のメンタルの問題でもある。

「危険を感じたとき、普通の選手は責任を放棄してしまいます」

## Chapter 5　カルレス・レシャックのバルサ論

例えば、素早くプレッシャーをかけられたときに大きく蹴って逃げる、ボールを放棄するというプレーを選択しがちだ。

「私がフリューゲルスの監督をしていたとき、遠藤（保仁）はまだ若手でしたが、彼は自分から責任をとるプレーをしていました」

ボールを持っている味方に寄って、パスを受けてやる。助けに動いたことで、自分もプレッシャーを受けて危険な状況になるかもしれない。それでも、若い遠藤は自分からボールを受けに動き、場合によっては難局に首を突っ込んでいって解決するプレーヤーだったという。

「遠藤は若いころから、そういう資質を持った選手でした。とてもうれしいですね」

らしい選手に成長してくれた。そういう資質を伸ばし、現在は素晴らしい選手に成長してくれた。

もちろん、遠藤のようなプレーをするには「技術が前提」になる。とくに、DFとDFの間でボールを受ける技術が。寄せてくる相手との距離、時間を計算してパスを受け、当たられる前にさばくスキルが必要になる。同時に、正しいポジショニングや状況判断が的確にできるから、際どい場所にも足を踏み入れていける。そして、その前提にはスキルが……と、ニワトリとタマゴのような話になってしまうわけだが、そのニワトリ（戦術）とタマゴ（技術）の循環を、バルサはカンテラで作っている。

あえていえば、まず戦術ありき。バルサの戦術に従ってプレーする中で、必要とされる技術も磨かれていく。チャビが間で受けるプレーが飛び抜けて上手いのは、チャビの才能もあるだろう

が、そうしたプレーをずっと続けてきたからに違いない。頭の上をボールが飛び交っているゲームを続けていたら、チャビやイニエスタは育たないのだ。

# Chapter 6
## バルセロナ式を読み解く Part 1

Descifro la estilo del Barça parte 1

## 数合わせの種類

ここからは、10－11シーズンのバルセロナのプレーを具体的にとりあげて、バルサ式戦術の分析を深めていきたい。

バルセロナの戦術は理詰めである。理論そのものはオランダから持ち込まれたものだが、その緻密さ、ある種の用心深さは、カタルーニャ人の気質とも無関係ではないだろう。生粋のカタランであるカルレス・レシャック氏に話を聞いたとき、彼はバルサ戦術の根本になっていることから話し始めた。

「7割方ボールを支配できれば、8割の試合には勝つことができる」

ただ、その前に彼が話したのは「2割は負ける」ということだった。サッカーは他の球技に比べて不確実な要素が多く、たとえバルサが理想どおりのプレーをしても、2～3割は負ける。予め負けを計算に入れたうえで戦い方を構築していくのは、当たり前のことのように思えるが、例えばレアル・マドリードやマンチェスター・ユナイテッドには、こうしたメンタリティはおそらくない。そこまで理詰めで負けることは当然ある、けれども、負けのパーセンテージなど気にしていないのではないか。勝負事だから負けることは当然ある、けれども、負けの確率から話し始めたりはしないのではないか。用心深く、理詰めで緻密、そうしたメンタリティの上に構築されたバルサのサッカーにおい

## Chapter 6 バルセロナ式を読み解く Part 1

　て、その隠された特徴が表れているのがフォーメーション対応だろう。
　バルサといえばボールポゼッションであり、彼らがそれを重視しているのは明らかだが、そのための準備として、すみやかなボールの回収もまた重要なテーマである。相手にボールを支配されたままなら、バルサのボールポゼッションは上がりようがないからだ。そこで、バルサはまず2つのことを重視する。

1　相手にロングボールを蹴らせ、自分たちは蹴らない
2　中盤より自陣では数的優位を確保する

　そのために必須となるのがフォーメーション対応だ。ここ数年のバルサは4-3-3をベースにしている。もう少し細かく分ければ4-1-2-3のフォーメーションだ。だが、これは対戦相手に4-2-3-1が多いことが大きな理由で、相手のフォーメーションが違っていれば、バルサは相手に合わせて数的優位を作れるように自分たちのフォーメーションを変化させる。プレースタイルは変えないが、それはフォーメーションを変えないこととイコールではない。むしろ、フォーメーション対応をまめに行うことが彼らのスタイルである。
　では、実際のゲームにおいて、バルサはどのように対応しているのか。10-11シーズンの試合をサンプルに検証してみたい。

ちょっとその前に、バルサがどの程度のフォーメーション対応を想定しているのか、整理してみよう。現在、対戦相手のほとんどが4バックのフォーメーションを採用している。バルサは、数的優位を作るために2人のFWで4人のDFを足止めすることを守備戦術の根幹に据えているからだ。2人で4人の前進を止めることで、それより自陣側で2人の数的優位を確保できるからだ。ほとんどのチームは1人の数的優位を作るが、バルサは2人作ろうとする。

4バックのフォーメーションは、現在代表的なものとしては4−2−3−1がある。ほかには4−1−1、4−1−4−1、4−1−2−3があるが、この4つのフォーメーションは類似しているので4−2−3−1系としよう。この4−2−3−1系に関しては、バルサの基本フォーメーションとなっている4−1−2−3で対処できる。もちろん、同じフォーメーションでも運用の仕方はさまざまなので、バルサの対応も変わってくるのだが、その点は後述する。とりあえず、4−2−3−1系にはバルサの基本フォーメーションで対応可能ということにとどめておく。

では、バルサが4−1−2−3からフォーメーションを変化させなければならないのは、どういうケースなのか。

まず、相手のFWが1トップでない場合だ。4−2−3−1系は、基本的に中央に1人のFWを残す1トップ型になる。これに対して、バルサは2人のセンターバックのうち1人が余るので、最後尾に数的優位を1人作れる。しかし、中央に2人のFWを残す2トップ型の場合、バルサの最後尾の中央で数的優位を作るには3人の選手が必要になるわけだ。

Chapter 6 バルセロナ式を読み解く Part 1

2トップ型としては、4-4-2が代表的だが、4-4-2もいくつかのタイプに分けられる。中盤をフラットにした4-4-2、ダイヤモンド型に組んだ4-4-2（4-1-3-2または4-3-1-2）、ボックス型の4-2-2-2がある。これらを4-4-2系とまとめることもできるかもしれないが、実際にはバルサの対応の仕方が一律ではないので、4-4-2については3通りの対処法があると考えたほうがいいだろう。

最近は少なくなったが、3バックのフォーメーションも複数ある。主に3-5-2、3-4-3の2種類だ。さらに1トップ型の変形である4-3-2-1、3-4-2-1という2シャドー型。これも微妙に対応の仕方が違う。

つまり、バルサが想定すべきフォーメーション対応はおよそ8種類と考えられる。

バルサの選手たちは、8種類のフォーメーション対応については暗記していると考えていい。試合中に監督の指示でフォーメーションを微調整しているが、指示が出る以前にすでに対応している様子もうかがえる。監督の指示があってからのフォーメーション対応もスムーズであることからみても、対応の仕方は予めわかっているに違いない。こうしたフォーメーション対応は、下部組織（カンテラ）の段階からすでに行われている。

179

# 対応例① 4−4−1−1

リガ・エスパニョーラ24節、バルセロナvsアスレティック・ビルバオのマッチアップはやや特殊なケースだった。この試合からバルサのフォーメーション対応を検証してみよう。

バルサの先発は下記のとおり。

GK　ピント
DF　ダニエル・アウベス、ピケ、ブスケツ、アビダル
MF　マスチェラーノ、チャビ、イニエスタ
FW　メッシ、ビジャ、ペドロ

キックオフのフォーメーションは、いつもどおりの4−1−2−3だった。ただし、FWの並びがいつもと違っていて、メッシが右サイド、ビジャがセンター、ペドロが左サイドになっていた。一方、ビルバオはカンプ・ノウで行われたこの試合では、まずしっかり守ることに集中していたようだ。基本的には4−4−1−1なのだが、少し変則的になっていた。バルサの右サイドバック、ダニエル・アウベスはビルバオは実質的に5バックになっている。

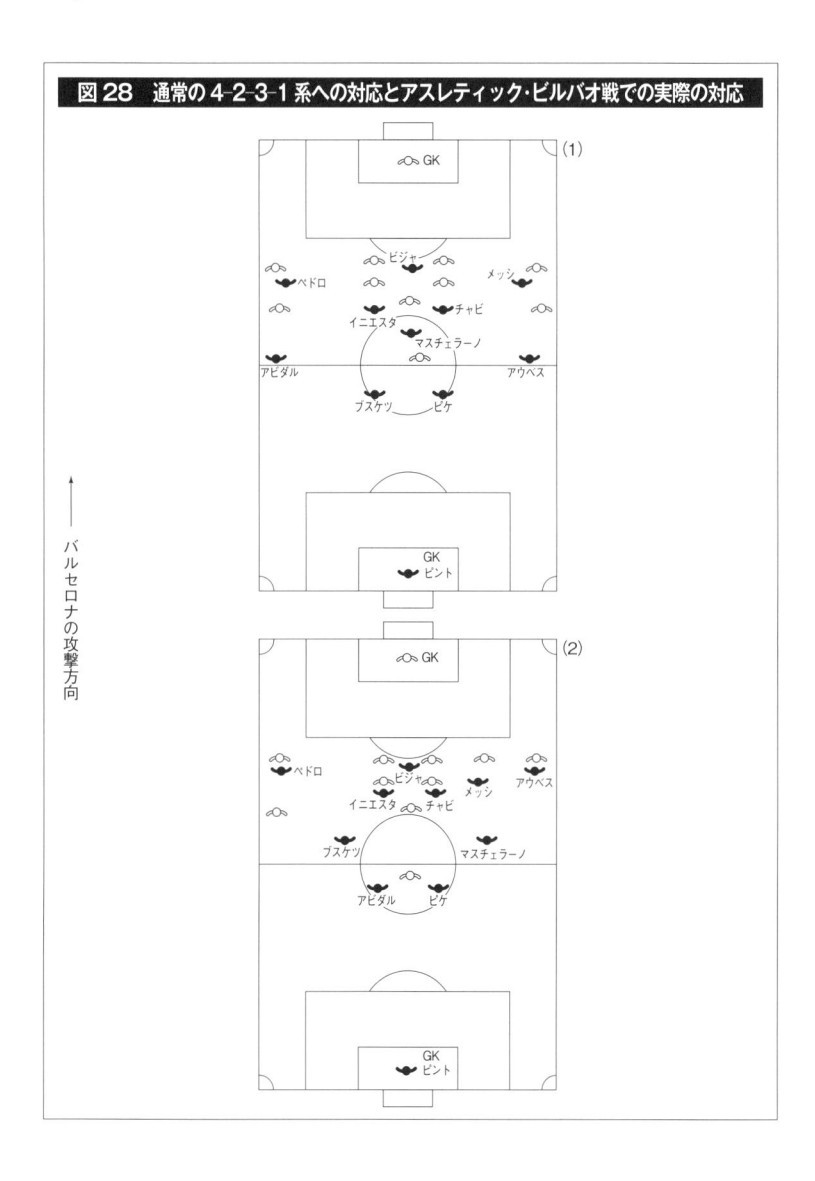

Chapter 6 バルセロナ式を読み解く Part 1

### 図28 通常の4-2-3-1系への対応とアスレティック・ビルバオ戦での実際の対応

(1)

GK
ビジャ
ペドロ　　　　　　　メッシ
　　イニエスタ　チャビ
　　　マスチェラーノ
アビダル　　　　　　　アウベス
　　ブスケツ　ピケ

GK ピント

← バルセロナの攻撃方向

(2)

GK
ペドロ　ビジャ　　　　アウベス
　イニエスタ チャビ メッシ
　ブスケツ　　マスチェラーノ
　　アビダル　ピケ

GK ピント

181

いつものごとく非常に高い位置どりで、ほとんど右ウイングだったダニエル・アウベスをマークするために、ビルバオの左MFガビロンドはディフェンスラインに吸収される格好になり、ビルバオの最終ラインは実質的に5人になっていた。

ビルバオの中盤はボランチが2人、そして右サイドにグルペギ。左はダニエル・アウベスの対応に追われて、ほぼ左サイドバック化している。1トップにはジョレンテ、その背後にトップ下のスサエタがいる。

ビルバオのフォーメーションは4-4-1-1、あるいは5-3-1-1だった。5-3-1-1はビルバオのフォーメーションが崩れた形なので、バルサが想定していたビルバオのフォーメーションは4-4-1-1だったはずだ。これは4-2-3-1系なので、バルサとすれば通常どおりの4-1-2-3で対応できるケースである。

ところが、バルサはそういう対応をとらなかった。

通常の対応であれば、バルサのフォーメーションは図28（1）のようになる。しかし、実際にはのようになっていた。これは、前半の途中でバルサがポジションを変化させてこうなっているのがわかるはずだ。かなり変則的な並び方になっていこう。ビルバオの1トップに対して、バルサは2人のDFを中央に置き、ここで1人余らせている。1トップ対応の基本どおりだ。ただし、中央に残ったのはセンターバックのピケ、ブスケツではなく、ピケとアビダルだった。おそらく、ビルバオの1ト

182

## Chapter 6 バルセロナ式を読み解く Part 1

ップ、ジョレンテに対してアビダルが対応する形にしたかったからだろう。ジョレンテは上背もあり、スピードもある。ビルバオの誇るリガ屈指のストライカーであるジョレンテに対して、バルサで最もマークの強いアビダルをぶつけるのは理にかなっている。わかりにくいのは、ここから前方だ。

通常の4-2-3-1系対応ならば、センターフォワードがメッシではなくビジャ、しかもビジャは前線に張ったままだった。バルサは、最初からいつもとは違う形で中盤の数的優位を作るつもりだったと推測できる。

通常、4バックに対して2人のウイングで足止めをする。だが、ビルバオは実質的に5バックになっていた。つまり、バルサは前線の3人で5人のビルバオDFを足止めする形にすればいい。前線に3人を残しても、中盤から自陣方向のエリアで2人の数的優位を確保できるのは同じなのだ。整理すると、ビルバオの5バックを止めているのは、ダニエル・アウベス、ビジャ、ペドロである。右ウイングでスタートしたメッシは、いつもどおり自由に動き、主に中盤の右寄りにいることが多かったので図ではその位置に記したが、実際はフリーロールだ。このメッシが中盤のプラス1人になっている。

マスチェラーノとブスケツは、2ボランチのような位置関係だった。ほとんどバルサがボールを支配して押し込んでいる試合展開だったので、マスチェラーノとブスケツは誰かをマークして

自陣に残っていたわけではない。この図でもビルバオのトップ下に対して、特定のマークをつけた形に記していないが、ビルバオがカウンターアタックに出てくれば、主にマスチェラーノがトップ下をマークし、ブスケッツは左サイドをケアして、ビルバオの右ＭＦが上がってくればつかまえる。ただ、これも図式的に理解するよりも、中盤でそれぞれが、その時点でマークすべき相手を見失っていなければいいという守り方になっている、と理解したほうがわかりやすいだろう。

この対応をみてわかるように、バルサの守備はマンマークをベースにしている。しかし、完全に人を決めてマークしているわけではない。また、自陣に攻め込まれたときはゾーンで守る。ビルバオ戦でも、自陣に戻ったときのフォーメーションは４−１−２−３になっていて、ディフェンスラインも右からダニエル・アウベス、ピケ、ブスケツ、アドリアーノと通常の４バックに戻っていた。

大別すれば、敵陣に押し込んでいて、カウンターに対して守るときはマンツーマン。自陣に引いたときはゾーンと、守備を使い分けている。だが、マンツーマンといってもピタリとつくわけでもなく、誰が誰をマークするか決めているわけでもない。人への意識は強いが、マンマークというよりも、相手を自分のプレスする線上に置いているという感じだろうか。この点は、別の具体例をあげて詳しく検証していきたい。

ともかく、ビルバオ戦でのバルサのフォーメーションは、左右のサイドバックが存在しないという、見方によっては大胆不敵な布陣といえるかもしれない。ただし、最終ラインと中盤で１人

Chapter 6 バルセロナ式を読み解く Part 1

ずつ、計2人の数的優位を中盤＆守備ゾーンで確保するというバルサ戦法の基本は守られていることになる。

## 対応例② 4-2-3-1

26節のバレンシア戦の対応も変わっていた。こちらはバレンシアのホーム、メスタージャで行われた試合である。

バレンシアのフォーメーションは4-2-3-1、つまりバルサが想定しているフォーメーションの中でも最も対戦の多い形である。通常の4-1-2-3で対応するものと思われた。ところが、この試合のバルサは3バックで臨んでいる。先発メンバーは次のとおり。

GK　ピント
DF　ピケ、ブスケツ、アビダル
MF　ダニエル・アウベス、マスチェラーノ、アドリアーノ、チャビ、イニエスタ
FW　メッシ、ビジャ

バルサとして珍しいのは、3トップではなく2トップを採用したことだ。3トップのときも、

メッシが中盤に引いてくるので実質的には2トップなのだが、両ウイングを残すのがバルサ式である。ところが、このバレンシア戦では中央に2人を並べる形の2トップだった。さらに、いうまでもなく相手の1トップに対して3バックでの対応もある。

この対応の理由として、1つはバレンシアのフォーメーションを4-4-2と読み違えていたことが考えられる。新聞の予想でも、4-2-3-1と4-4-2があった。2トップのほうはマタとソルダードという予想である。しかし、実際にはマタの1トップ、トップ下にホアキンという、はっきりした4-2-3-1だった。後半にホアキンに代わってソルダードが入ったが、そのときはマタが1つポジションを下げたので、やはり2トップにはなっていなかった。

もし、バルサがバレンシアのフォーメーションを4-4-2だと想定していたとすると、3バックは容易に説明がつく。この場合は、図29（1）のような対応になり、ディフェンスラインと中盤に1人ずつ余る形になる。

しかし、実際にはバレンシアのフォーメーションは2トップではなく、4-2-3-1だった。それならば、バルサは（2）のように4-1-2-3の対応をすることもできたはずだ。ところが、バルサは3バックを変更せずに、図30（1）の形で対応していた。中盤＆守備ゾーンで2人の数的優位は作っているが、最終ラインで2人が余っている、バルサとしては珍しい形になっていた。余っているバレンシアのサイドバックに対しては、主に縦方向にマークをずらす形での対応である。

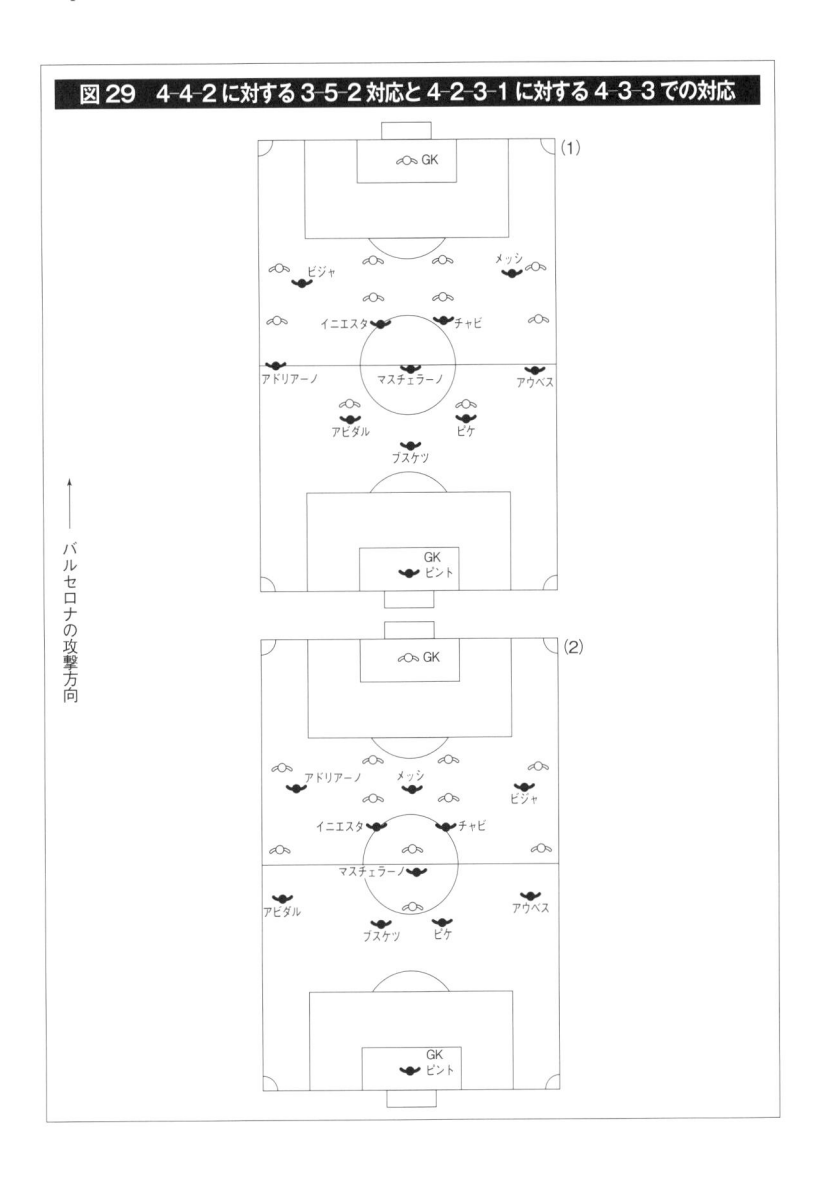

Chapter 6 バルセロナ式を読み解く Part 1

## 図29　4-4-2に対する3-5-2対応と4-2-3-1に対する4-3-3での対応

(1)

GK

ビジャ　　　　　メッシ

イニエスタ　　チャビ

アドリアーノ　マスチェラーノ　アウベス

アビダル　ピケ

ブスケツ

GK
ピント

← バルセロナの攻撃方向

(2)

GK

アドリアーノ　メッシ　　　　ビジャ

イニエスタ　チャビ

マスチェラーノ

アビダル　　　　　　　　アウベス
　　　ブスケツ　ピケ

GK
ピント

しかし、バレンシア戦でのバルサの3-5-2対応の理由として、2トップを予想していたのでないとすれば、バルサの人選上の理由が考えられる。誰を起用するかという方針が先にあり、そのメンバーでバレンシアに対応するためにフォーメーションを3-5-2にしたという理由である。むしろ、このほうが真相に近い気がする。

メンバー選定におけるバルサの選択肢はマスチェラーノかペドロか、だった。ペドロを起用するなら、バレンシアの4-2-3-1に対してバルサのフォーメーションは通常どおり4-1-2-3になる。ディフェンスラインは右からダニエル・アウベス、ピケ、アビダル、アドリアーノ。"6番"にブスケツ、そしてチャビ、イニエスタが攻撃的MF、3トップはペドロ、メッシ、ビジャになる。だが、マスチェラーノを起用するなら"6番"はマスチェラーノになる。そうなると、4-1-2-3は維持しにくい。ペドロがいなくなったウイングにはイニエスタを起用できるが、そうなると攻撃的MFをやれる選手がいない。マスチェラーノ先発で4-1-2-3なら、左ウイングはアドリアーノしか選択肢がないのだ。

アドリアーノはマルチな能力を持った選手だが、ウイングというよりも、サイドバックあるいはウイングバック的なプレーヤーだ。バレンシア戦の先発メンバーの個性を考えると、3-5-2は確かにしっくりくる布陣といえる。おそらく、バルサはバレンシアの出方を読み違えたというより、先発選手の個性を考えてフォーメーションを選択したのではないかという気がする。

ただ、バレンシア戦の3-5-2が正解だったかというと、そうではなかったという印象だ。

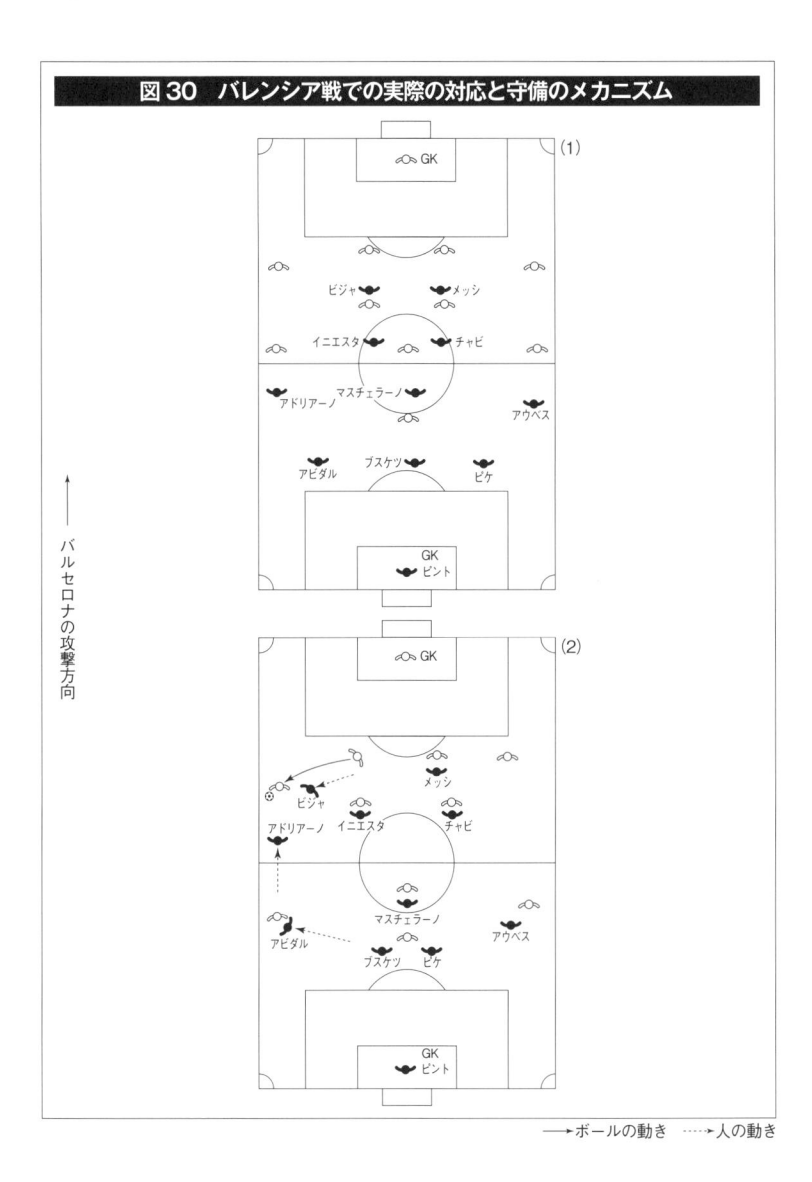

Chapter 6 バルセロナ式を読み解く Part 1

## 図30 バレンシア戦での実際の対応と守備のメカニズム

(1)

GK

ビジャ　メッシ
イニエスタ　チャビ

アドリアーノ　マスチェラーノ　　アウベス

アビダル　ブスケツ　ピケ

GK
ピント

← バルセロナの攻撃方向

(2)

GK

メッシ
ビジャ
アドリアーノ　イニエスタ　チャビ

マスチェラーノ

アビダル　　　　　　　　　アウベス
　　　ブスケツ　ピケ

GK
ピント

──→ ボールの動き　……→ 人の動き

バレンシアはあまりロングボールを蹴るチームではない。1トップのマタはスピードはあるが小柄で、ロングボールを収めるポストプレーヤーではない。つないでくるバレンシアに対して、縦方向にマークを受け渡して前向きにプレスをかけていく、という守備の狙いは的外れではない。しかし、ダニエル・アウベス、アドリアーノという攻撃型のウイングバックを起用したので、両サイドの裏のスペースはかなり大きくなった。最終ラインに2人余っているとはいえ、カウンター時にウイングバックの裏をつかれるケースが何回か起きている。

試合は0－0のまま、内容もほぼ互角。ポゼッションで圧倒し、敵陣に押し込んだままプレーする、いつものバルサらしいゲームにはなっていない。双方にチャンスがあり、どちらが勝ってもおかしくない展開だった。

バルサがペースを握り始めたのは、62分の選手交代からだ。マスチェラーノに代わってペドロが入り、フォーメーションも4－1－2－3になった。75分、バルサはアドリアーノの低いクロスをメッシが合わせてゴール、この1点が決勝点になった。

終わってみれば、ペドロ投入と4－1－2－3へのフォーメーション変更でリズムを引き寄せて決勝点を奪っているので、それ以前の3－5－2が苦戦の原因にも思えるが、もちろんそれだけではないだろう。この時点で3位のバレンシアはリガの強豪であり、ホームのメスタージャでの強さもある。また、もともとペドロを使うつもりだったのなら、バルサと互角のゲームをしても不思議ではない。マスチェラーノを先発させて守備重視で臨み、ペドロの投入で攻撃へシフトする

Chapter 6 バルセロナ式を読み解く Part 1

シナリオだったのかもしれない。
結果論でいえば3-5-2はあまり効果的ではなかった。ただ、ここではその是非よりも、バルサの対応が一律にパターンどおりではないという事例として記しておきたい。4-2-3-1系の相手でも、必ずしも4-1-2-3対応とはかぎらないわけだ。相手との力関係、起用する選手によってもさまざまな対応をとるのがバルサ式といえるだろう。

## プレッシングの速さ

敵陣から素早いプレッシングを行い、あっという間にボールを回収してしまう。バルセロナの看板のチームだが、グアルディオラ監督が就任してから大きな進歩をみせているのが守備力だ。いくつかの場面を試合から抜き出してみよう。

まず、UEFAチャンピオンズリーグ10-11シーズンのアーセナル戦から。アーセナルのホームで行われた第1レグの試合から、バルサのプレッシング場面をとり上げてみたい。ちなみにこの試合は2-1でアーセナルが勝っている。ディフェンスラインを高く保ち、攻撃的な姿勢でバルサに挑んだチームは数少ないが、勝ったチームはさらに少ない。そういう意味では、アーセナル勝利は珍しい試合結果になった。

バルサは「2人のFWで4人のDFを止める」という手法をベースにしている。その典型的な

例が、61分の場面だ（図31）。

アーセナルのGKが左サイドのクリシにフィードし、ここにペドロが素早くプレスを仕掛けた。このとき、アーセナルの4バックは右からエブエ、ジュル、コシェルニー、クリシである。バルサの3トップはペドロ、メッシ、ビジャの3人。GKがクリシにフィードした瞬間、ペドロが素早く寄せていった。サイドのFWが、相手のサイドバックに対して高い位置からプレッシャーをかけていくのはバルサ式の基本である。

ペドロが寄せてくるのを見たクリシは、前方のセスクへ縦パスを送る。しかし、セスクに対してはブスケツとダニエル・アウベスの2人が背後から厳しくプレスする。この試合でのセスクのポジションはトップ下だった。この場面では、サイドに流れてクリシのパスを受けようとしている。フォーメーション上、セスクとマッチアップするブスケツが、まずセスクの動きを読んでプレスにいっている。さらに、ダニエル・アウベスが受け持ちの右サイドに入ってきたセスクに対してプレスした。結果的に、セスクの背後には2人のバルサの選手が迫っている。この場面では、直後にボールをコントロールしたセスクに対して、背後から奪いにいったダニエル・アウベスがファウルをとられた。ファウルになったのはアーセナルにとっていくぶんラッキーで、セスクは何もできない状況に追い込まれていた。

この場面では中央にいたチャビも、セスクへのプレスに参加しようとしていた、ウィルシャーをマークしていたが、ウィルシャーを離してセスクへ向かおうとしている。こうした自

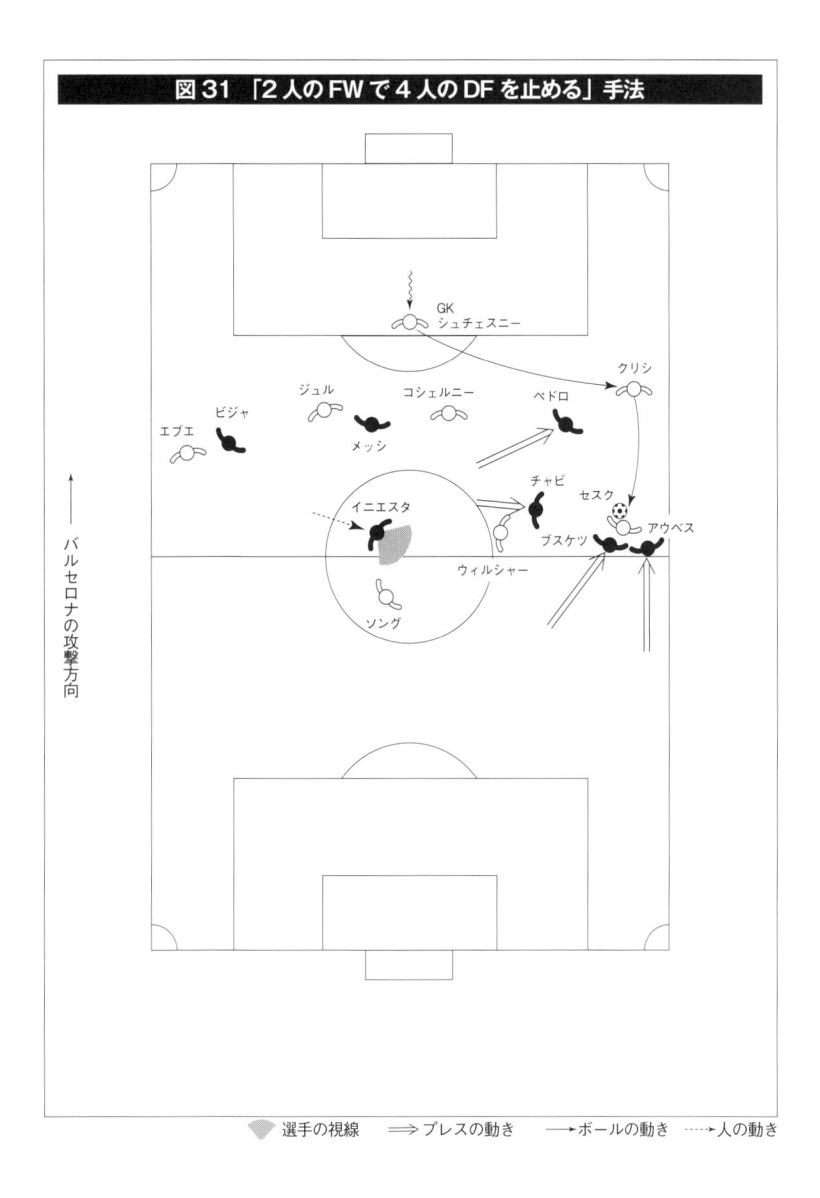

Chapter 6 バルセロナ式を読み解く Part 1

## 図31 「2人のFWで4人のDFを止める」手法

GK シュチェスニー
クリシ
ジュル　コシェルニー　ペドロ
エブエ　ビジャ
メッシ
チャビ　セスク
イニエスタ　　　　　ブスケツ　アウベス
ウィルシャー
ソング

← バルセロナの攻撃方向

選手の視線　⇒ プレスの動き　→ ボールの動き　……人の動き

193

分のマークを離してプレスに参加する動きもよく見られる特徴である。

同じアーセナル戦から、64分の場面をみてみよう。ここでは、バルサのプレッシング時のマークの仕方がより明確に表れていると思う（図32）。

メッシがドリブルで突破にかかるが、アーセナルはエブエ、ジュル、コシェルニーの3人が囲い込んでボールを奪い取る。その直後、バルサは素早くプレスをかけてウォルコットのミスを誘うのだが、すでにメッシがドリブルしている時点で、守備の準備はできていることに注目すべきだろう。

メッシがドリブルしているとき、メッシより前方にいる選手はビジャとペドロである。この2人は、メッシからのパスなど次の展開を予測しながら攻撃のアクションをとる準備をしている。右サイドのダニエル・アウベスは位置的に遠く、アクションは起こしていない。左サイドにいるマックスウェルはすでに自陣へ戻りかけている。注目すべきは、メッシより後方にいる選手たち、攻撃のアクションを起こしていない選手たちだ。

一番後方には、アビダルとピケがハーフラインより自陣側に残っていて、それぞれセスク、ファンペルシーをマークできる位置にいる。その前には、4-1-2-3の「1」にあたるブスケツ。ブスケツはマッチアップ的にはセスクと対峙するポジションになるが、この場面ではセスクではなくウォルコットをウォッチしている。その左にはイニエスタがいて、彼はソングを見ている。

「見ている」という表現は適切でないかもしれない。この時点で攻撃しているのはバルサであり、

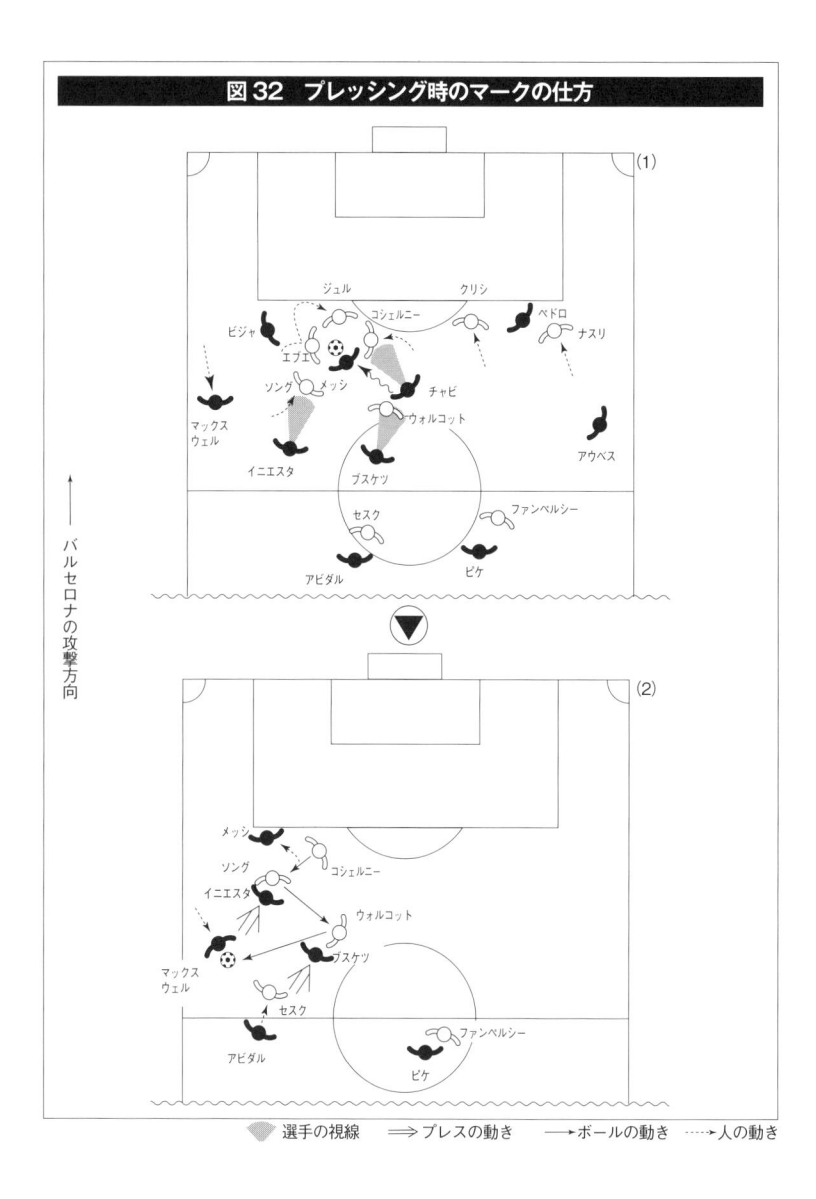

Chapter 6　バルセロナ式を読み解く Part 1

## 図32　プレッシング時のマークの仕方

(1)

ジュル　クリシ
コシェルニー　ペドロ
ビジャ　　　　　　　　　ナスリ
エブエ
ソング　メッシ　チャビ
マックス　　　　ウォルコット　　　アウベス
ウェル
イニエスタ　ブスケツ
セスク　ファンペルシー
アビダル　ピケ

←バルセロナの攻撃方向

(2)

メッシ
ソング　コシェルニー
イニエスタ
ウォルコット
マックス　ブスケツ
ウェル
セスク　ファンペルシー
アビダル　ピケ

▨ 選手の視線　⇒ プレスの動き　→ボールの動き　……▶人の動き

ソングはメッシのドリブルを囲い込みにかかっている最中だ。しかし、イニエスタは、この時点で守備をしているソングをすでに"射程距離に置いている"といっていいだろう。

バルサの攻撃の特徴として、選手間の距離が近いことがあげられる。ショートパスを繰り返していく攻め方だからだが、さらに後方へボールを下げられるように、必ずボールホルダーをサポートしている。ボールホルダーの後方にいる選手は、ボールホルダーがいつでもパスを預けられるように、斜め後方に待機する。そして、この待機選手は、ボールホルダーの後方で待機する選手、その前方や周囲で攻撃アクションを起こす選手、ボールホルダーの後方で待機する選手。主に3つのパターンに分けられる。攻撃アクションを起こす選手はほとんど動かない。動と静のコントラストがはっきりしているのだ。

待機組は、広い視野を確保し、いつでも後方でボールを預かり、ボールを散らしていく役割に備えている。しかしそれだけでなく、攻撃の段階から守備の準備もしているのだ。例にあげた場面でいえば、ブスケッとイニエスタは、攻守が入れ替わったときにマークすべき相手をすでに

"ロック・オン"している。

攻撃して、相手を押し込んでいるとき、バルサは守備の準備もしている。このときの守備のベースはマンツーマンだ。ただし、マークする特定の相手を決めているわけではないし、近い距離でマークしているわけでもない。まして、メッシがドリブルをしている時点では、まだバルサは

## Chapter 6　バルセロナ式を読み解く Part 1

攻撃しているのだから、ブスケツやイニエスタがアーセナルの選手から離れた場所に移動することはあっても、自分から近づくことはない。彼らはまだ相手をマークする必要はないし、近い距離にいる必要も当然ないわけだ。

しかし、待機組は攻守が入れ替わったときにプレスすべき相手をすでにつかんでいる。自分の前方に、その選手を置いている。味方の後方でボールを預かるためのポジションは、相手から距離をとる。そのポジションが、そのまま攻守が入れ替わったときのポジションになるのだが、その距離感が実にちょうどいいのだ。

仮に、イニエスタやブスケツが相手選手をピタリとマークしていれば、アーセナルはそのマークされている選手にはパスを出さない。パスをする場合でも、近い距離にバルサの選手が来ていれば、マークされている選手も気づいて準備ができる。だが、ある程度距離が開いている状況だと、マークされているという意識が働きにくい。まして、守備をしている最中には、次に攻守が入れ替わったときに誰が自分にプレッシャーをかけてくるかまで意識をしていないだろう。一方、イニエスタはイニエスタがどこにいるかは意識していない。言い換えれば、イニエスタはまだソングの"レーダー"にとらえられていないが、イニエスタはソングをすでにとらえている。

ドリブルで突進したメッシに対して囲い込んだアーセナルは、側面から寄せたコシェルニーがメッシのボールを奪う。こぼれたところをソングが拾った。このとき、すでにイニエスタはソン

グに対して素早く寄せている。イニエスタに寄せられたソングは、前方のウォルコットへパス。しかし、ウォルコットもブスケツに素早くプレスされ、慌ててボールを離す。しかし、これはミスパスになった。すでに戻りかけていたマックスウェルがカットし、バルサは敵陣であっという間にボールを回収してしまっている。

この場面でのポイントは2つある。まず、アーセナルがボールを奪った瞬間のバルサの切り替えの速さ。具体的にはイニエスタとブスケツのプレスの速さだ。これに関しては、すでに記したように、待機選手（イニエスタ、ブスケツ）が、すでにプレスすべき相手を認識し、自分の前に置いている。そこへボールが来たら、いつでも寄せていける態勢をとっている。だから、すぐにプレスをかけていける。これが第一点。

もう1つは、アーセナルがパスコースを持っていないことだ。アーセナルがメッシのドリブルを阻止する寸前の場面をもう一度見ていただきたい。このとき、アーセナルがボールより敵陣側に残している人数は3人、戻りかけているソングを入れても4人だ。これは、バルサと対戦して押し込まれたチームとしては多いほうである。一方、この場面で待機組となっているイニエスタ、ブスケツ、チャビに加えて、後方に残っているアビダル、ピケ、そして様子見状態のダニエル・アウベスと戻りかけているマックスウェルを加えると7人がボールより自陣側にいる。ただ、このケースではバルサ側の人数はそれほど重要ではない。カウンターに出ようとしたアーセナルの手数が少ないことがポイントである。

198

## Chapter 6 バルセロナ式を読み解く Part 1

ボールより前にいたアーセナルの4人のうち、まずソングにボールが渡る。しかし、ソングはプレスされて前には進めず、ウォルコットにパスする。ウォルコットもプレスされて、おそらくセスクを狙ったのだろうが、ミスパスになってしまった。ソングにもウォルコットにも、ほかに選択肢がない状態だった。もちろん、ソング、ウォルコットがプレスをかわして自らボールを持ち出すことができれば、状況は大きく変わる。ただし、素早く寄せられている状態で相手をかわしていくのは簡単ではない。だが、パスをつないでいこうとすると、あまりにも選択肢がない状況なのだ。ソング、ウォルコットには、それぞれパスできる相手が1人だけであり、しかもそこにはマークがついている。読まれている。

根本的に、バルサがボールをキープして押し込んでいるので、対戦相手はどうしても人数をかけて守らざるを得ない。そこで、いざボールを奪っても前方に味方がいないのだ。多くのチームは前線に1人残っているだけ。しかも、ボールを奪った瞬間にはもうプレスされているので余裕もない。早くボールを離したいが、パスを出せる相手はかぎられていて、全部マークされている。結局、せっかく奪いとったボールは短時間でバルサのボールに帰してしまう。

もう一例、よく似たケースをアーセナル戦から。51分のシーンである（図33）。

ビジャが右前方にいたチャビへパスを出し、リターンを受けようとダッシュした。しかし、アーセナルのジュルがこのパスを読んでチャビへ渡る前にカットする。このとき、後方で待機していたバルサの選手はイニエスタ、ブスケツだった。イニエスタは前方のウィルシャーを、ブスケ

試合は変わって、リガ・エスパニョーラ17節のレバンテ戦。5分のシーンをみてみよう（図34）。

レバンテは自陣ペナルティーエリアの外でボールをキープし、カウンターアタックを開始しようとする。このとき、ボールホルダーの近くにいたボージャンが側面からプレッシャーをかけている。一方、後方待機のマックスウェル、イニエスタ、マスチェラーノは、すでにプレスすべき相手選手をつかんでいる状況だ。レバンテが前線に残しているFWは1人だけで、そこにはブスケツがマークしている。さらにアビダルが余っている。

ボージャンにプレッシャーをかけられたレバンテの選手は、ショートパスが狙われているのを察知し、1トップへのロングボールを選択した。しかし、このパスはアビダルに難なくカットされる。

もし、ショートパスを選択していても、中央はイニエスタとマスチェラーノの2人がかりで潰されていた公算が大きい。左方向へのパスはボージャンに切られているので、右へ展開するしか

ツはセスクをすでに〝ロック・オン〟している。
ビジャのパスをカットしたジュルは、ウィルシャーを押しのけるような形でドリブルで前に出る。そこへ、イニエスタがプレッシャーをかける。ジュルはセスクへパス、しかしセスクの背後にはすでにブスケツが迫っていて、セスクは前を向けない。ブスケツはセスクの背後から足を伸ばしてボールを突っつき、チャビへパスした。

200

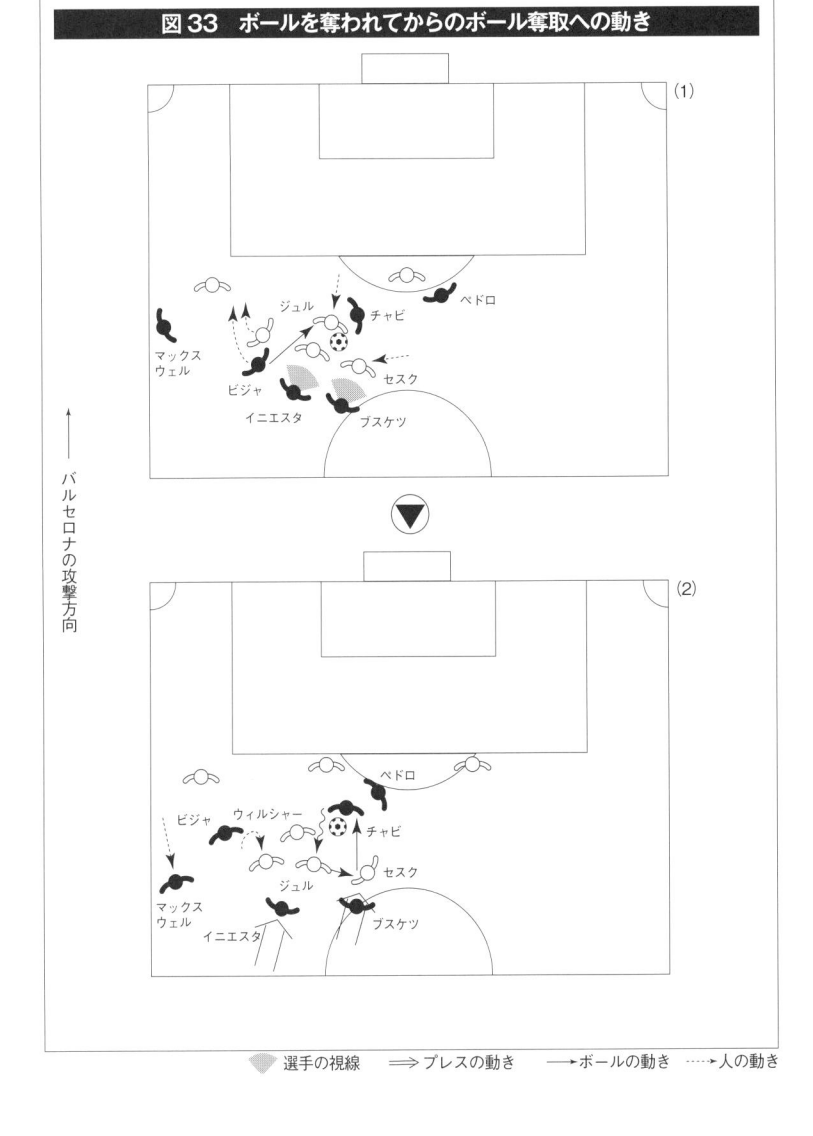

Chapter 6　バルセロナ式を読み解く Part 1

## 図33　ボールを奪われてからのボール奪取への動き

(1)

ペドロ
ジュル　チャビ
マックスウェル
ビジャ　セスク
イニエスタ
ブスケツ

← バルセロナの攻撃方向

(2)

ペドロ
ビジャ　ウィルシャー　チャビ
ジュル　セスク
マックスウェル
イニエスタ　ブスケツ

◆ 選手の視線　⇒ プレスの動き　→ ボールの動き　……人の動き

## バルサ式プレスを外すアーセナル

「コンパクトな陣形を維持して、素早くプレッシャーをかけていく。そうすると、多くの相手はボールを満足につなぐことができない」

ヨハン・クライフは、相手がプレッシャーに弱いことを前提にして、バルサ式前方プレスの効果を説明する。多くの相手はバルサのようにパスをつなげない、プレスをかけられるとミスをするか、ロングボールで逃げる。だから、バルサはボールをすみやかに回収できると。

バルサは、常に自分たちがボールを持っていたいチームである。そのために、短い時間でボールを奪い返す守備が確立されている。逆に、ボールを保持して相手を押し込んでいるからこそ、最短時間でのボール奪取を狙えるのだともいえる。

バルサの思うつぼ。苦し紛れのロングボールは精度が落ちやすく、バルサの思うつぼ。苦し紛れのロングボールは精度が落ちやすく、っているので、こちらもすぐにロストしやすい。

ートパスに対してはプレスの連続で潰してしまう。かといって、ロングボールを蹴れば、それもタイミング的にも位置的にも、ごく早い段階でプレッシングを始動するバルサの守備は、ショ

ルを選択したくなるのは無理もない。

ないのだが、その地域はバルサが数的優位をキープしている。イチがバチかになるが、ロングボ

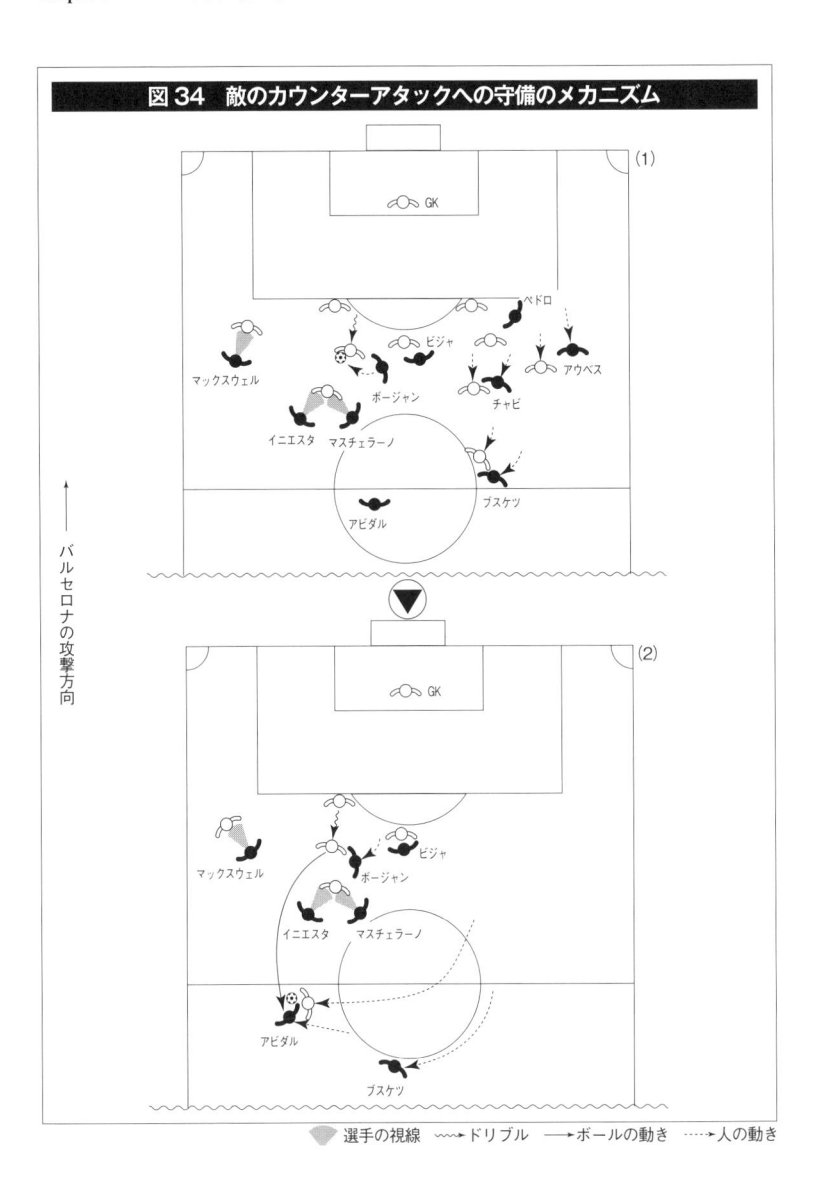

Chapter 6 バルセロナ式を読み解く Part 1

## 図34 敵のカウンターアタックへの守備のメカニズム

(1)

GK / ペドロ / ビジャ / マックスウェル / ボージャン / アウベス / チャビ / イニエスタ / マスチェラーノ / ブスケツ / アビダル

← バルセロナの攻撃方向

(2)

GK / ビジャ / マックスウェル / ボージャン / イニエスタ / マスチェラーノ / アビダル / ブスケツ

▼ 選手の視線　～～→ドリブル　―→ボールの動き　……→人の動き

203

確かに、ほとんどのチームはそうだろう。ただ、例外はある。アーセナルは例外の1つだった。

10‐11シーズンのCL、アーセナル戦の第1レグから、今度はバルサのプレッシングが外された場面をピックアップしてみる。まず、43分のシーン（図35）。

アーセナルの右サイドバック、エブエがボールを持っていたが、対面のビジャが厳しくプレッシャーをかけていった。相手のサイドバックを自由にしないのは、バルサ式守備の基本である。

エブエは何とかボールをキープして、中央のウィルシャーにパスする。その瞬間、バルサはウィルシャーに3方向からプレス！ ウィルシャーに近いセスクに対しても、イニエスタが寄せている。そして、いったん"ロック・オン"したら、バルサの後方待機選手は自分の前方にプレスをかけていくべき相手を置いていることも少なくない。

1人の相手に対して、3人もの選手がプレスにいくのは危険ではないかと思うかもしれない。1人に3人がいけば必然的にフリーになる相手選手が出てくるからだ。だが、バルサも無闇にプレスをかけているわけではない。このケースでは、チャビはソングを彼の射程に入れていただろうし、ブスケツはセスクをマークしていた。彼らがウィルシャーに向かえば、ソングとセスクはフリーになってしまう。ところが、チャビもブスケツも当初マークしていたソング、セスクにはパスが出ないと踏んでいる。

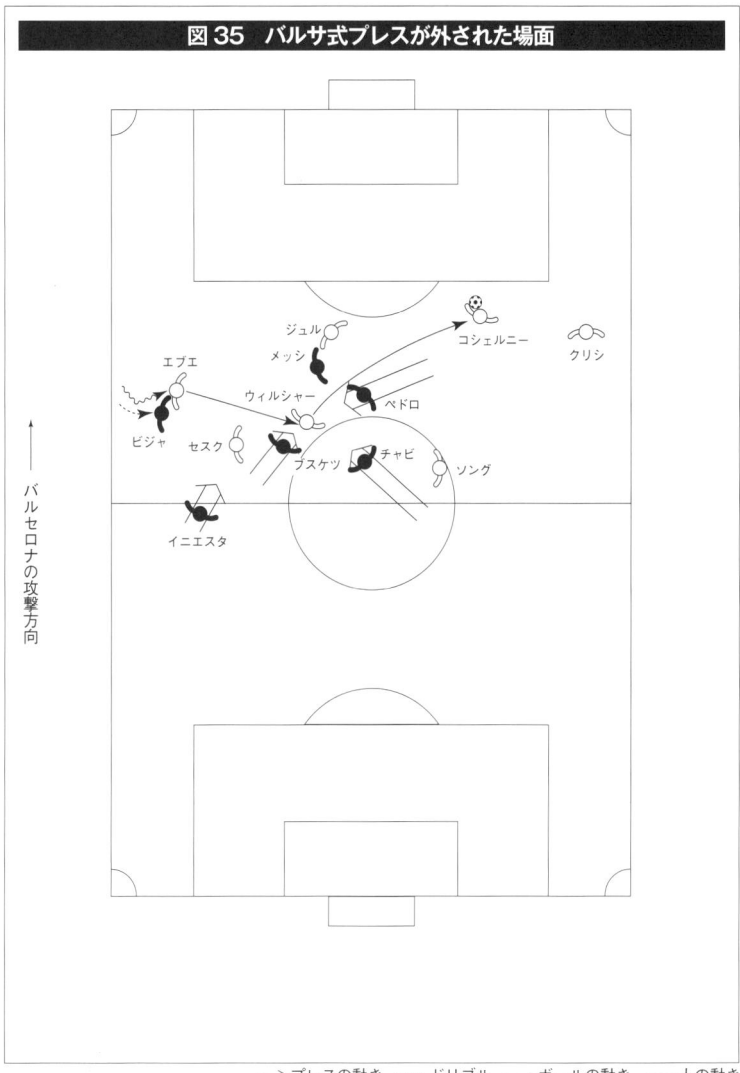

Chapter 6 バルセロナ式を読み解く Part 1

## 図35 バルサ式プレスが外された場面

ジュル
メッシ
コシェルニー
クリシ
エブエ
ウィルシャー
ペドロ
ビジャ
セスク
ブスケツ
チャビ
ソング
イニエスタ

← バルセロナの攻撃方向

⇒ プレスの動き　〜〜▶ ドリブル　——▶ ボールの動き　……▶ 人の動き

205

なぜなら、それぞれソング、セスクへのパスコース上を走っているからだ。ウィシャーへプレスをかけながら、自分の後方の選手へのパスコースを切っている。さらに、この図でいえば、ブスケツが離したセスクにイニエスタがプレスをかけているように、マークの受け渡しもできている。

3方向から一気にプレッシャーをかけられたウィルシャーは出口を失った形に追い込まれたが、後方のコシェルニーにバックパスして危機を逃れた。さすがはイングランド代表のホープである。このケースでは、バルサのプレスに対してボールを失わなかったというだけにとどまっているが、プレスを外して前に出る場面も他に何度かあった。

25分の場面は、アーセナルがバルサのプレスを外して決定機にまで結びつけている（図36）。右サイドをえぐったペドロが混雑しているゴール前を避けてプルバック、しかしそこに味方はおらず、ウィルシャーがカットする。ウィルシャーにはイニエスタが素早くプレスをかけるが、ウィルシャーは寄せられる前にドリブルで抜け出す。続いてブスケツが二の矢となってプレスをかけるが、ブスケツがタックルする寸前にウィルシャーは前方へボールを逃がした。このボールを拾ったウォルコットは、一気に加速してハーフラインを越えていく。ウォルコットにはマックスウェルがついていたが、ウォルコットのスピードに追走を諦め、自陣で待機しているピケに任せて全力疾走で自陣へ戻る。進路をピケに塞がれたウォルコットは、右サイドを走るセスクへパス。バルサのディフェンスラインの裏へ抜けたセスクはGKバルデスを釣り出してクロス、ファ

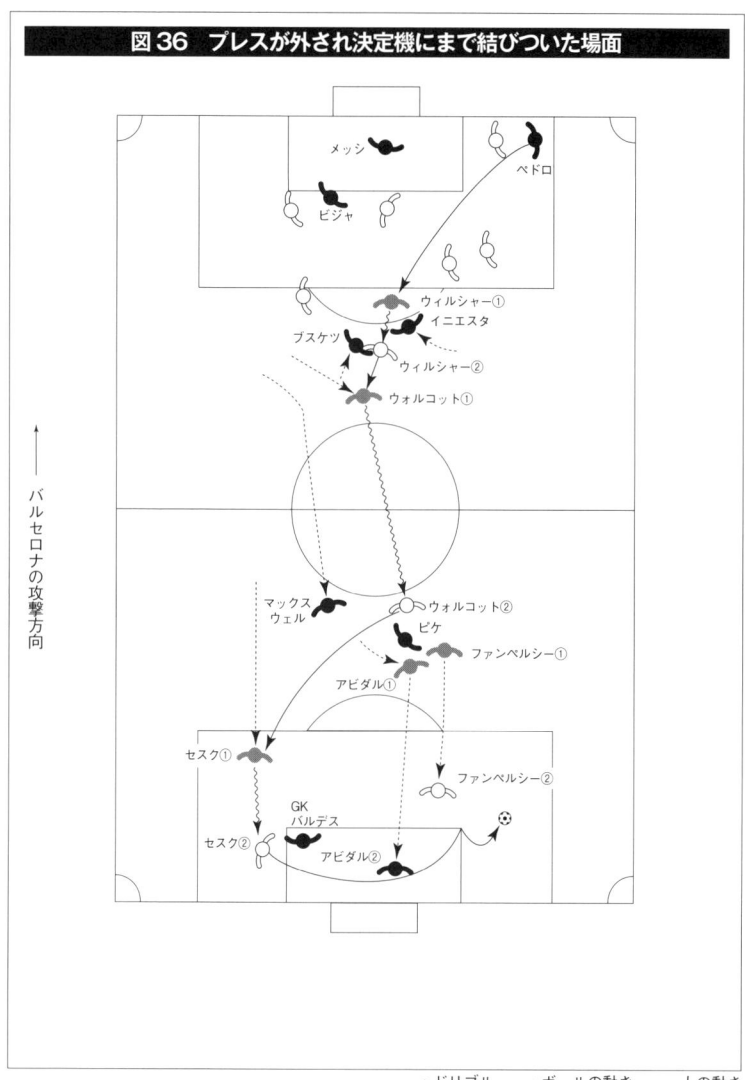

Chapter 6 バルセロナ式を読み解く Part 1

## 図36 プレスが外され決定機にまで結びついた場面

メッシ
ペドロ
ビジャ
ウィルシャー①
ブスケツ
イニエスタ
ウィルシャー②
ウォルコット①

← バルセロナの攻撃方向

マックスウェル
ウォルコット②
ピケ
ファンペルシー①
アビダル①
セスク①
ファンペルシー②
GK バルデス
セスク②
アビダル②

〜〜▶ドリブル　──▶ボールの動き　┄┄▶人の動き

ンペルシーがゴール前で合わせようとしたが、アビダルがぎりぎりでボールに触れてわずかにコースを変えたため、セスクのクロスはファンペルシーの頭上を越えていった。

このケースでは、初動段階でウィルシャーがイニエスタ、ブスケッツのプレスをかわしたことが大きい。そして、通常ならばウォルコットにもマックスウェルがプレスしているはずなのだが、ここはウォルコットのスピードがモノをいってマックスウェルは振り切られている。

バルサのプレスは前がかりである。事前に〝ロック・オン〟した相手に対して、攻守が入れ替わった瞬間からプレスをかけていく。その効果は確かに大きい。また、実はさほど対人守備が優れているわけでもないバルサにとって、前向きの守備は手放せない方法でもある。ただし、このケースのようにプレスが外されてしまうと、一気に中盤を通過されてしまう危険も内包している。

48分、これもウィルシャーがらみの場面（図37）。アーセナルはGKから右サイドのエブエへ展開、例によってビジャがプレスをかけていく。エブエは前進できず、センターバックのジュルにボールを下げる。ここで、ジュルがロングボールを蹴ってくれれば、バルサの想定内、思うつぼのパターンになるのだが、ジュルはウィルシャーへつなぐ。ウィルシャーにはブスケッツがプレス、しかしウィルシャーは巧みにブスケッツの寄せをいなして前進していった。

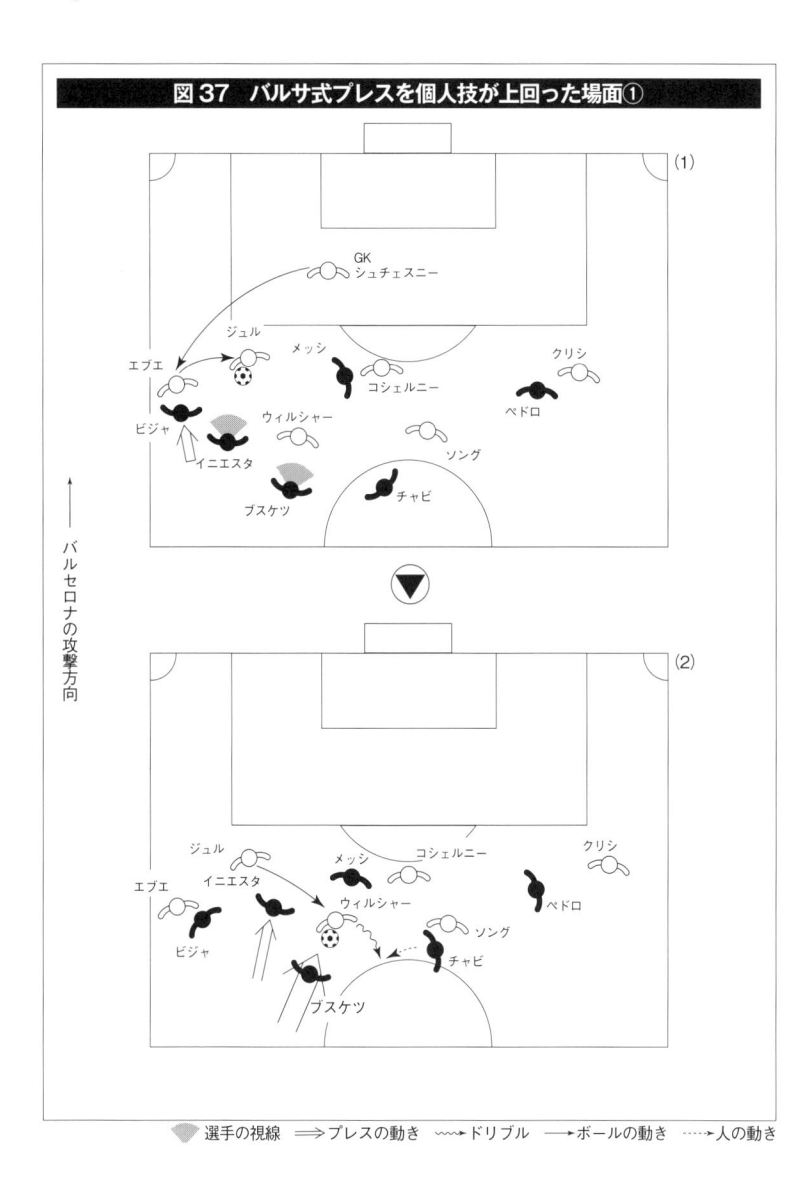

Chapter 6 バルセロナ式を読み解く Part 1

## 図37 バルサ式プレスを個人技が上回った場面①

(1)

GK シュチェスニー
ジュル
エブエ　メッシ　　　クリシ
　　　　　コシェルニー
ビジャ　　　　　　　ペドロ
　ウィルシャー
イニエスタ
　　　　　　ソング
ブスケツ　チャビ

←バルセロナの攻撃方向

(2)

ジュル　メッシ　コシェルニー　クリシ
エブエ　イニエスタ
　　　　　ウィルシャー　ペドロ
ビジャ
　　　　　　　　ソング
ブスケツ　　　チャビ

◆ 選手の視線　⇒ プレスの動き　～ ドリブル　→ ボールの動き　…→ 人の動き

209

バルサの寄せが多少遅れた感もあったが、ブスケツのプレスを冷静にかわしたウィルシャーのテクニックの勝利といえる。

クライフをはじめ、バルサには「プレッシャーをかければ相手はミスをする」という考えがあるが、アーセナルのように技術の高い選手がいて、パスワークを身上とするチームに対しては必ずしもプレスは万能ではない。いってみれば、バルサ式のプレスは〝バルサ〟には通用せず、危険ですらあるということだ。

56分のケースはナスリの個人技による打開だ（図38）。

左サイドでボールを持ったナスリは、対面のダニエル・アウベスをドリブルで抜く。ブスケツ、チャビ、ピケが3方向からプレスをかけるが、ナスリはピケの体重移動を見極めて、ピケのすぐ横にパスを通してしまう。そこへ中央から快足を飛ばしてウォルコットが流れてきて、ナスリのパスを拾ってアビダルと1対1になった。

ナスリに対して、バルサは最初にダニエル・アウベス、続いてブスケツ、チャビ、ピケがプレッシャーをかけた。しかし、ナスリはミスをせず、ピケが前に出たことで大きく広がったバルサの右サイドにボールを流してウォルコットに拾わせた。バルサのプレスにひるむことなく、このときのナスリのように1対1で抜き去り、さらに囲い込みにも冷静に対処できるテクニックのある選手がいれば、バルサの前方プレスを逆手にとることも可能だという例だ。

バルサが手痛い代償を払うことになったのが83分、この試合でのアーセナルの決勝点となる2

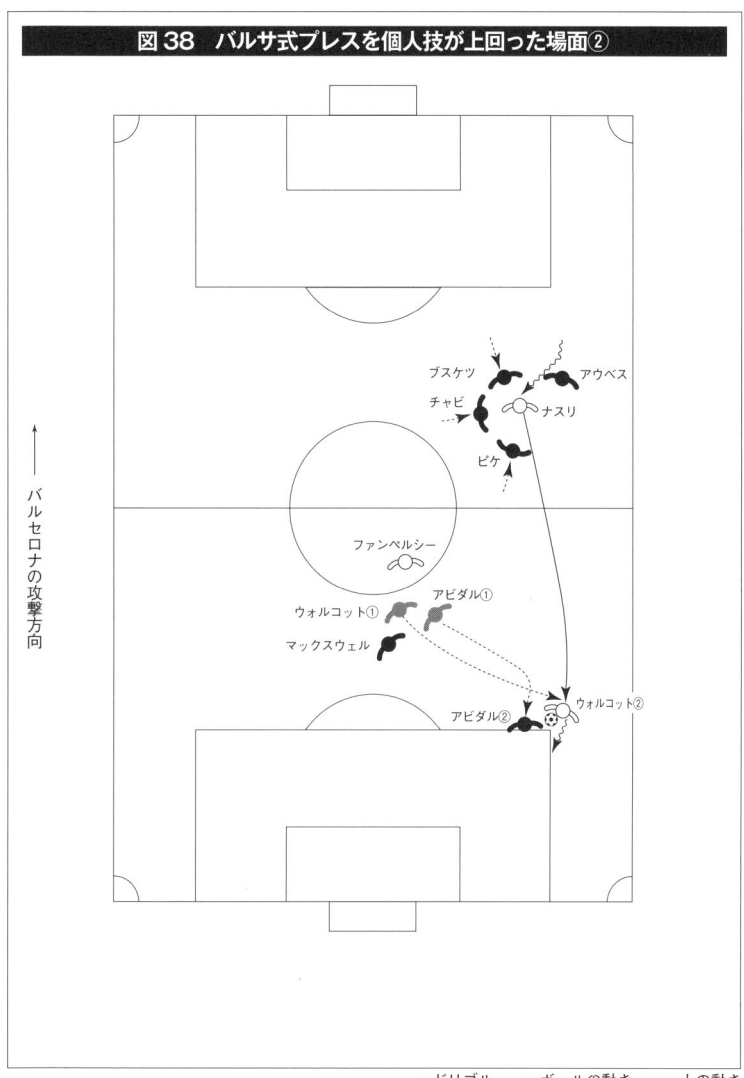

Chapter 6 バルセロナ式を読み解く Part 1

## 図38 バルサ式プレスを個人技が上回った場面②

ブスケツ　アウベス
チャビ　ナスリ
ピケ

ファンペルシー

ウォルコット①　アビダル①
マックスウェル

アビダル②　ウォルコット②

←バルセロナの攻撃方向

〜〜▶ドリブル　━━▶ボールの動き　┄┄▶人の動き

点目のシーンである（図39・1〜4）。

アーセナル陣内の右サイドで、ベントナーが中央へ向かってドリブルする。マックスウェルが追走し、ブスケツ、チャビで3方向からプレスをかけた。しかし、ベントナーは潰される前にウィルシャーへパス。このパスが通ったことが、ゴールにつながったといえる。イニエスタも戻りながらパスカットを狙っていたが届かず、ベントナーの横パス1本で、バルサは4選手が置き去りにされることになった。ウィルシャーは素早く前方のセスクへつなぐ。この時点でバルサはフリーだった。本来なら、おそらくブスケツがマークすべきだったのだが、ブスケツはセスクを離してベントナーへ向かっていた。ベントナーからセスクへのコースは切っていたから大丈夫だと考えたのだろう。ところが、ベントナーからウィルシャーを経由してセスクへボールが出てしまった。

セスクはターンして前進、ケイタがセスクへ向かおうとしたが、これでナスリがフリーとなり、セスクからナスリにパスが通る。ナスリにパスが出た時点で、最終ラインに残っていたピケ、アビダルを含め、バルサは全員がボールの後方に置き去りになった。

ナスリは右からゴール方向へ独走、アーセナルはファンペルシーがゴール正面へ走り、その外側にはアルシャビンも詰めていく。ナスリはペナルティーエリアに入ると、追走してきたケイタを切り返しで外し、アルシャビンへラストパス、アルシャビンが冷静に右隅へ決めた。

212

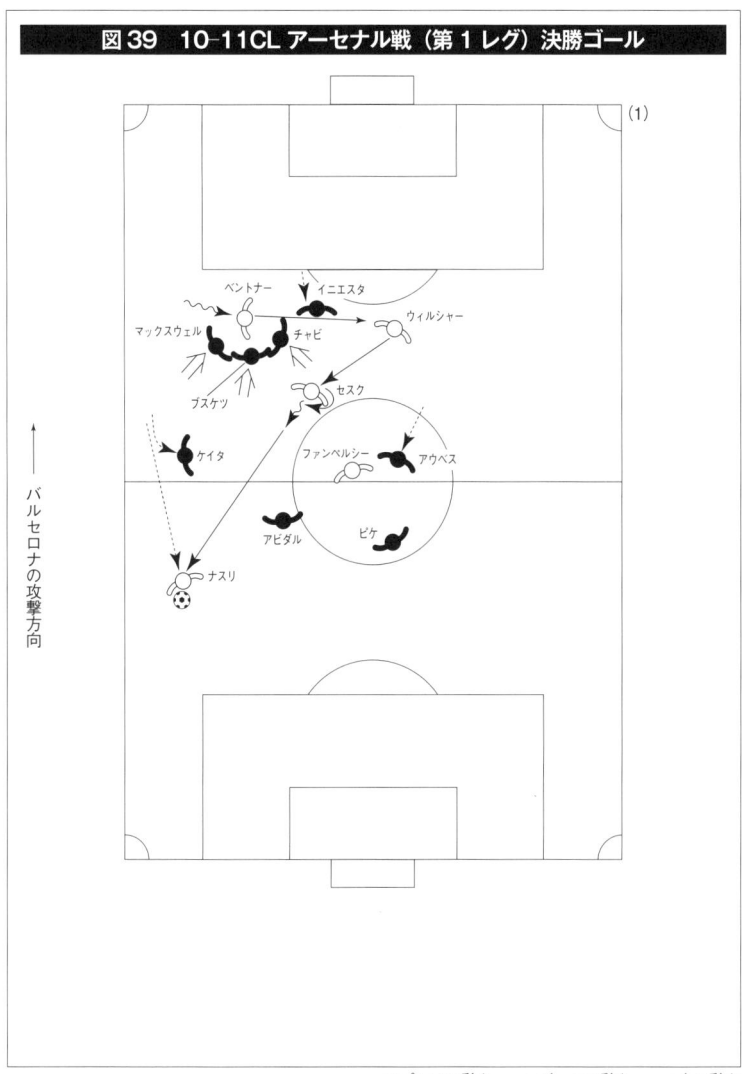

Chapter 6 バルセロナ式を読み解く Part 1

## 図39 10-11CL アーセナル戦（第1レグ）決勝ゴール

(1)

←バルセロナの攻撃方向

ベントナー
イニエスタ
ウィルシャー
マックスウェル
チャビ
ブスケツ
セスク
ケイタ
ファンペルシー
アウベス
アビダル
ピケ
ナスリ

⇒プレスの動き　→ボールの動き　……▶人の動き

213

# 図39 10-11CL アーセナル戦（第1レグ）決勝ゴール

(2)

アルシャビン
ファンペルシー
ケイタ
アビダル
ナスリ　ピケ
GK バルデス

← バルセロナの攻撃方向

(3)

マックスウェル
アルシャビン
ナスリ　ファンペルシー
ケイタ　ピケ　アビダル
GK バルデス

(4)

ナスリ　マックスウェル
アルシャビン
ケイタ　ピケ　ファンペルシー
アビダル
GK バルデス

〰️▶ ドリブル　──▶ ボールの動き　⋯⋯▶ 人の動き

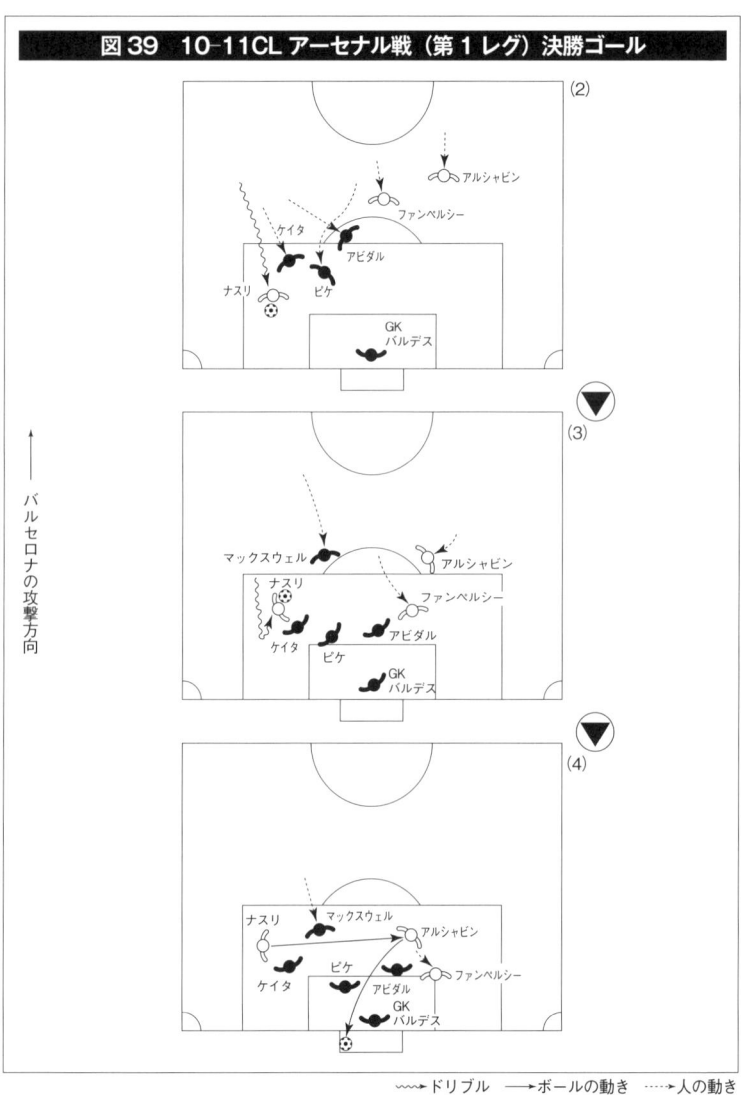

## Chapter 7
# バルセロナ式を読み解く Part 2

Descifro la estilo del Barça parte 2

## 執拗なショートパスによるつなぎ

アーセナルのような技術の高いチームが相手のとき、バルサのプレッシングも外されることがある。ただし、技術の高い相手を自由にプレーさせれば、もっと危険でもある。バルサと対戦する多くのチームがそうしているように、引いて守れば確かにアーセナルのカウンターを受けずにすむ。しかし、それではバルサの勝利の方程式には反することになる。引いて守れば、空中戦という別の脅威にさらされることにもなるだろう。

1-2で敗れたロンドンでの第1レグでも、内容的にはバルサの優勢だった。アーセナルがバルサを圧倒できたわけではなく、いくつかのカウンターが決まったにすぎない。何度かプレスをかいくぐられたのは確かだが、大筋ではバルサのプレッシングは効果的で、試合の流れもいつもの勝ちパターンだった。この試合を落としたのは、バルサの戦術的敗北というよりも、アーセナルより多かった決定機を決め損なったからだ。

ただ、バルサのプレッシングに対して、簡単にミスをしてくれるチームばかりでないのも事実である。一方で、これを逆に考えてみると、バルサの優位性は明らかだ。バルサに対しては、プレッシングはほとんど効かないからだ。

アーセナルがバルサのプレスをかわした例を見てきたが、今度はバルサがアーセナルのプレス

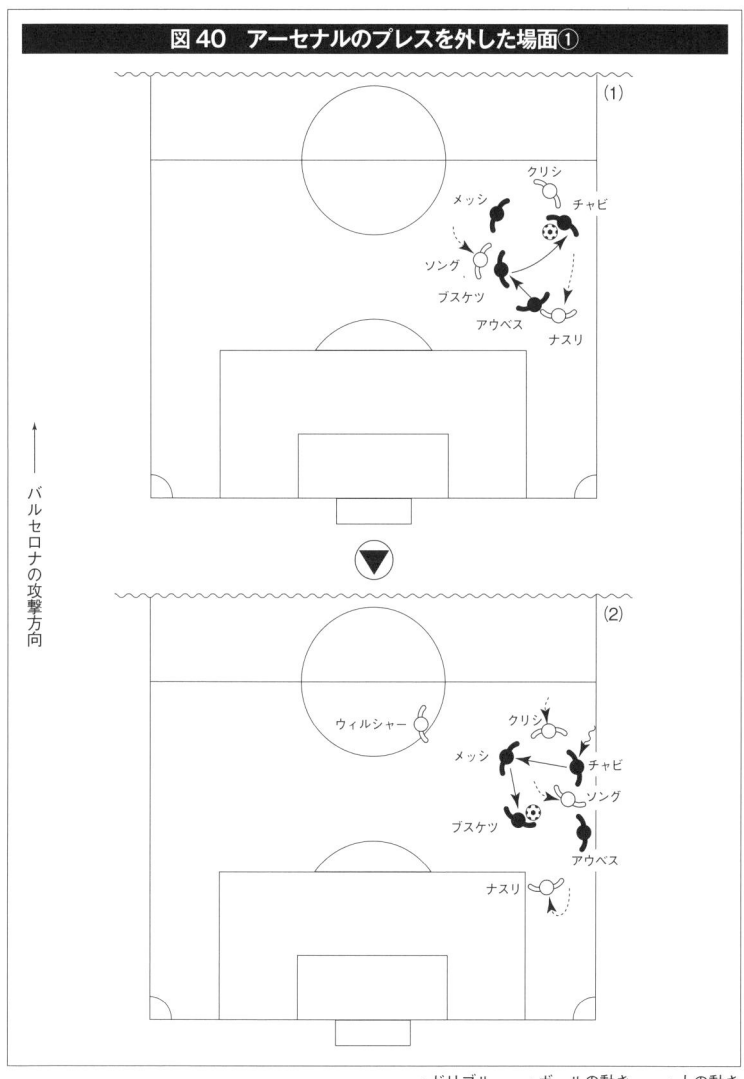

**Chapter 7** バルセロナ式を読み解く Part 2

## 図40 アーセナルのプレスを外した場面①

(1)

クリシ
メッシ チャビ
ソング
ブスケツ
アウベス ナスリ

バルセロナの攻撃方向

(2)

ウィルシャー
クリシ
メッシ チャビ
ソング
ブスケツ
アウベス
ナスリ

〜〜▶ ドリブル　──▶ ボールの動き　……▶ 人の動き

217

を外した例をあげていく。例としては、こちらのほうがはるかに多い。少し長くなるが、37分のケースでみてみよう（図40・1〜12）。

バルサ陣内の右サイド、ダニエル・アウベスがアーセナルのナスリへのパスをカットしたところから、バルサのポゼッションが始まる。アウベス→ブスケツ→チャビとパスが回る（1）。チャビは一瞬タメて、ソング、クリシを引きつけてメッシへパス（2）。メッシは1タッチでブスケツへ。

ここでブスケツ→メッシ→ブスケツと、いっけん意味のないパス交換。その間、サイドではナスリが戻ってきてアウベスへのマークを始めているし、中央にいたウィルシャーもメッシへ向かっている（3）。ブスケツはもう一度、メッシへパス。この時点で、フリーだったメッシの周囲にはソング、ウィルシャーが寄せている。メッシはドリブルで前進しかかったが、ウィルシャーの寄せに気づいてターンし、またブスケツへ戻す（4）。

さて、ここまで4つに区切ったシーンで、バルサは8本のパスをつないでいるが、そのうち5本がメッシとブスケツの間でかわされている。その間、ボールはまったく前に進んでいない。さらにブスケツ、メッシ、ダニエル・アウベス、ペドロの位置関係もほとんど変化なし。ただ、ボールだけが動いているような状況である。

まだ仕掛ける気がないのだ。ごく短い距離のパスをつなぎながら様子をみている。わざと狭いスペースでパスを回し、アーセナルの選手たちを引きつけているかのようだ。

Chapter 7 バルセロナ式を読み解く Part 2

## 図40 アーセナルのプレスを外した場面①

(3)

コシェルニー
ペドロ
ウィルシャー
クリシ
ソング
メッシ
チャビ
ブスケツ
ナスリ
アウベス

← バルセロナの攻撃方向

(4)

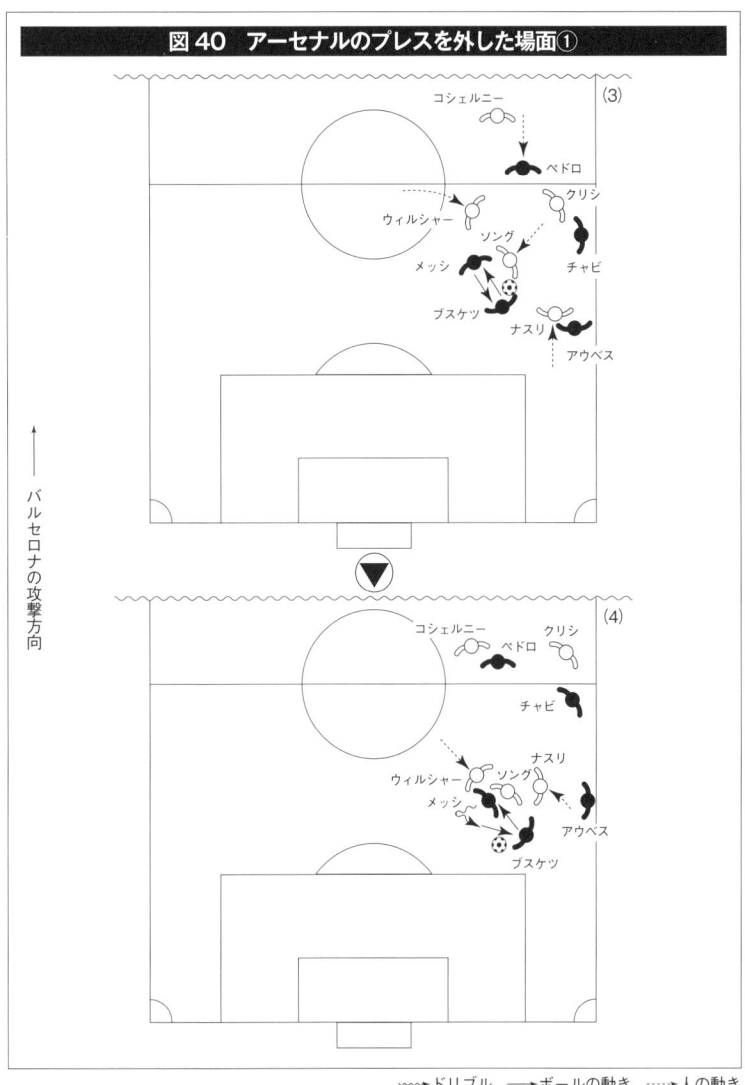

コシェルニー
クリシ
ペドロ
チャビ
ウィルシャー ソング ナスリ
メッシ
アウベス
ブスケツ

〜〜▶ ドリブル　──▶ ボールの動き　‥‥▶ 人の動き

状況に変化が起こるのは次のシーンからだ（5）。ブスケツは右でフリーになったダニエル・アウベスにパスした。（1）〜（4）までのシーンで、ブスケツは常に後方に残っていて待機している。フリーでいるブスケツをステーションにして、短いパスを回し続けてきた。一方、この局面的な数的不利を埋めるべく、戻ってダニエル・アウベスをつかまえにかかったナスリは、ボールを持っているブスケツに向かっていったので、ダニエル・アウベスはフリーになった。そこで、ブスケツはダニエル・アウベスにパスを送っている。

このブスケツからダニエル・アウベスへ、何でもない横パスが送られたときの、メッシとチャビ、さらにペドロの動きに注目していただきたい。

まず、中央からサイドへ流れている。サイドにいたチャビは反対に中央へ、さらに前線にいたペドロがハーフラインを越えて一気に自陣まで戻っている（5）。それまで停止していたバルサの選手たちが急に動き出した。

メッシ、チャビ、ペドロのそれぞれの動きは、それぞれがボールを受けるための動きである。メッシはダニエル・アウベスから縦パスを受けるため、チャビは斜め左、中央へのボールを引き出すためだ。ペドロが大きく引いているのは、ダニエル・アウベスから直接パスをもらうというよりも、チャビにパスが出たときの次の展開を予測したためと思われる。興味深いのは、どの選手もアーセナルの選手の背後をとっていることだ。

メッシは、ボールを持っているブスケツに向かっていったナスリの背後を入れ替わるように動

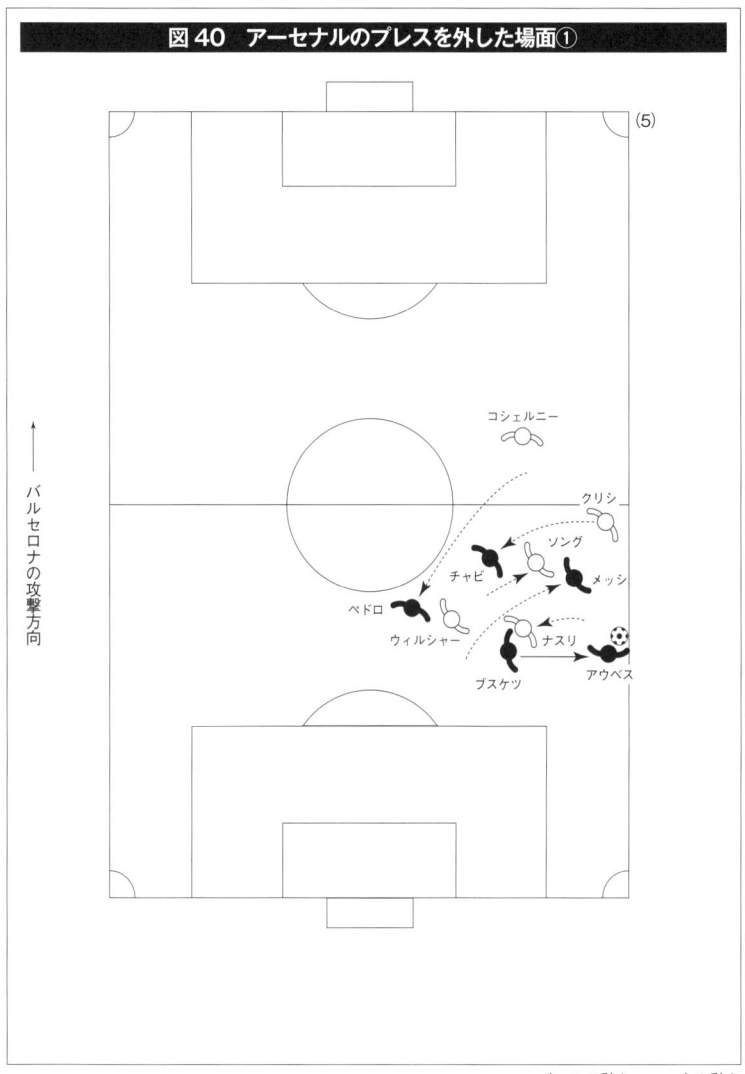

Chapter 7 バルセロナ式を読み解く Part 2

## 図40 アーセナルのプレスを外した場面①

(5)

← バルセロナの攻撃方向

コシェルニー
クリシ
チャビ　ソング　メッシ
ペドロ
ウィルシャー　ナスリ
ブスケツ　アウベス

──→ボールの動き　……▶人の動き

221

いている。このメッシの動きはソングにウォッチされているが、そのソングの背後をチャビがソングとは反対方向に動いている。チャビの動きはウィルシャーが見ているが、その背後にはペドロが引いてきている。

こうした交差する動きは、スローインのときなどによく使われるものだ。このシーンではメッシとチャビが位置を入れ替えている。入れ替わることで、互いにスペースを空けることができるし、相手を攪乱することもできる。入れ替わりの動きに対する守備が混乱するのは、動いている相手をマンマークでついていくのか、ゾーンで受け渡すのか迷うからだ。2人の守備者が、どちらもマンツーマンでついていけば相手はどちらもフリーにはならない。どちらも動かず、ゾーンで守った場合も攻撃側はフリーにならない。ところが、1人が人について、もう1人がゾーンを守ると、1人は確実にフリーになる。

このシーン（5）では、ソングはメッシについていった。ところが、チャビをマークしていたクリシはそのままとどまっている。つまり、チャビがフリーになっている。ただ、チャビが引いてきたのはチャビの背後でウィルシャーが見ているので、もしチャビへパスが出ればプレッシャーはかけていける。しかし、ペドロがウィルシャーの背後に引いてきている。もし、ウィルシャーがチャビをつかまえに動けば、今度はペドロへのパスコースが開けるわけだ。

さて、ブスケッツからダニエル・アウベスへボールが渡り、バルサはポジションを交差させた後、ダニエル・アウベスがパスを出したのはソングにマークされながら流れてきたメッシだった

（6）。メッシが自分のゾーンに入ってきたので、クリシはダニエル・アウベスへプレスするのを止め、メッシに背後をとられないようにポジションを下げた。メッシはクリシとソングの間で停止し、ダニエル・アウベスからのパスを受ける。

ここで注目すべきは、ウィルシャーの位置どりだろう。メッシへパスが渡った時点で、まずソングがメッシへプレッシャーをかけようとしている。そして、ウィルシャーはソングの斜め背後をカバーするポジショニングに移る。ボールにチャレンジする味方の斜め後ろをカバーする、チャレンジ&カバーはディフェンスの原則だ。ウィルシャーの動きは間違っていない。ただ、これでチャビがフリーになってしまうのだ。

同時に、この局面ではブスケツがダニエル・アウベスの斜め後ろにポジションを移している。これはダニエル・アウベスがボールを持っていたときに、斜め後ろでサポートするための動きだが、バルサには常にボールホルダーを背後でサポートする選手がいる。守備の原則がチャレンジ&カバーならば、ボールホルダーの斜め後ろにポジションをとれば、カバーリングポジションをとっている相手選手との距離を十分にとることができる。つまり、ほぼフリーで、しかも前向きの状態でボールを受けられるわけだ。

メッシは後方のブスケツにボールを戻す（7）。ブスケツはフリーだ。ただし、アーセナルの最前列にいたファンペルシーが戻ってきたので、ブスケツはすでにフリーになっていたチャビにパスする（8）。

# 図40 アーセナルのプレスを外した場面①

← バルセロナの攻撃方向

コシェルニー

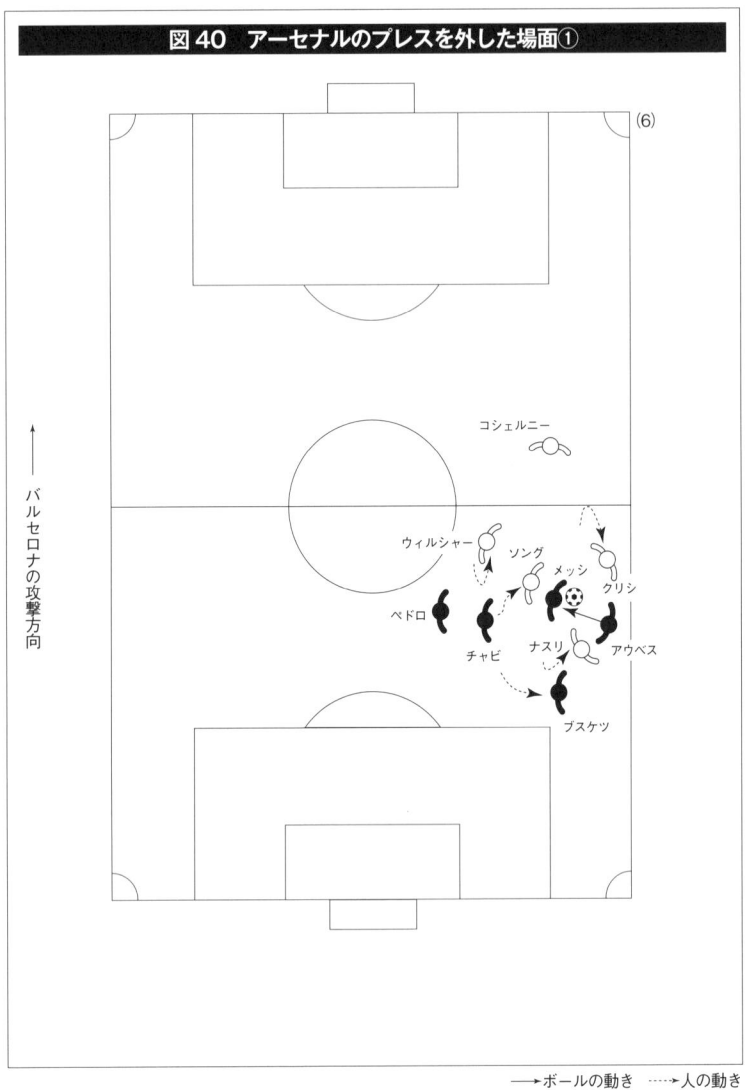

ウィルシャー
ソング
メッシ
クリシ
ペドロ
チャビ
ナスリ
アウベス
ブスケツ

──→ ボールの動き ┈┈→ 人の動き

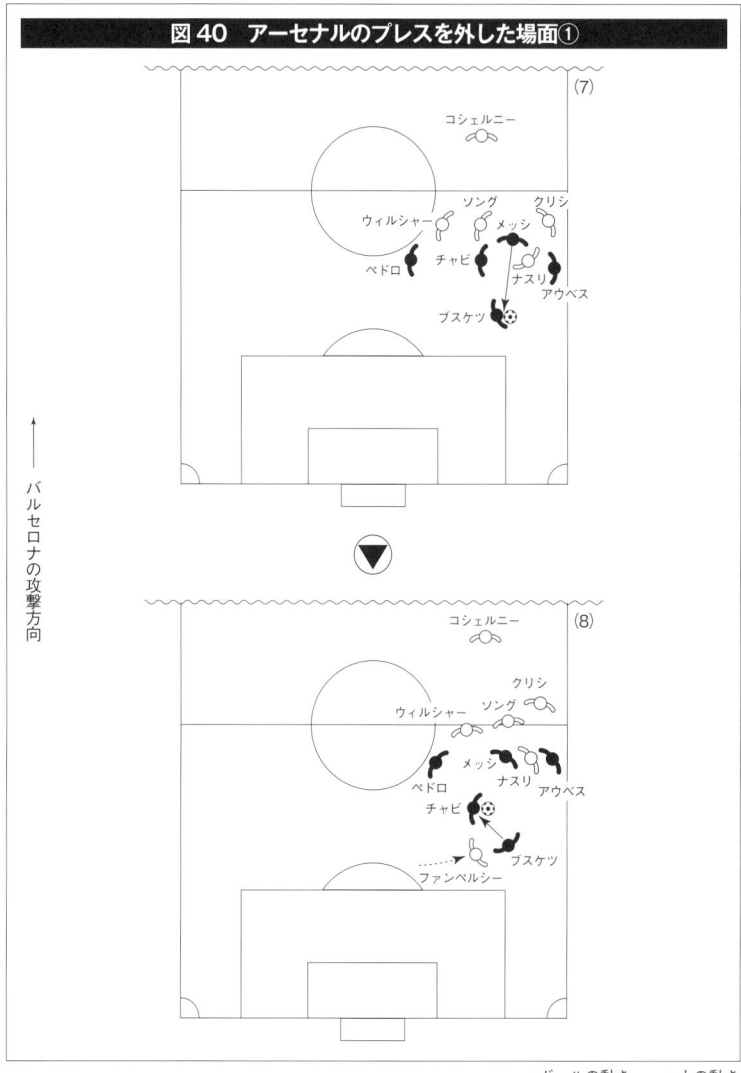

Chapter 7 バルセロナ式を読み解く Part 2

## 図40 アーセナルのプレスを外した場面①

(7)

コシェルニー
ウィルシャー　ソング　クリシ
　　　　　　　　メッシ
ペドロ　チャビ
　　　　　　　ナスリ　アウベス
　　　　ブスケツ

↑
バルセロナの攻撃方向

▼

(8)

コシェルニー
　　　　　　　　　クリシ
ウィルシャー　ソング
　　　　　　メッシ
ペドロ　　　　ナスリ　アウベス
　　チャビ
　　　　ブスケツ
ファンペルシー

→ ボールの動き　……→ 人の動き

225

チャビは逆サイドへの展開を考えたようだが、ターンの間にウィルシャーがチャビに寄せ、ウィルシャーの背後をカバーするためにソングが中央方向へ動く。さらにタッチライン際で前進を始めたダニエル・アウベスに対して、クリシが裏をとられないように後退する。この一連の動きの中で、メッシの周囲が真空地帯のようにポッカリと空いた。それをチャビが見逃さず、メッシの足下へボールを届けたのだ。

チャビからのパスを受けたメッシは、瞬間的に加速してアーセナルゴールへスタート（10）。ソングがターンしてメッシを追い、ナスリ、ウィルシャーもメッシを追走する態勢に入る。ゆっくりとパスを回していたバルサが、急激に加速した瞬間だった。ダニエル・アウベス、ビジャ、ペドロはゴール方向へスプリントを開始、アーセナルのディフェンスラインは全員がターンして背走する。

ソングはメッシの前面に立つ前に振り切られ、メッシはディフェンスラインの裏へ走ったビジャへのスルーパスを狙うが、コースを読んだコシェルニーがカット。しかし、こぼれ球をメッシが拾う（11）。さらに突入してくるメッシに対し、アーセナルはクリシ、ジュル、エブエ、ソングが進路を塞ぐべく囲い込む。その瞬間、メッシは密集をぬうようなパスをペドロへ（12）。ペドロのポジションはオフサイドと判定されたが、決定的なチャンスだった。ゆったりしたパス回しから、急激にスピードアップするバルサらしい攻撃といえる。アーセナル戦から、もうワンシーンを取り出してみよう（図41）。

Chapter 7 バルセロナ式を読み解く Part 2

## 図40 アーセナルのプレスを外した場面①

(9)

ジュル　コシェルニー
　　　　　　　クリシ
　　　　　ソング　　アウベス
ペドロ　　　　メッシ　ナスリ
　　ウィルシャー
　　　チャビ　　ファンベルシー
　　　　　　　　ブスケツ

← バルセロナの攻撃方向

(10)

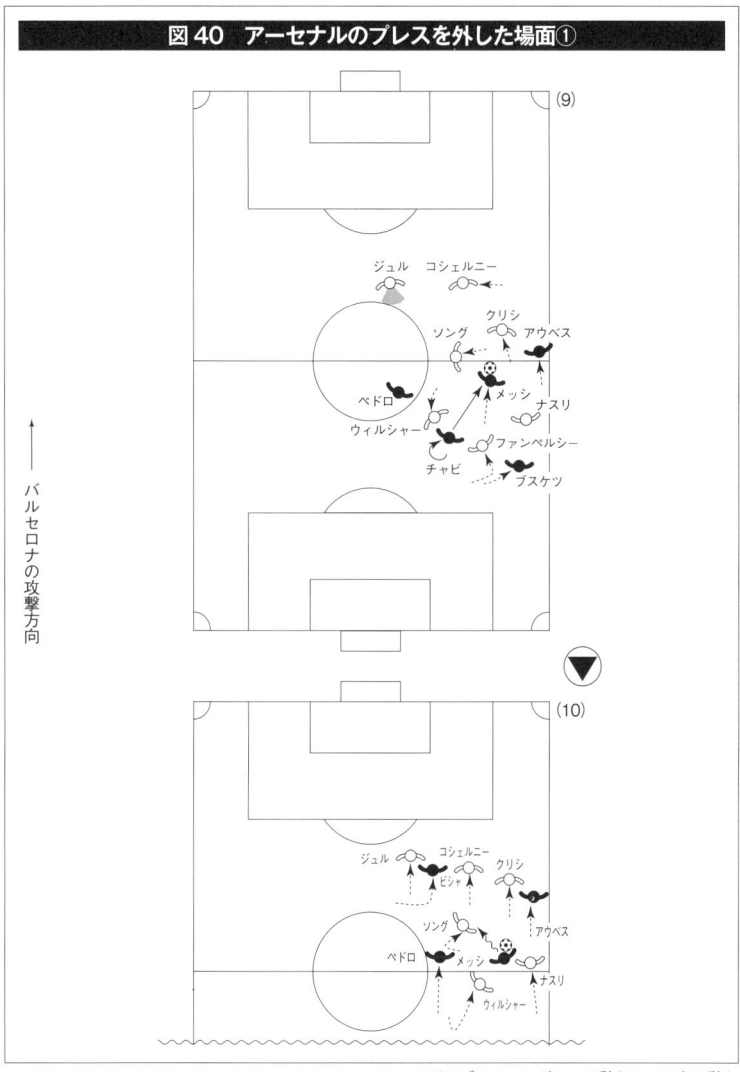

ジュル　コシェルニー
ビジャ　　　　クリシ
　　ソング　　　　アウベス
ペドロ　　メッシ
　　　　　　　　ナスリ
　　　　ウィルシャー

⤳ ドリブル　　→ ボールの動き　　⋯→ 人の動き

227

## 図40 アーセナルのプレスを外した場面①

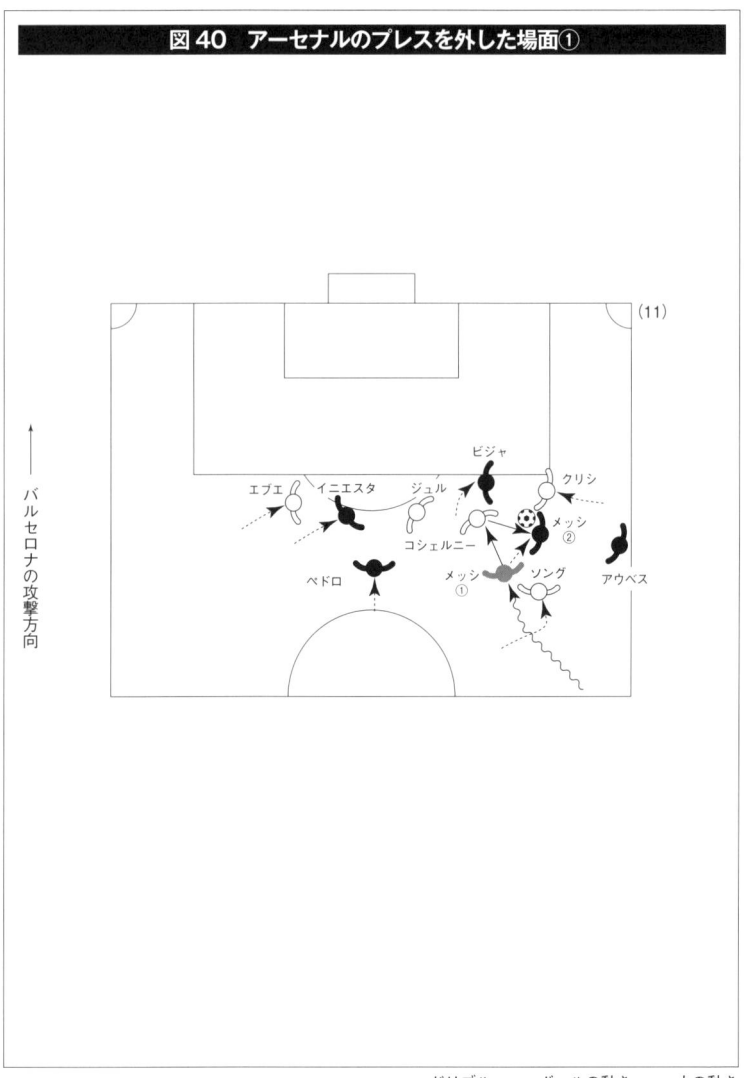

(11)

バルセロナの攻撃方向 ←

エブエ　イニエスタ　ジュル　ビジャ　クリシ
コシェルニー　メッシ②
ペドロ　メッシ①　ソング　アウベス

〜〜▶ドリブル　──▶ボールの動き　……▶人の動き

Chapter 7 バルセロナ式を読み解く Part 2

## 図40 アーセナルのプレスを外した場面①

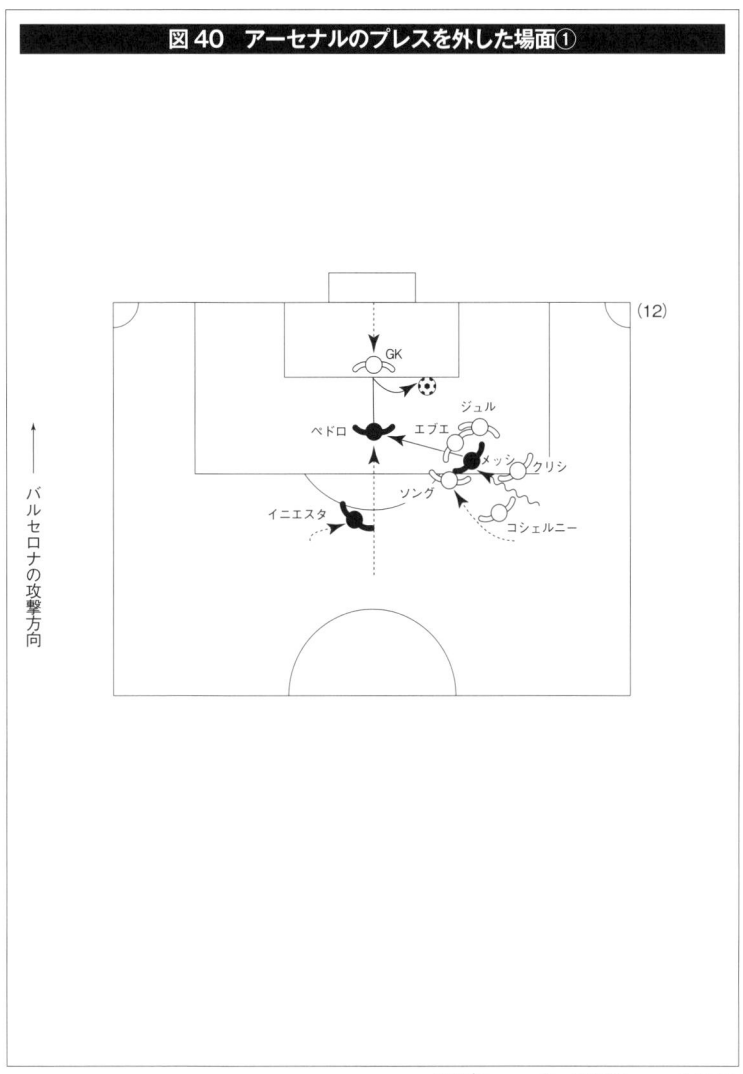

(12)

GK
ジュル
ペドロ　エブエ
メッシ　クリシ
ソング
イニエスタ
コシェルニー

← バルセロナの攻撃方向

〜〜▶ドリブル　──▶ボールの動き　……▶人の動き

バルサ陣内の左サイドでマックスウェルがキープしているところへ、ウォルコットがプレスをかけていく。タッチライン際にいるイニエスタにはソングがマークしているので、パスを出しにくいと判断したマックスウェルは、センターバックのアビダルへボールを下げた。このとき、アーセナルは高い位置でプレスをかけられる状況にあった。ブスケツに対してはウィルシャーが〝射程距離〟に置いている。ファンペルシーもピケへの横パスを狙っている。セスクはボールを持っているアビダルへプレッシャーをかけるべく前進した。

ただ、難を言えばセスクのプレスはやや緩慢だったかもしれない。アビダルはブスケツにパス、ここは狙っていたウィルシャーがすかさず寄せる。しかし、ブスケツは1タッチでチャビにさばき、チャビはフリーでボールを受けて、そのままドリブルでハーフラインを越えていった。完全にアーセナルの前方プレスは失敗している。

ウィルシャーがブスケツにプレスをかけたところまでは良かったのだが、チャビをまったくフリーにしてしまった。チャビを自分の前に置いているアーセナルの選手が誰もいなかった。二の矢、三の矢を飛ばすことができなかったのは、バルサのプレスとはまだ差があるということかもしれない。しかし、プレスとしては形になっていた。この程度のプレッシングでは、バルサからボールを奪えないということだ。

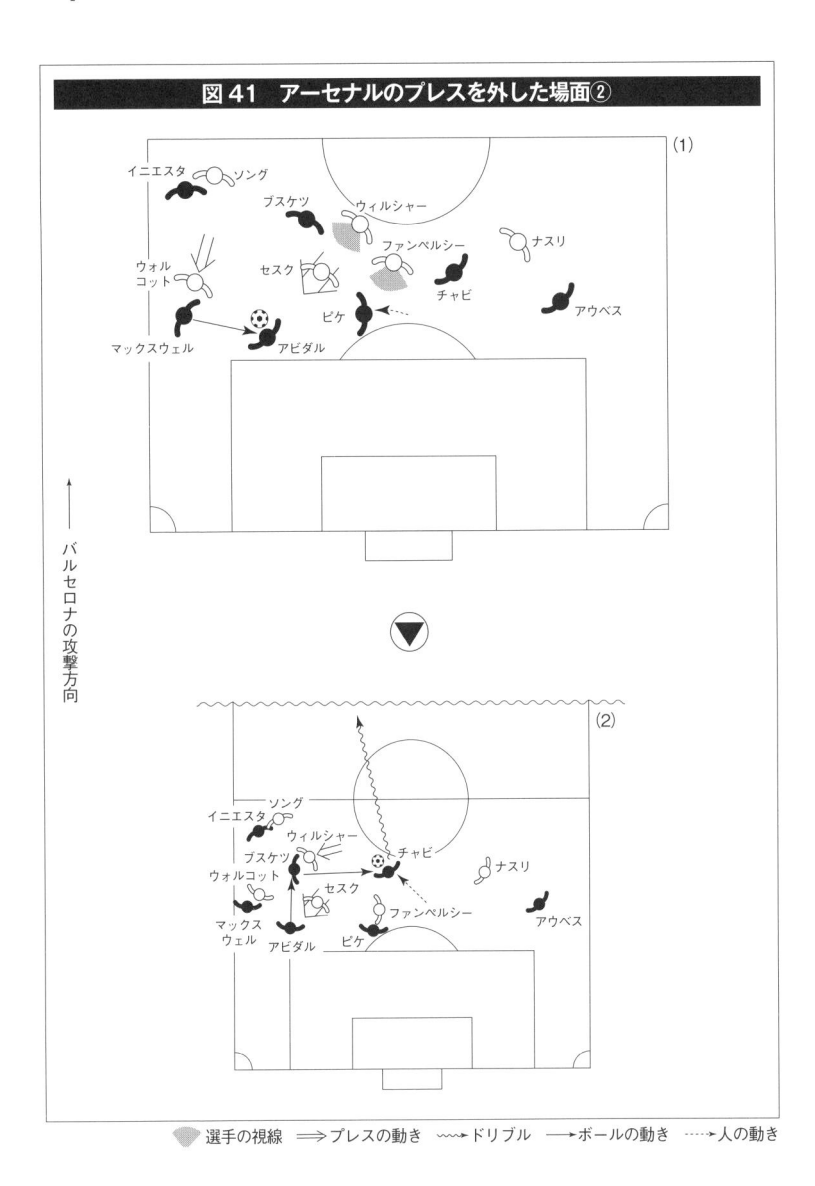

Chapter 7 バルセロナ式を読み解く Part 2

## 図41 アーセナルのプレスを外した場面②

(1)

イニエスタ ソング
ブスケツ ウィルシャー
ファンペルシー ナスリ
ウォルコット セスク
チャビ
マックスウェル アビダル ピケ アウベス

← バルセロナの攻撃方向

(2)

ソング
イニエスタ ウィルシャー
ブスケツ チャビ ナスリ
ウォルコット セスク
マックスウェル ファンペルシー アウベス
アビダル ピケ

選手の視線　⇒ プレスの動き　〜〜ドリブル　→ボールの動き　……人の動き

231

## 中央突破

次に、バルサの中央突破のシーンをみていこう。やはりアーセナルとの第1レグから。メッシが決定機を逃した14分のシーンだ（図42）。

ビジャからイニエスタへバックパス、イニエスタは前線に張っているメッシの足下へくさびを打ち込む。メッシはサポートについたビジャへ落とし、ターンしてディフェンスラインの裏へ。ビジャのスルーパスを受けたメッシは完全にフリー、GKの体勢を見極めてファーサイドへシュートしたが、わずかにポスト右へ外れた。

振り返ってみれば、メッシはこの決定機を決めるべきだった。メッシなら当然決められるはずのGKとの1対1。結果論だが、これを決めていればアーセナルに負けなかったことになる。もちろん、メッシといえどもミスはある。このシュートも決して大きなミスではない。技術的にはわずかなミスだ。ただ、試合を振り返ると大きなミスだったといえるだろう。

このシーンでバルサらしいのは、イニエスタからメッシへの縦パスである。イニエスタはチャビ、ブスケツ、さらにビジャへもパスを出すことができた。しかし、より前方のメッシへパスしたことで、ビジャをフリーにすることができている。アーセナルのディフェンスラインの手前、いわゆるバイタルエリアへビジャが前向きに入り込んだことで、メッシへのスルーパスが可能に

Chapter 7 バルセロナ式を読み解く Part 2

## 図42 メッシの中央突破による決定機

(1)

↑
バルセロナの攻撃方向

(2)

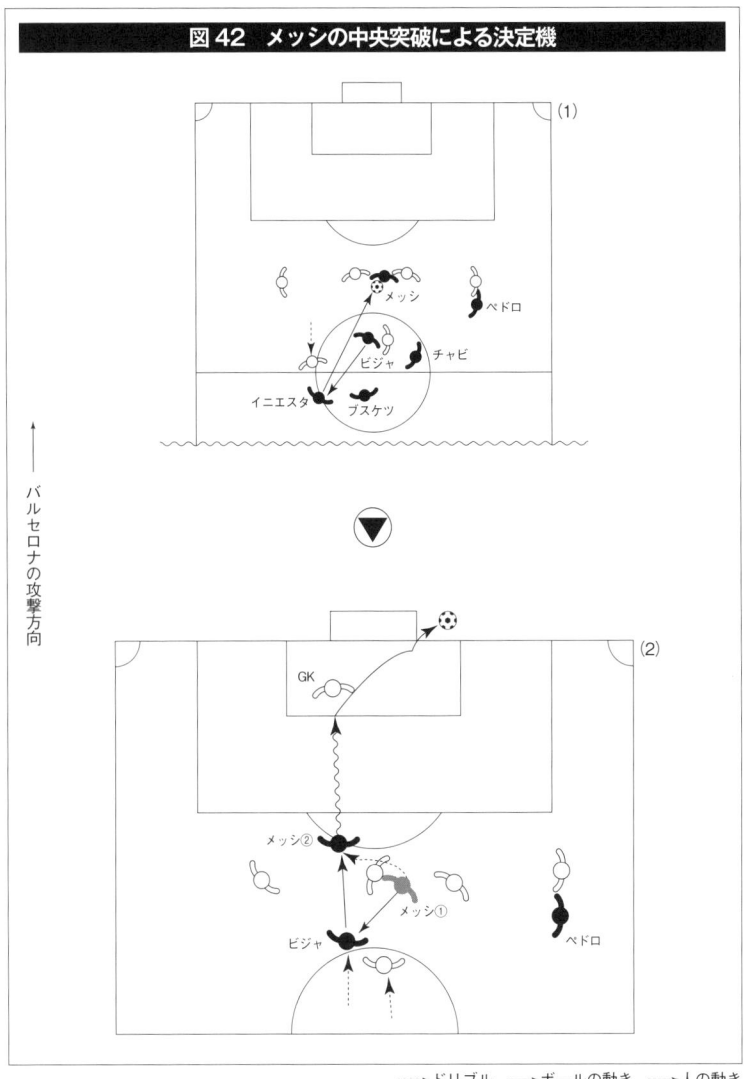

～～→ドリブル　──→ボールの動き　┈┈→人の動き

なっている。

26分のシーンはバルサの先制ゴール（図43・1～2）。ピケからメッシへパス、ここからメッシがドリブルで突進し、ビジャへスルーパスを通し、フリーで抜け出したビジャがGKとの1対1からシュートを決めた。いかにもバルサらしいゴールシーンだ。

このときの全体の位置どりは、バルサの典型的なポジショニングになっている（1）。

まず、アーセナルの前線にはファンペルシーとセスクがいる。対してバルサは、ピケ、アビダル、ブスケツの3人が残っている。逆にアーセナルのディフェンスラインをみてみると、アーセナルのフラット4のラインと並んでいるのはビジャ、ペドロの2人だ。

バルサは守備ゾーンに1人の数的優位を確保。反対にアーセナルのディフェンスラインは2人が余っている。つまり、バルサは中盤で1人が数的優位になっている。

中盤は右サイドいっぱいにダニエル・アウベスをウォッチしている。左はマックスウェルが開いて幅を確保。アーセナルはナスリがダニエル・アウベスをウォッチしている。左はマックスウェルがまだ守備ゾーンにいて、アーセナルはウォルコットが後退中。イニエスタはウィルシャーがマーク。チャビはフリーだが、ちょうどソングとウォルコットで受け渡す途中といったところ。本来、対面はソングである。

中盤で余っているのはメッシだ。前線から引いてきたメッシに対して、アーセナルはセンターバックがついていっていない。ウィルシャーとソングの間でピケからのパスを受けたメッシは、

Chapter 7　バルセロナ式を読み解く Part 2

### 図43　10-11CL アーセナル戦（第1レグ）先制ゴール

(1)

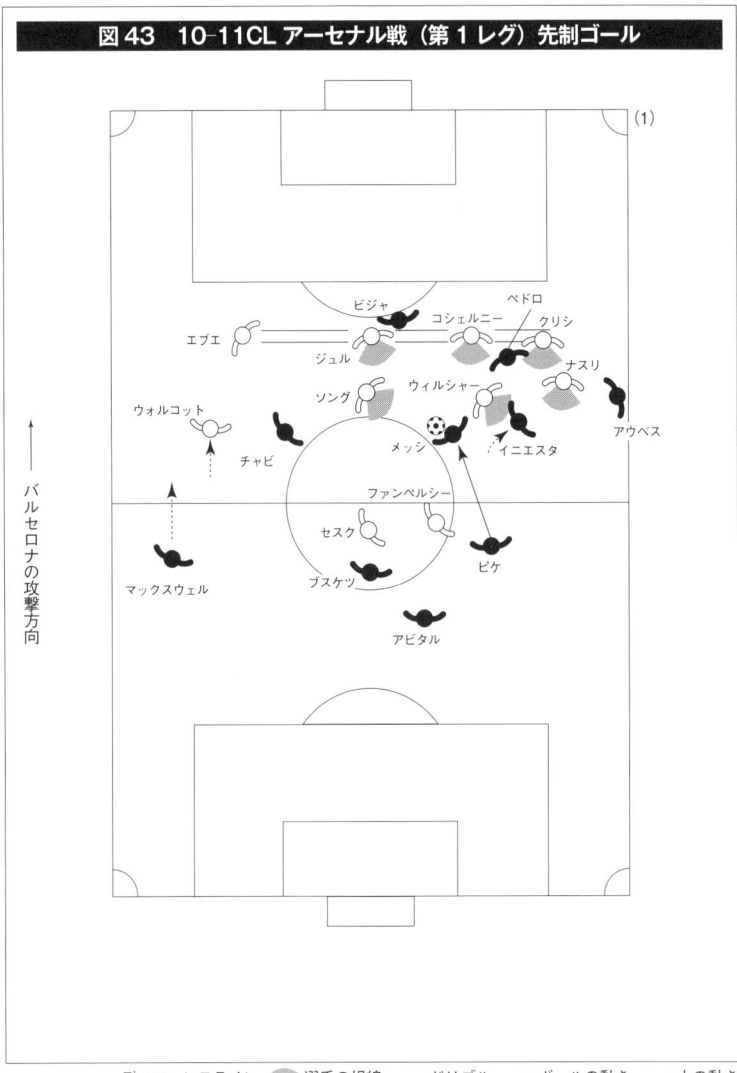

←バルセロナの攻撃方向

ビジャ　　ペドロ
エブエ　　コシェルニー　クリシ
　　ジュル　　　　　　ナスリ
　　　ソング　ウィルシャー
ウォルコット　　　　　　　アウベス
　　チャビ　メッシ　イニエスタ
　　　　ファンベルシー
　　　セスク　　　　ピケ
マックスウェル　ブスケッツ
　　　　アビタル

═══ ディフェンスライン　　選手の視線　～～▶ドリブル　──▶ボールの動き　┈┈▶人の動き

一気に加速してウィルシャーとソングの間を走り抜ける。コシェルニー、ジュルが対応に出ようとした瞬間、ジュルの背後に回り込んだビジャへ、メッシからのパスが出た（2）。

コシェルニー、ジュル、エブエは、自分たちの背後にいたビジャのポジションをオフサイドだと感じたようだが、左サイドバックのクリシが残っていた。フラット4のラインディフェンスは合理的かつ規則的な守り方でもあり、ほとんどのチームがこの守り方を採用しているのだが、弱点はバイタルエリアに入り込まれるとラインが硬直しやすいことだ。この場面でも、メッシにドリブルでバイタルエリアに侵入されて身動きがとれなくなっている。バルサのアタッカーはメッシ、ペドロ、ビジャの3人だ。アーセナルは4バックがいるので数的優位である。ところが、ビジャはノーマークになっている。エブエ、クリシに至っては全く守備に参加していない状態といっていい。2人は、ただそこにいるだけでマークもカバーもしていない。

これはフラット4の弱点が表面化したケースだ。フラットラインは、前面の相手に対してだけ守備をする。基本的に、背後に出た相手はオフサイドになるので守る必要がない。裏への動きに対しては瞬間的に後退してマークするものの、深追いはせずにすぐにラインを揃える。この場面のようにラインの前面にフリーのアタッカーが入ってきたときには、1人がラインの前に出て応対し、他の3人はカバーリングポジションをとるのが原則だ。ところが、メッシの足下に吸い付くようなスピードドリブルに対して、素早くポジションを修正するのは難しく、簡単にいえばアーセナルの4バックは混乱したまま凍結状態になっている。

236

Chapter 7 バルセロナ式を読み解く Part 2

## 図43 10-11CL アーセナル戦（第1レグ）先制ゴール

(2)

GK

ビジャ②
ビジャ①　クリシ
　　　　　　　コシェルニー
エブエ　ジュル　ペドロ　ナスリ
　　　　　　メッシ
　　ソング　　　アウベス
　　　ウィルシャー

←バルセロナの攻撃方向

══ディフェンスライン　⌇⌇➔ドリブル　──➔ボールの動き　⋯⋯➔人の動き

もとをただせば、中盤でメッシをフリーにしたことが問題だった。ただ、この場面でメッシがパスを受けた場所はセンターサークル近くであり、ここまでセンターバックが深追いしていくのは別の危険が生じる。

試合は変わってリガ29節のバルセロナvsヘタフェ、こちらはセンターバックが前に出てメッシをマークしたケースである（図44）。

25分、中盤中央、左寄りのイニエスタからメッシにパスが渡る。ヘタフェは、4バックのうちの1人（センターバック）がディフェンスラインから前に出てメッシにプレッシャーをかけた。メッシはイニエスタにボールを戻す。そして、イニエスタがチャビにパスする間に、メッシは自陣に引いてチャビの斜め後ろでサポートしようとするが、ヘタフェの選手がぴたりとマークしているのに気づき、方向を変えて前方へ走る。チャビからのパスを受け、すぐに右側にいるボージャンへはたく。ボージャンのリターンパスを受けるべく走っている途中でファウルされた。

すでにヘタフェのセンターバックはメッシをマークするためにラインの前で出ていて、この最終局面では中央に1人しかいない。その1人も突っ込んできたメッシを迎え撃つために前へ出ているので、ボージャンのリターンパスはゴール正面の無人地帯に出ている。ファウルされていなければ、メッシはゴール正面でまったくフリーの状態でボージャンのリターンを受けていただろう。このように、メッシをマークするためにセンターバックがラインの前に出るのも、それはそれでかなりのリスクがあるわけだ。

238

Chapter 7 バルセロナ式を読み解く Part 2

## 図44　敵CBがラインから出てメッシュをマークするリスク

(1)

GK

ビシャ　　ボージャン

メッシ

アドリアーノ　　チャビ

イニエスタ

← バルセロナの攻撃方向

▼

(2)

GK

ボージャン

メッシ

イニエスタ　　チャビ

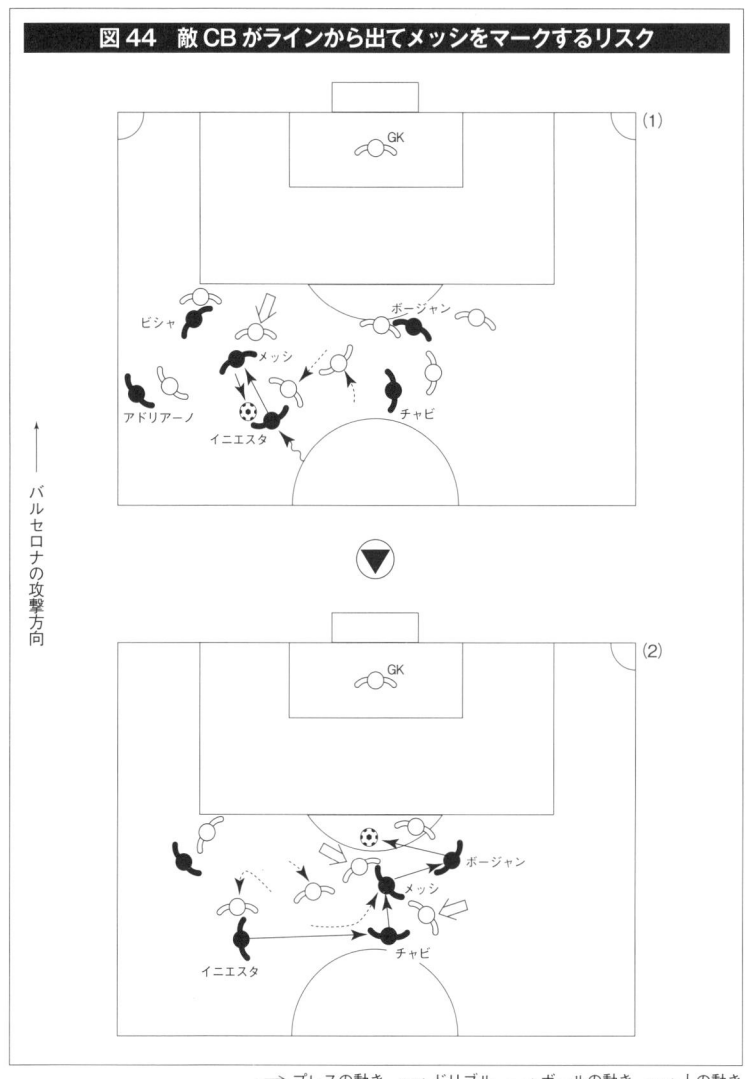

⟹ プレスの動き　〜〜〜 ドリブル　→ ボールの動き　⋯⋯→ 人の動き

239

同じヘタフェ戦の9分、メッシからビジャへのスルーパスをみてみよう（図45）。メッシはドリブルでカットインの体勢。ボールが右から左へ動いているので、ヘタフェの4バックは右方向へ移動している。その動きの逆をついて、ビジャが左サイドの外側からラインの裏へ飛び出すと同時に、メッシから絶妙のスルーパス。GKが前進してビジャへ届く前にクリアしたが、ヘタフェのフラット4はパス1本で完全に裏側に入られてしまった。前線にいたバルサのアタッカーは実質的にビジャ1人である。4人いるのに、1人にやられてしまった。たとえ4人でも、一直線のラインなので裏をとられればカバーはいない。

バルサは、フラットラインの破り方が非常に上手い。このシーンでは、センターバックは2人とも揃っていてスペースを空けているわけではない。だが、ボールを右から左へ動かし、それによってディフェンスラインを左から右へ動かすことで、その動きとは逆のベクトルに動くだけで、ビジャは裏をとっている。

ヘタフェ戦では32分のチャンスメークも見事だった（図46）。

右サイドのダニエル・アウベスからサポートについたメッシへパス。しかし、背後から厳しく寄せられていたメッシは1タッチでダニエル・アウベスへボールを戻す。このとき、局面は2対2なのだが、メッシの好判断でダニエル・アウベスがフリーになった。厳しくマークされていると感じたメッシは、右サイドの縦のスペースへ鋭くダッシュする。こ

240

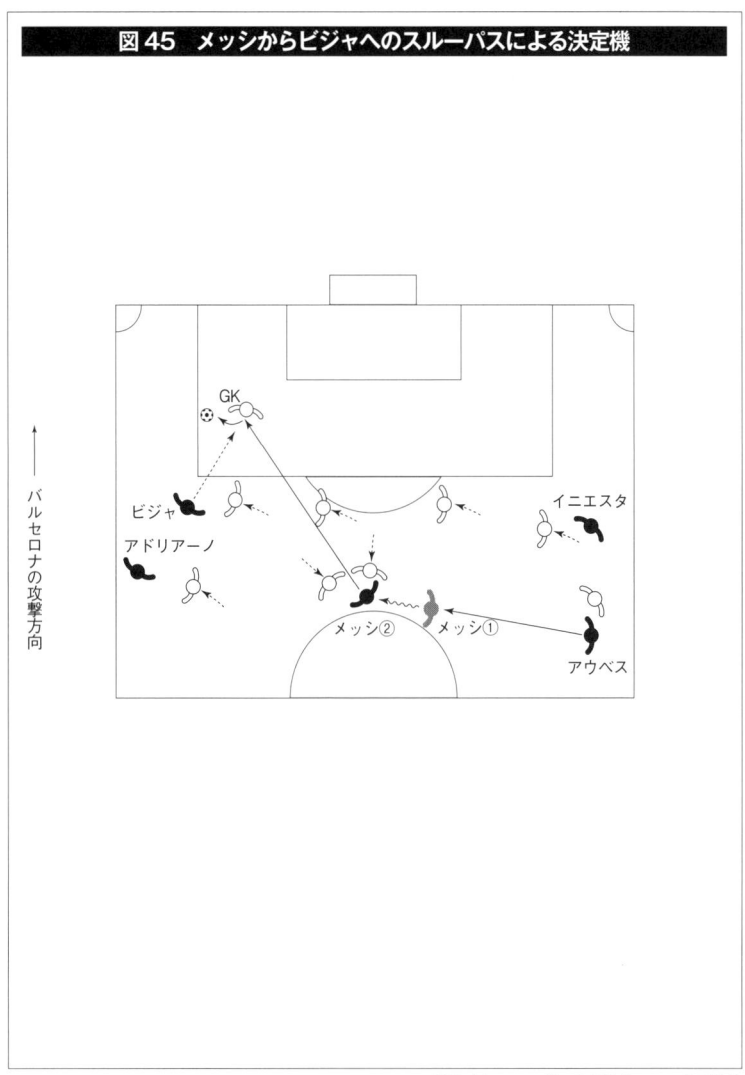

Chapter 7 バルセロナ式を読み解く Part 2

## 図45 メッシからビジャへのスルーパスによる決定機

← バルセロナの攻撃方向

GK
ビジャ
アドリアーノ
イニエスタ
メッシ②　メッシ①
アウベス

〜〜→ドリブル　—→ボールの動き　……→人の動き

の動きにヘタフェのDFは2人ともメッシに釣られてしまい、プレッシャーのなくなったダニエル・アウベスはドリブルで中央へ進んでいった。

ダニエル・アウベスのカットインに対して、ヘタフェは2人が進路を塞ぐ。ダニエル・アウベスは前進をとりやめ、方向を変えてメッシにボールを戻す。メッシが中央へドリブルを始めると、ヘタフェは3人が囲い込みに出るが、その瞬間、メッシは中央へ走り込んできたイニエスタへパス。メッシに引きつけられたヘタフェの守備陣は片寄っていて、ゴール正面をカバーできていない。ビジャをマークしていた右サイドバックが慌てて中央へ絞ってくるが、イニエスタはメッシからのパスをスルー！　完全にフリーになったビジャはドリブルでボックス内へ進んでシュートするが、再び反転してビジャへ寄せたヘタフェの右サイドバックがシュートをぎりぎりでブロックした。メッシのアイデア、イニエスタのヒラメキが光った決定機だった。

ここでアーセナル戦に戻って、18分のシーンをとりあげてみたい（図47）。

実はこの場面、先にとりあげた26分のシーン（図43・235・237ページ参照）と非常によく似ている。全体の位置どりといい、ビジャへのスルーパスにつなげている経緯といい、ほとんどコピーのように思える場面になっている。

引いてきたメッシにパスが出る。前に例として出した26分の場面では、ここからメッシがドリブルで突進してビジャへのラストパスにつなげるのだが、ここではイニエスタへパスしている。アーセナルはボールの出所へ次々にプレッシャーをかけていくのだが、ことごとく後手

242

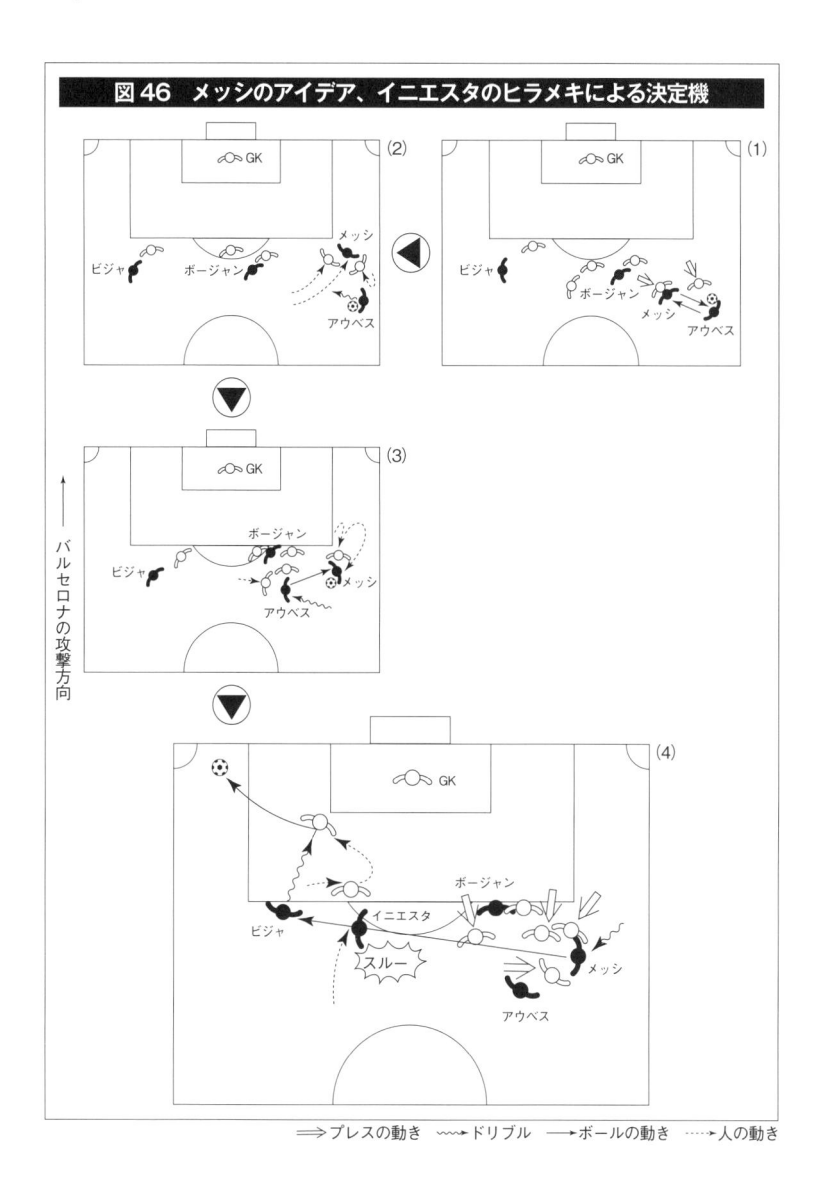

Chapter 7 バルセロナ式を読み解く Part 2

## 図46 メッシのアイデア、イニエスタのヒラメキによる決定機

(1) GK / ビジャ / ボージャン / メッシ / アウベス

(2) GK / ビジャ / ボージャン / メッシ / アウベス

(3) GK / ビジャ / ボージャン / メッシ / アウベス

(4) GK / ビジャ / イニエスタ / スルー / ボージャン / メッシ / アウベス

← バルセロナの攻撃方向

⇒ プレスの動き　⤳ ドリブル　→ ボールの動き　⋯→ 人の動き

## 戻る動きとスペースの作り方

バルセロナのパスワークの特徴の1つとして、自陣方向へ戻ってパスを受ける動きがあげられる。リガ22節、アトレティコ・マドリード戦から、いくつかサンプルを拾ってみよう。20分のパスワークは、自陣方向へ戻る動きが連続してみられる（図48）。

アーセナルのプレスが後手に回っているのは、やはり引いているメッシをつかまえておらず、つまり中盤でバルサに数的優位を作られているのが要因ではあるが、それ以上にバルサのパスワークにミスがないからだ。ミスどころか、わずかな時間のロスもないのだ。正確なパス、素早く前を向けるボールタッチの前に、プレスがプレスになっていない。少しでもコントロールがもたついてくれれば、アーセナルはバルサのパスワークの流れを止め、押さえつけることもできたかもしれないが、メッシもイニエスタもよどみなくボールを処理しているので、ただボールの後を追いかけているような守り方になってしまった。

に回ってプレスをかけきれていない。ボールホルダーにプレスがかかりきっていないので、ディフェンスラインもラインアップができず、ほぼフリーズ状態。ビジャがコシェルニーの動きの逆をついて裏へ走った瞬間、イニエスタからスルーパスが出ている。完全にフリーで抜け出たビジャだったが、わずかにイニエスタのパスに追いつけず、GKのボールになった。

Chapter 7 バルセロナ式を読み解く Part 2

## 図47　よどみないパスワークにより生み出される決定機

GK

ジュル　ビジャ　コシェルニー　クリシ
エブエ　　　　　　　　　　　ペドロ
　　　イニエスタ　ソング　チャビ　ナスリ
　　　　セスク　　　　　　　　アウベス
　ウォルコット　ウィルシャー　ブスケツ
マックスウェル　メッシ　　ファンペルシー
　　　　アビダル　ピケ

← バルセロナの攻撃方向

⇒ プレスの動き　→ ボールの動き　……→ 人の動き

中盤右寄りでボールを持ったチャビが、いったん後方のダニエル・アウベスにボールを下げた。パスを出したチャビは、いったん相手ゴール方向へ動くが、すぐにターンして自陣方向へステップを踏みながら、ダニエル・アウベスからのパスを受ける。しかし、自分に向かってくる選手が視野に入ったチャビは、後方のブスケツにボールを戻す。

まず、このときのチャビの動き。まるで鬼ごっこのようだ。機敏な動きでマークを外しているが、同じマークを外すのでも、ここで敵陣方向へ動いていたら、アトレティコの守備網に引っかかっていただろう。守備者は、自分の背後に入られるのを嫌う。そのため、ゴールへ向かうアタッカーには必ずといっていいぐらいついていく。だが、反対にゴールから遠ざかっていく相手にはついていかないことが多い。まず裏をとられないようにポジションをとるので、そのときに反対方向に動かれるとすぐに反応しづらいうえ、他のアタッカーに自分の背後を使われるのも嫌なので、とりあえず後退してゾーンを埋め、相手とボールの両方を見られる位置に立とうとすることが多い。

チャビからのパスを受けたブスケツは、右サイド方向へドリブルしてから、サイドに開いているペドロへパスする。ペドロに対しては、アトレティコの左サイドバックがマークしている。このとき、ダニエル・アウベスはチャビと同じように、いったん相手ゴール方向へ動いてから戻る。ペドロは一瞬フリーになったダニエル・アウベスに絶妙のスルーパスが出て、メッシのフィニッシュで終わっている（メッシのシュー

246

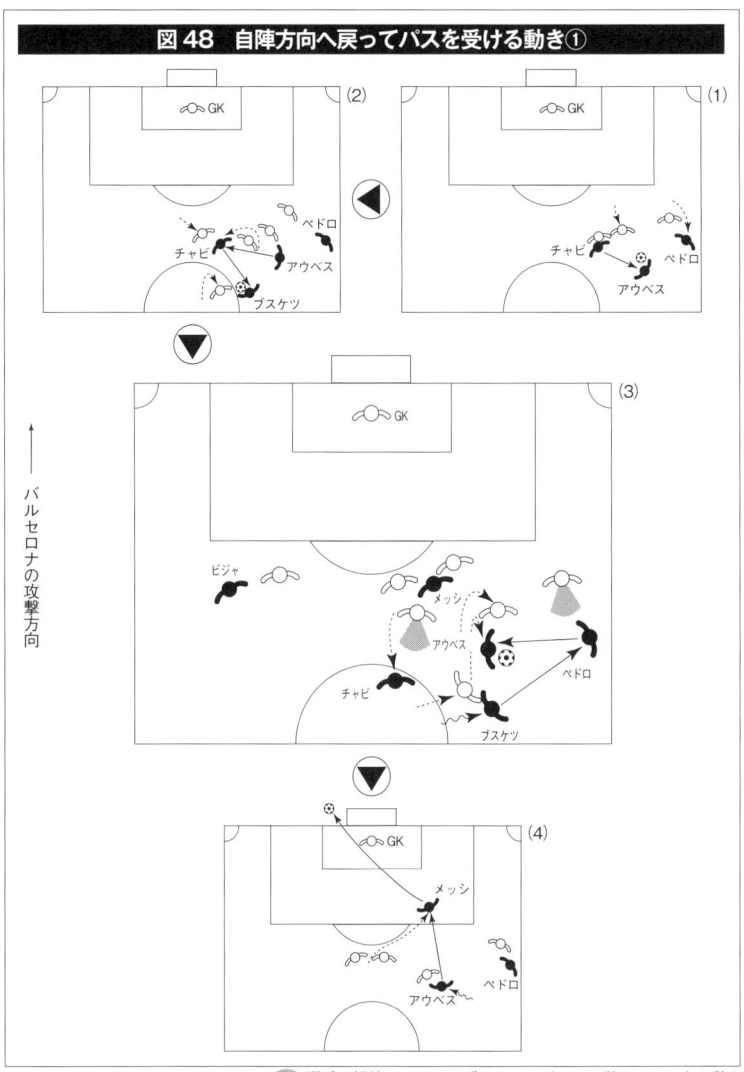

Chapter 7 バルセロナ式を読み解く Part 2

## 図48 自陣方向へ戻ってパスを受ける動き①

(1) / (2) / (3) / (4)

← バルセロナの攻撃方向

選手の視線　〜〜▶ドリブル　──▶ボールの動き　……▶人の動き

247

トは左に外れる)。メッシへのラストパスのシーンに直接関係ないが、ダニエル・アウベスが戻る動きでペドロからパスを受けたとき、中央ではチャビも戻る動きをしている。

21分のパスワークも、連続した戻る動きがあった(図49)。

自陣ハーフライン付近、ブスケツからピケにパスが渡る。ピケはドリブルで前進、同時にチャビは自陣方向へ戻る動きをする。ブスケツからピケにパスが出た時点で、ピケを追っていたアトレティコのFWは、そのままドリブルするピケを追う。一方、チャビをマークしていたMFもピケの前面に立とうとする。ピケは2人を引きつけ、フリーになったチャビにボールを下げる。

チャビはここでごく短いドリブルを入れてタイミングを計り、前線から引いてきたペドロへパス。ペドロは1タッチでピケへパスしている。チャビがペドロへパスを出す直前、ピケも戻る動きをしていた。アトレティコのFWは後退するピケについていったが、チャビがペドロにパスを出したので、ペドロへ向かって走る。だが、これでピケがフリーになり、ペドロはそれを確認してピケへボールを送った。この一連のシーンでは、チャビ、ペドロ、ピケがそれぞれ戻る動きでパスを受けている。

このバルサの戻ってパスを受ける動きは、前記したように相手選手の動きのベクトルとは反対になっているのだが、バルサは相手の動きの方向性の逆をついてスペースを作るのが上手い。やはりアトレティコ戦から、18分のシーンをみてみよう(図50・1〜7)。

バルサの自陣左サイド、マックスウェルからビジャへパスが通る。さらに、ビジャは内側にサ

248

Chapter 7　バルセロナ式を読み解く Part 2

## 図49　自陣方向へ戻ってパスを受ける動き②

(2)　(1)

ピケ
チャビ

チャビ
ブスケツ　ピケ
アビダル

←バルセロナの攻撃方向

(3)　(4)

ペドロ
チャビ　ピケ

ペドロ
チャビ　ピケ

〜〜▶ ドリブル　──▶ ボールの動き　‥‥▶ 人の動き

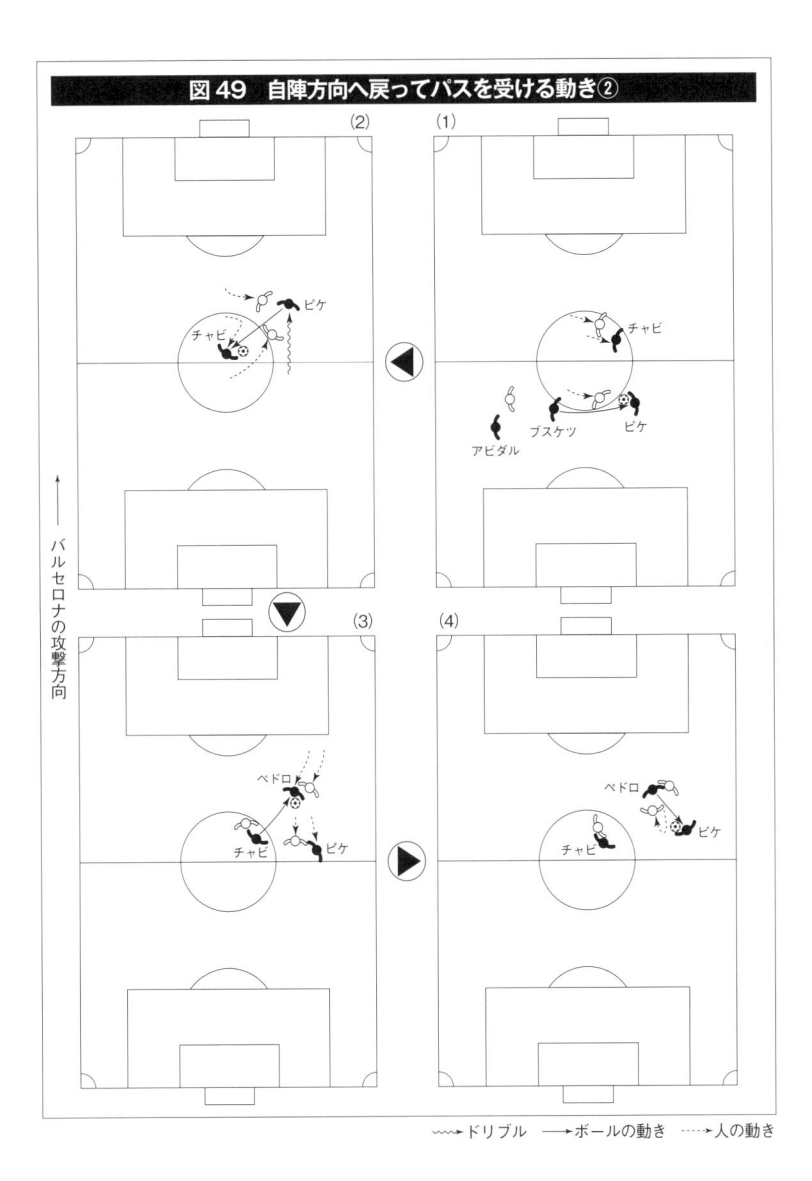

249

ポートしたイニエスタへパスを出し、そのままパス&ゴーで裏のスペースへ走る（1）。しかし、イニエスタはビジャへリターンせず、1タッチでマックスウェルへボールを下げた（2）。

ここで付記した矢印に注目していただきたい。これはアトレティコの選手の動きの方向と、それによって生じるスペースを記したものだ。この場面では、当初マックスウェルをマークしていた選手がビジャをマークするために矢印方向へ動いている。それによって、矢印の背後にはスペースが生まれ、ここではマックスウェルがフリーになっている。ビジャの縦へのダッシュに対して、アトレティコの2人が反応したのを見て、イニエスタはフリーでいるマックスウェルを選択したわけだ。

次にイニエスタは戻る動きでマックスウェルから短いパスを受ける（3）。このとき、後方からブスケツが走ってきて、イニエスタの斜め前へポジションをとる。矢印をつけたのは、ブスケツをマークして戻ってきたアトレティコの選手。彼がブスケツを追ったことで、その背後にスペースが生まれ、チャビが戻ってきてそこへ入る。

イニエスタはチャビへパス（4）。ブスケツをマークしていた選手がチャビに向かうが、プレッシャーがかかる前にチャビは前線から戻ってきたメッシへボールを出す。

背後からマークされていたメッシは1タッチでイニエスタへパス（5）。イニエスタはほとんど動いていないが、当初イニエスタをマークしていた選手がチャビに向かって動いていたのでフリーになっている。

Chapter 7 バルセロナ式を読み解く Part 2

## 図50 相手の動きの方向性の逆をついて作りだすスペース

(1)

(2)

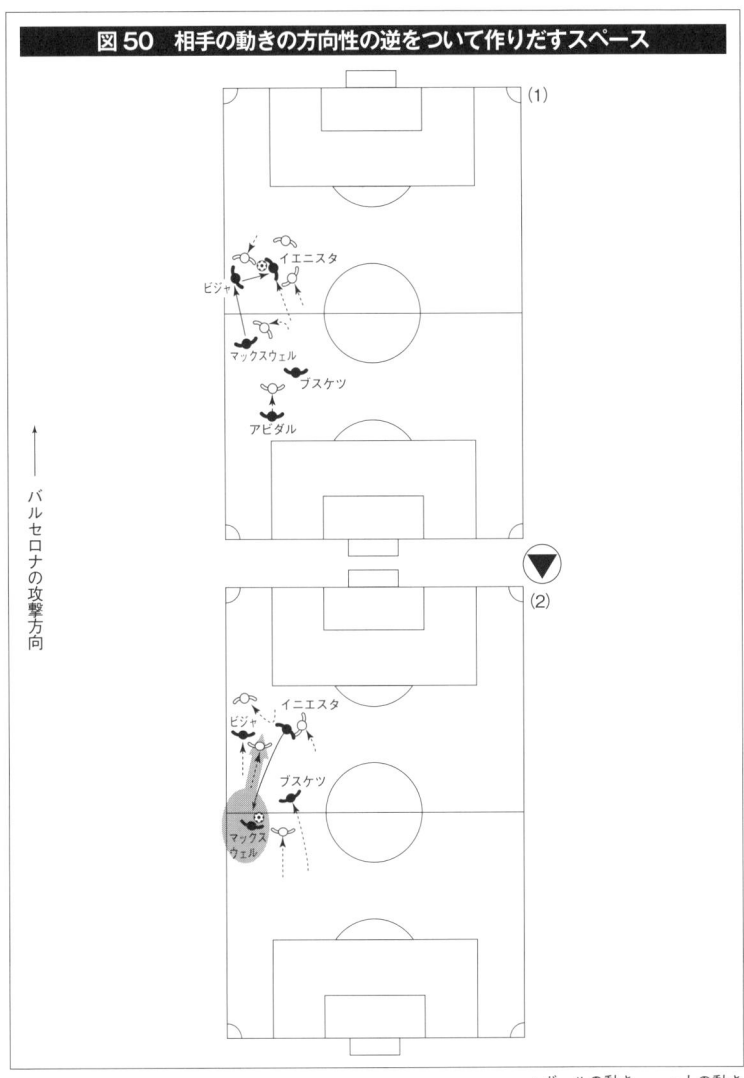

バルセロナの攻撃方向 ←

イエニスタ
ビジャ
マックスウェル
ブスケツ
アビダル

イエニスタ
ビジャ
ブスケツ
マックスウェル

→ボールの動き ……→人の動き

251

## 図50 相手の動きの方向性の逆をついて作りだすスペース

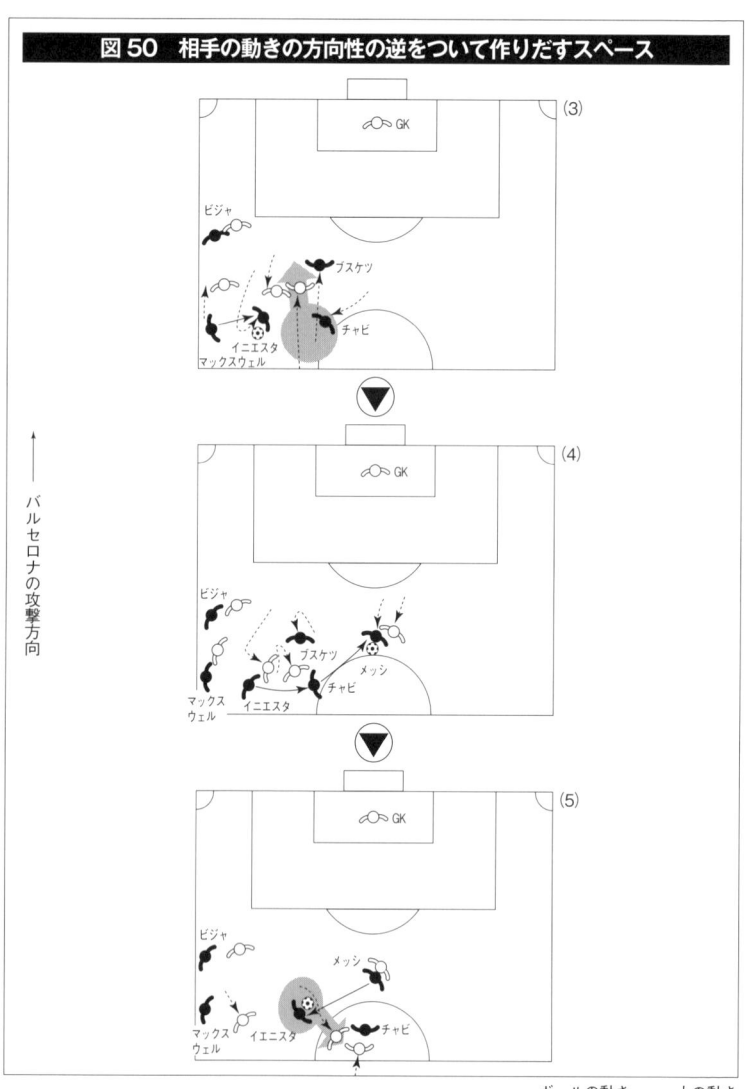

(3)

(4)

(5)

バルセロナの攻撃方向 →

→ ボールの動き ⋯⋯▶ 人の動き

Chapter 7 バルセロナ式を読み解く Part 2

## 図50 相手の動きの方向性の逆をついて作りだすスペース

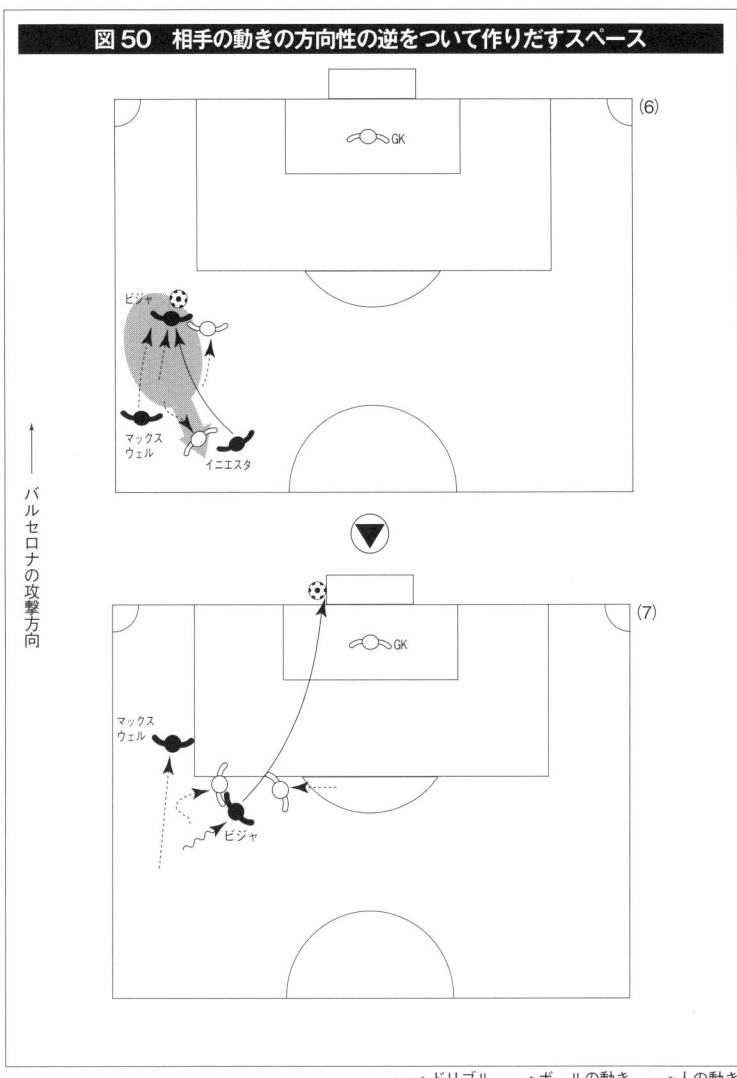

(6)

ビジャ
マックスウェル
イニエスタ

↑ バルセロナの攻撃方向

(7)

マックスウェル
ビジャ

〰️▶ドリブル　──▶ボールの動き　┄┄▶人の動き

253

フリーでパスを受けたイニエスタに対して、サイドでマックスウェルをマークしていた選手がイニエスタへ向かう。ここでも彼の動きのベクトルとは反対方向にスペースが生まれ、マックスウェルがフリーになっている。イニエスタは相手ゴールへ走り出したビジャへのパスを選択（6）。この時点で、バルサは敵陣で数的優位を作っている。

ビジャをマークしていたアトレティコの選手は、ビジャの背後からノーマークで追い越しをかけるマックスウェルを警戒、それを見たビジャは逆をとってカットインし、右足で際どいシュートを打った（7）。

バルサは、①戻る動き、②相手の動きの方向の逆をつく、この2つを駆使したパスワークを展開する。図51（A）と（B）に単純化してみた。

まずAは戻る動き。自陣方向へ戻るバルサの選手の斜め後ろ、カバーリングポジションにとどまるケースが多い。この場合は、フリーになった選手にパスを通すことができる。

Bは、戻るバルサの選手に対して、相手DFがマークし続けた場合。このときは、相手DFの動きと反対、動いた後にスペースが生まれる。そのスペースに別の選手が入ってきてパスを受けられる。その選手がたとえマークされている状態でも、1タッチパスが可能なら問題ない。そこへパスすることで、相手はそのパスに2人が釣られてしまうことが多いので、最初に戻る動きをした選手がフリーになり、前向きの状態でパスを受けることができる。

254

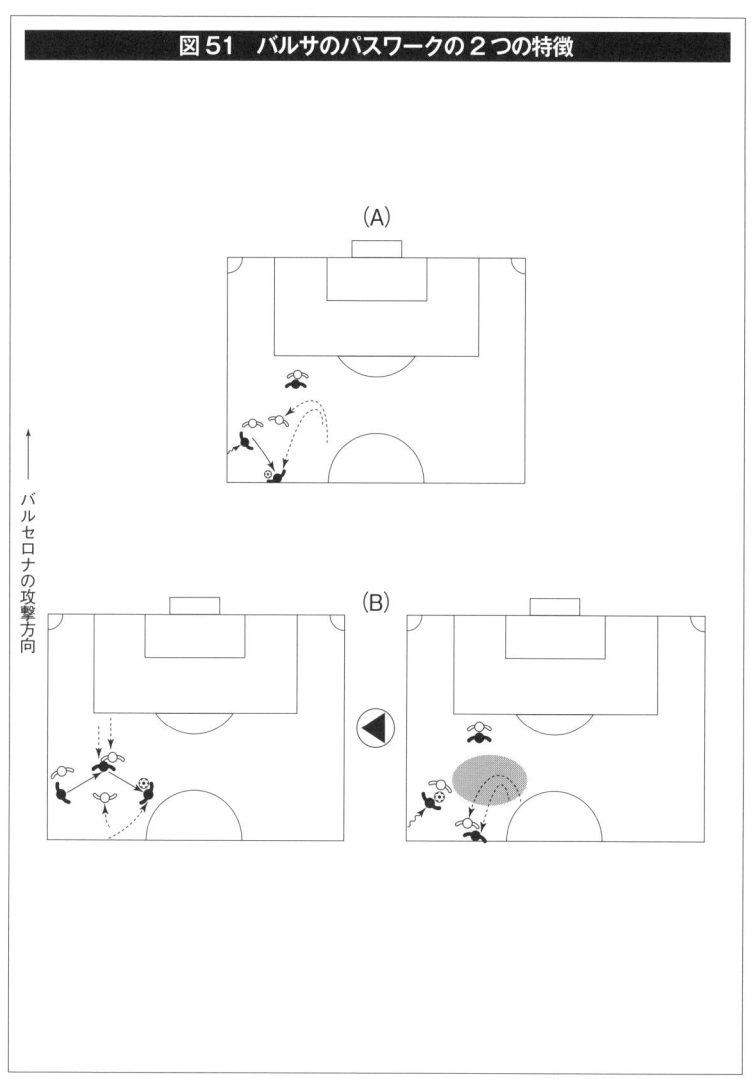

Chapter 7 バルセロナ式を読み解く Part 2

## 図51 バルサのパスワークの2つの特徴

(A)

(B)

バルセロナの攻撃方向 →

～～→ ドリブル　──→ ボールの動き　……→ 人の動き

バルサはこうした動きを連動させながらパスを回し、味方をフリーにする。相手がそれに対応するために動けば、それによって生じた穴を狙っていく。すぐに崩せなくても、じっくりとパスを回していけば、どこかで守備のほころびができることがわかっているからだ。ボールを下げることを全く厭わないし、何度でも攻め直す。

例にあげてきたシーンでもわかるように、こうしたボールの回し方をされると、相手はボールを追えば追うほど、自分の背後にスペースとフリーの選手を作ってしまう。結果的にバルサはそんなに走っていないのに、守備側だけがボールを追って走らされ、走らされたせいで守備に穴を空けてしまったり、終盤に息切れを起こしてしまうというわけだ。

## ■■■■ 引きつけて裏のサイドアタック

バルサの攻撃といえば、ペナルティーエリア内にまでパスをつないで、GKと1対1にする中央突破のイメージが強いが、サイド攻撃も有効に使っている。中央かサイドかではなく、中央へ引きつけてサイドへ、サイドに起点を作って守備陣を拡散させて中央と、変化のあるアプローチをする。

CLアーセナル戦（第1レグ）から、サイドアタックの場面をみてみよう（図52・1～2）。28分、バルサはセンターバックのアビダルがドリブルで前進し、トップにいるビジャの足下へ

Chapter 7 バルセロナ式を読み解く Part 2

## 図52 バックパスで引きつけて裏をとるサイドアタック①

(1)

←バルセロナの攻撃方向

コシェルニー
ジュル
ビジャ
クリシ
チャビ
アビダル

◆ 選手の視線　～～▶ドリブル　──▶ボールの動き　……▶人の動き

縦パスを入れる。ビジャには、アーセナルの2人のセンターバック（コシェルニー、ジュル）がマークしていて、ビジャは前を向くのが難しい状況だが、中央右寄りにいたチャビが、自陣方向へ戻りながらビジャをサポートした（1）。ビジャは短いドリブルの後、サポートについたチャビにパスをする。アーセナルは、クリシがチャビにプレッシャーをかけ、チャビは後方のブスケツにボールを下げた。アーセナルはこのバックパスでディフェンスラインを押し上げていく。

ここまでは、アーセナルがバルサのパスワークにプレッシャーをかけて自由にさせず、上手く攻撃をコントロールしている。チャビがバックパスした時点では、ディフェンスラインを押し上げてメッシ、ペドロをオフサイドの位置に置いたことで、アーセナルは数的優位を生み出した。ところが、ブスケツのパスとダニエル・アウベスのタイミングのいいランニングが、ここでさらにプレッシャーを加えていけば、いい形でボールを奪い取れる状況が、ここまでのアーセナルの努力を帳消しにする。チャビがブスケツにバックパスすると同時に、右サイドにいたダニエル・アウベスが、押し上げるアーセナルのディフェンスラインと入れ替わるように裏へ飛び出した。ブスケツはディフェンスラインの裏へロングパスを落とし、ダニエル・アウベスがフリーで右サイドへ進出する（2）。

もう一例、同じくアーセナル戦の73分のシーンをみてみよう（図53・1〜7）。

ピケ、アビダル、チャビと、十八番の後方トライアングルでのパスの後、チャビからケイタへ

258

Chapter 7 バルセロナ式を読み解く Part 2

## 図52 バックパスで引きつけて裏をとるサイドアタック①

(2)

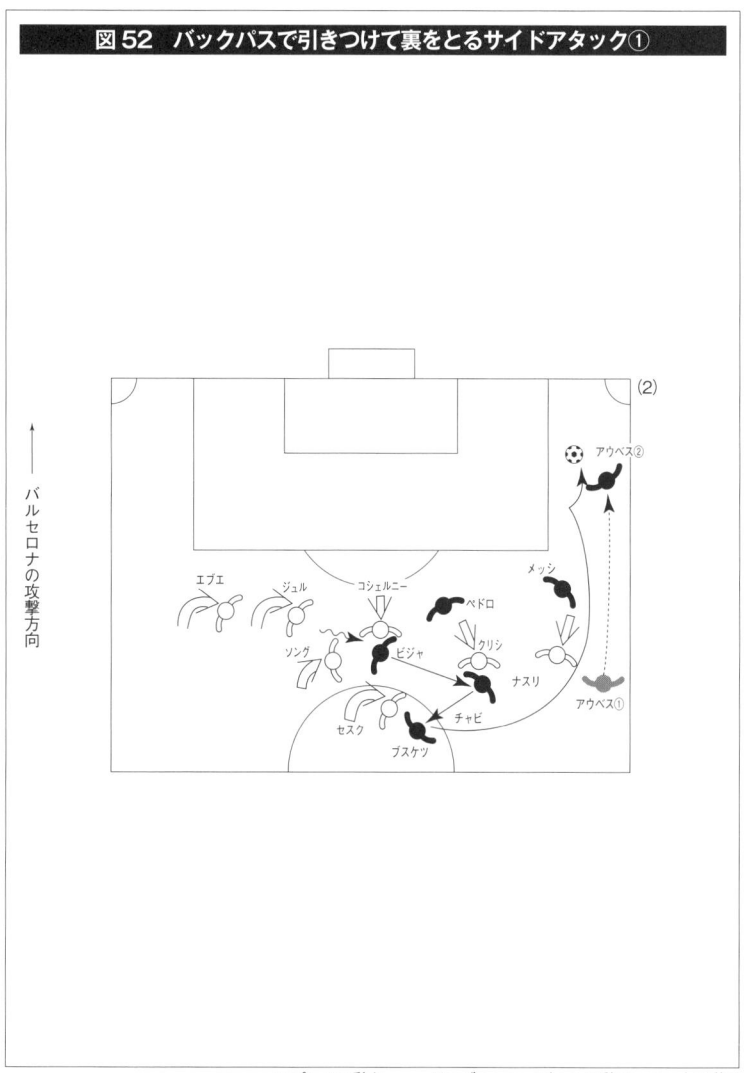

↑ バルセロナの攻撃方向

エブエ　ジュル　コシェルニー　　ペドロ　　メッシ
　　　　　ソング　ビジャ　クリシ　　　　アウベス②
　　　　　　　　　　ナスリ
　　　セスク　チャビ　　　　　　アウベス①
　　　　　ブスケツ

⇒ プレスの動き　～ ドリブル　→ ボールの動き　…→ 人の動き

パスが渡る（1）。この時点では、まだアーセナルの守備はまったく崩れていない。ケイタにはナスリがプレッシャーをかけに行っているし、前線のイニエスタ、左サイドのマックスウェルもフリーではない。

ナスリに寄せられたケイタは、後方のアビダルにバックパスを使う。この場面でもそうだが、数的優位は常に後方にあるから、バルサは躊躇なくバックパスを使う。"ア・カーサ"、バックパスは家に戻ることだと言われている。自分の家には安心がある、勝手がわかっている。いったん我が家に戻れば、解決策は出てくるという考え方だ。後方には必ずフリーでパスを受けられる味方がいる。ＤＦがマークされていても、ＧＫまでマークされることはほとんどない。フリーの選手は広い視野を持っている。相手もバックパスに対してプレッシャーをかけてくるだろうが、それは誰かがフリーになれることを意味する。

アビダルへバックパスしたケイタは、左サイド方向へ移動し、アビダルからのパスを受ける。しかし、ナスリが寄せてきているのを見て、もう一度アビダルへボールを下げる（3）。ケイタの前方には中央にイニエスタ、左サイドにマックスウェルがいたが、どちらもマークを外していない。前線から引いてきたイニエスタにはジュルが鋭く距離を詰めているし、マックスウェルもウォルコットにウォッチされている。

ケイタとアビダルの間でのパスが続いたことで、アーセナルはプレスの網を狭めてきた。アビダルに対して、ファンペルシーが素早くプレッシャーをかけていく。アビダルはファンペルシー

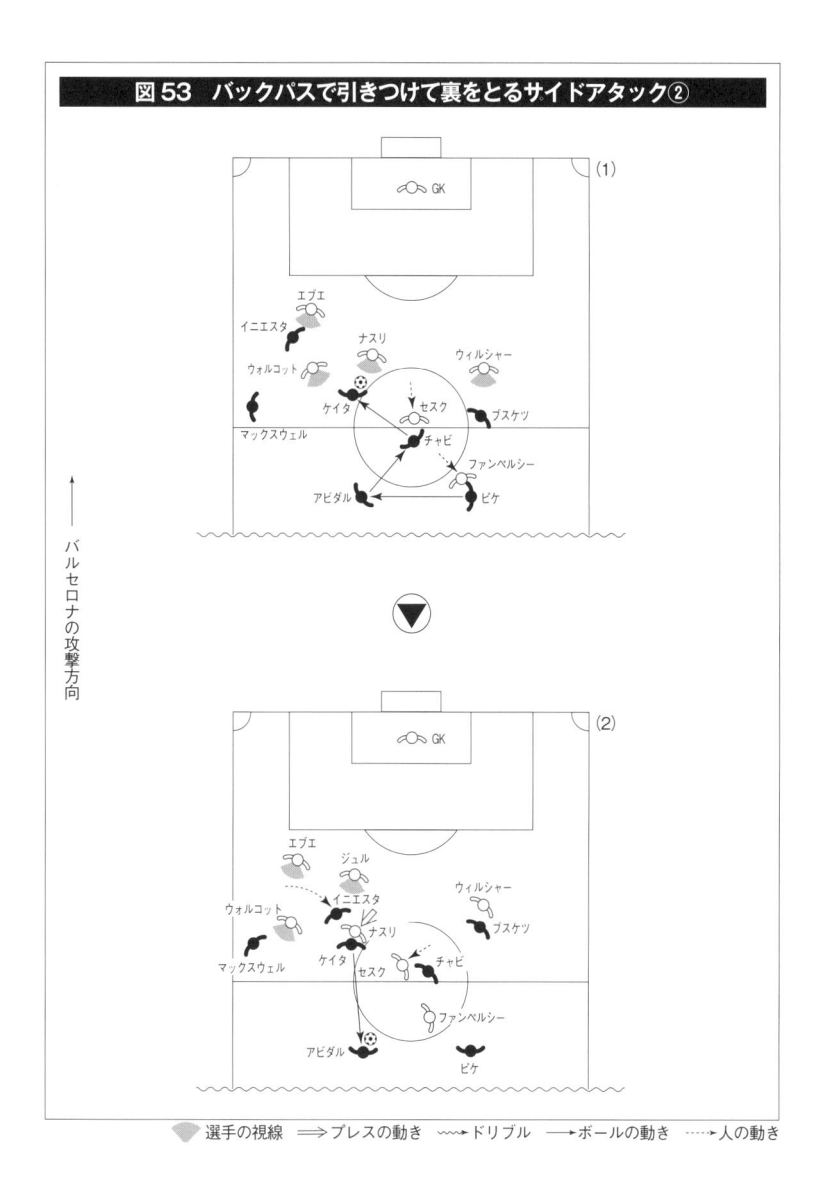

Chapter 7 バルセロナ式を読み解く Part 2

## 図53 バックパスで引きつけて裏をとるサイドアタック②

(1)

バルセロナの攻撃方向

(2)

◆ 選手の視線　⇒ プレスの動き　～→ドリブル　→ボールの動き　……→人の動き

の勢いをいなすように逆をとってドリブル。しかし、ナスリ、セスクもアビダルへプレスをかけてきた（4）。

この場面では、ブスケツとチャビの動きに注目していただきたい。ブスケツはポジションを下げて自陣に移動している。アビダルがボールを預けられるようにポジションを修正した。戻るブスケツに対して、アーセナルはウィルシャーが追いかけようとする。しかし、ブスケツとは入れ替わるようにチャビが前進した。チャビの動きに気づいたウィルシャーは、ブスケツを追うのをやめてチャビへのマークに切り替えたが……。

アビダルはナスリ、セスク、ジュルの三方からプレスされる寸前に、チャビへパスを通した（5）。チャビはウィルシャーのマークを外してフリーでパスを受けている。このアビダルからチャビへのパスが通った時点で、この局面でのバルサ優位が決まったといえるだろう。アビダルとケイタの間での執拗ともいえるパス交換、バックパスの連続によって、アーセナルはボールを奪うチャンスとみてプレスをかけていった。最後はアビダルを三方から囲い込むところまで追い込んだのだが、結局はプレスの網の目から逃げられてしまった形である。

バルサは、例によって後方への安全なパスを繰り返した。"家"に戻っている。それに対して、焦れたアーセナルがプレッシングをかけてきたところで、チャビがバイタルエリアにフリーで侵入してアビダルからのパスを引き出している。ここからは、自動的にアーセナル守備陣の穴が広がっていった。

Chapter 7 バルセロナ式を読み解く Part 2

## 図53 バックパスで引きつけて裏をとるサイドアタック②

(3)

↑ バルセロナの攻撃方向

▼

(4)

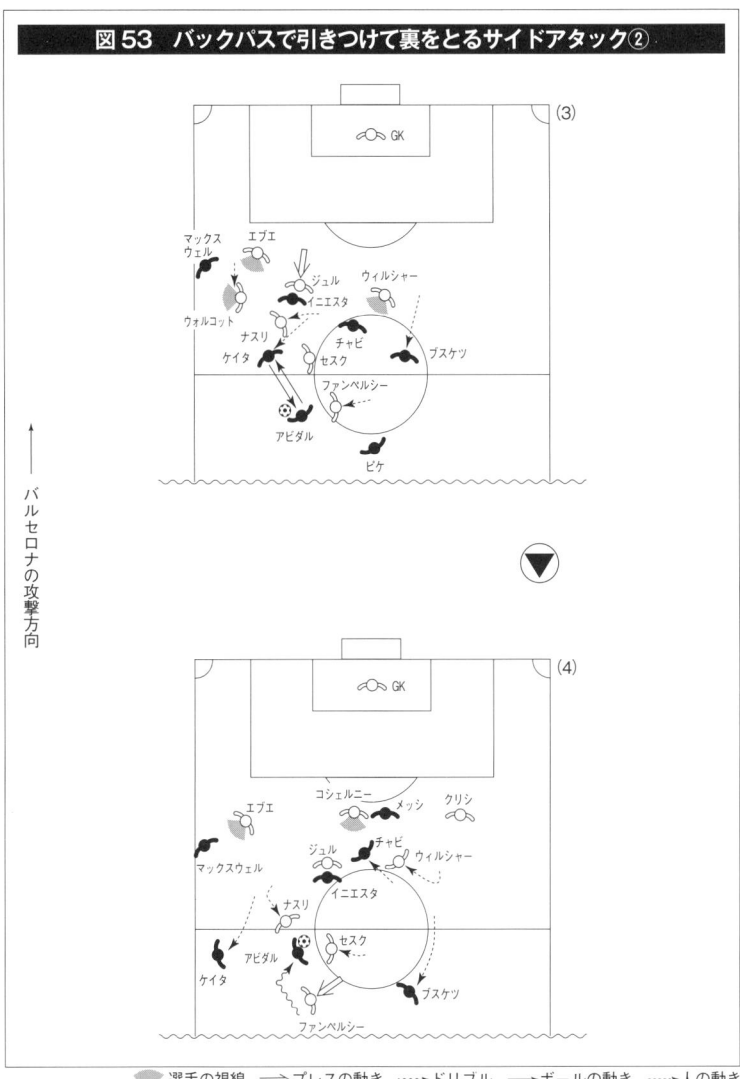

◆ 選手の視線　⇒ プレスの動き　〜〜▶ ドリブル　→ ボールの動き　……▶ 人の動き

ドリブルでつっかけるチャビに対して、アーセナルはコシェルニーが前に出て対応する。エブエとクリシは、コシェルニーの斜め後方のカバーリングポジションをとった。アーセナルの対応は定石どおりでミスはない（6）。しかし、サイドが大きく空いてしまい、マックスウェルがフリーになった。チャビは左サイドのマックスウェルにボールを振る。

フリーのマックスウェルは、ノーマークでファーサイドへ走り込んできたペドロにクロスを蹴った（7）。ペドロはフリーだったが、クリシーがシュートコースをブロックしてきたのを見てシュートを諦めている。しかし、ペドロは打とうと思えばシュートできたはずで、決定的な場面だった。

ここでとりあげたアーセナル戦の2つのサイドアタックは、どちらも強引にサイドを突破したわけではない。メッシやダニエル・アウベスが、強引なドリブルでこじ開けることもあるが、2つのケースはどちらも相手が前がかりにプレスをかけてきた隙をついたものだ。ボールホルダーへプレッシングをかけてくる、そのディフェンスラインを上げてくる、その動きの逆をついている。状況が有利になるまでバックパスを繰り返し、相手がプレスをかけてきたときに前に運ぶ。プレスを外された相手は対応が後手に回り、バルサの選手はアタッキング・サードでフリーになる。プレバルサにすれば、手順どおりだった。中央、サイドを問わず、バルサらしい理詰めの攻撃だといえる。

最後に、リガ28節セビージャ戦のゴールシーン（図54）。

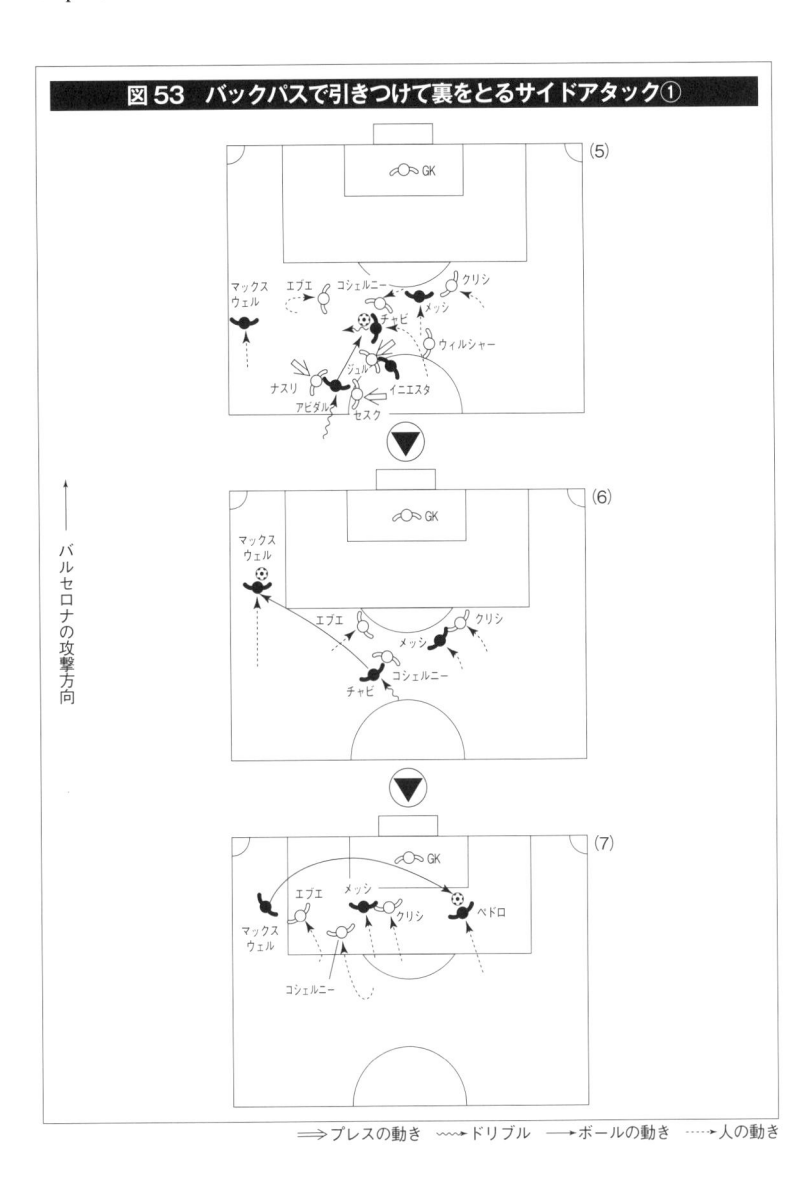

Chapter 7 バルセロナ式を読み解く Part 2

## 図53 バックパスで引きつけて裏をとるサイドアタック①

(5)

マックスウェル　エブエ　コシェルニー　クリシ
チャビ　メッシ
ナスリ　ジュル　ウィルシャー
アビダル　セスク　イニエスタ

(6)

マックスウェル
エブエ　クリシ
メッシ
チャビ　コシェルニー

← バルセロナの攻撃方向

(7)

エブエ　メッシ　ペドロ
マックスウェル　クリシ
コシェルニー

⟹ プレスの動き　〰→ ドリブル　→ ボールの動き　⋯→ 人の動き

265

1枚の図にすると複雑でわかりにくいかもしれないが、ゴールまでの経緯はシンプルなものだ。ドリブルで持ち上がったイニエスタがボージャンへパス。ボージャンはフリーでボックス内に入り、きつけてから走り込んできたダニエル・アウベスにラストパス、ボージャンが押し込んでゴールした。

複雑なのは、ボールより前方の選手たちの動きである。まず、左サイドの前線にいたボージャンが引いてきてイニエスタからのパスを受けているが、引いていくボージャンとは反対にアドリアーノが左サイドを駆け上がっている。このボージャンとアドリアーノの交差する動きによって、セビージャの右サイドを守るDFとMFは混乱してしまい、ボージャンへのマークが甘くなった。

同様の動きは他の地域でも同時進行で行われている。前線に張っていたメッシが戻り、メッシより後方にいたビジャが、メッシと入れ替わるように前線に出ている。さらに右サイドにはダニエル・アウベスが、セビージャのライン裏への飛び出しをうかがっている。

最終的に、ダニエル・アウベスはフリーでペナルティーエリア内に入り込み、イニエスタからの浮き球のパスを受けているのだが、一気に走り込んだわけではない。いったんセビージャのディフェンスラインの位置で止まっていた。セビージャの左サイドバックには、ダニエル・アウベスが上がってきたことが完全にわかっていて、不意をつかれたわけではなかった。では、なぜダニエル・アウベスをマークせず、フリーにしてしまったのか。

Chapter 7　バルセロナ式を読み解く Part 2

### 図 54　10-11 28 節セビージャ戦ゴール場面

バルセロナの攻撃方向

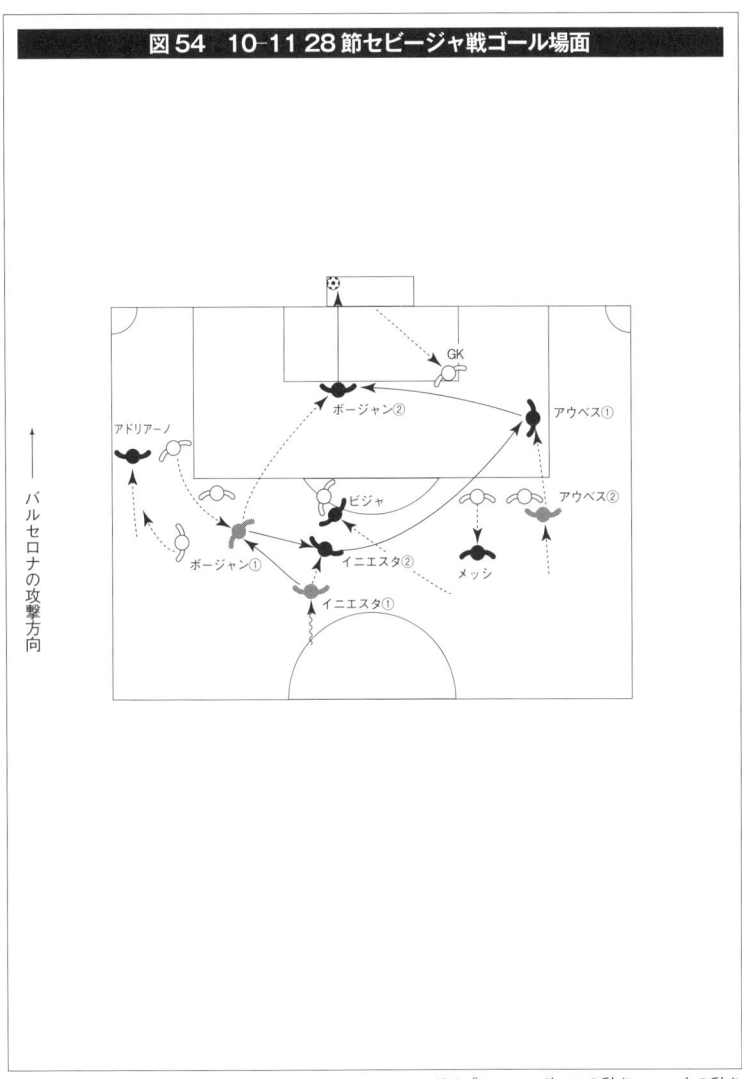

〜〜▶ドリブル　──▶ボールの動き　⋯⋯▶人の動き

セビージャのディフェンスラインは数も4人揃っている。だが、4人とも完全にフリーズしていた。ボージャン、アドリアーノ、メッシ、ビジャのめまぐるしい動きに幻惑され、ただラインをキープしているだけで、何もできなくなってしまったのだ。下手に動けば、そのときに生まれるギャップをつかれそうだった。ボージャンに食いついたら、アドリアーノに突破される。メッシについていくと、ダニエル・アウベスやビジャに裏をつかれる。そうした恐怖から、ひたすらラインをキープするだけになってしまった。

結局、ダニエル・アウベスが飛び出したとき、オフサイドをアピールするので精一杯になっている。しかし、ラインは凍り付いて硬直しているのだから、イニエスタのパスにタイミングを合わせて、オフサイドにかからずに裏へ飛び出すのはダニエル・アウベスにとっては容易だったはずだ。

ゾーンのフラットラインを敷いて、じっくり守る相手に対して、バルサは前線の選手が交差する動きなどで出入りを活発にする。それによって、相手が食いついてきたら穴を狙っていくし、硬直して動かないならタイミングを合わせて裏をつく。

アーセナルはプレッシングをかけ、ディフェンスラインを押し上げたことで裏をつかれたわけだが、このセビージャの例のように、ただ受け身に守っていてもやられてしまう。

## Chapter 8
# 日本とバルサ

Japón y Barça

## 世界はバルサを目指している?

「日本はアジアのバルセロナだ」

2011年にカタールで開催されたアジアカップ、開催国を率いたブルーノ・メッツ監督は、日本代表を評して「アジアのバルセロナ」と言った。

メッツが日本を褒め殺しにしようとしていたとも考えられる。だが、アジアの中で、日本がよりパスワークの技術に優れ、ボールを支配し、ときに鋭いプレッシングを行っていたのも確かであった。それがバルセロナかどうかはともかく、他のアジア諸国とは少し違ったスタイルを持っているようにメッツの目には映ったのかもしれない。

「世界のどのチームもバルセロナを目指している」

オランダ代表のベルト・ファンマルバイク監督は、そう言っている。オランダはバルサ・スタイルの本家なのだが、そのオランダのほうが「まるでバルセロナのようだ」と褒められている現実がある。イングランドでは、代表監督のファビオ・カペッロがバルセロナ式のプレッシングを取り入れ始めた。あのカペッロがそうなら、ファンマルバイクが言ったこともあながち誇張とはいえないのかもしれない。

ファビオ・カペッロ監督は、94年のCLでミランを率いて優勝した。決勝の相手はドリームチ

ームのバルサで、スコアは4−0だった。絶頂期のバルサを完膚無きまでに叩いた歴史的な試合であり、カペッロはアンチ・バルサ派の英雄である。そのカペッロまでもがバルサ化では、世界中がバルサ化を目指しても不思議ではないと思えてくる。

ちなみに、カペッロ監督が取り入れたバルサ方式はプレッシングの方法だけ、ともいえるかもしれない。イングランド代表選手たちにバルサのビデオを見せ、ユーロ予選のウェールズ戦で前方からのプレッシングを行った。サイドの高い位置にウイングを張らせて、ウェールズのサイドバックにプレッシャーをかけ、ウェールズの4バックを足止めした。中盤から自陣には数的優位を作ってウェールズの選手が自由にパスを受けられないようにし、センターバックにロングボールを選択させた。バルサ式のプレッシングは、ある程度の成果を出している。

ただ、前方からのプレスを成功させるには、相手陣内に攻め込んでいなければならない。攻め込むためには、攻撃時にショートパスを回し、全体をコンパクトにまとめておく必要がある。そうするには中盤を中心にパスワークに秀でた選手が必要だ。カペッロ監督は長年の十八番だった4−4−2ではなく、スコット・パーカーを〝6番〟に配した4−1−2−3を使った。さらに技巧派のジャック・ウィルシャーも起用している。

つまり、バルサのプレッシングだけを模倣しようとしても、全体もバルサに似てきてしまうようである。

戦術には流行がある。バルセロナにしろ何にしろ、何か1つのモデルを多くのチームが模倣し

ていくことは過去にもあったし、現在もそうなのだろう。よって決められるべきである。それはサッカーの鉄則で、チームを構成する選手の特徴が異なっているなら、流行しているからといって不向きなモデルを追随するのは得策とはいえない。ところが、実際にはそうではない。流行は確実にある。

かつて、イングランドは独特のプレースタイルを有していた。ロングボールを多用し、ハイクロスを得意としていた。イングランドはサッカーの母国であり、原初的フットボールの肉弾戦に愛着を持つ彼らは、クラブであれ代表であれ、なかなか自分たちのスタイルを変えなかった。ヨーロッパ大陸や南米のマネなどすべきではない、そういう意見があった。

一方、イングランドのスタイルはもはや時代遅れであり、ヨーロッパ大陸のプレースタイルを取り入れるべきだと警鐘を鳴らすジャーナリストやコーチもいた。1940年代ぐらいから、伝統のスタイルへの批判はすでにあった。しかし、全体的には少数派だったようだ。イングランドは自らのプレースタイルをなかなか脱却することができず、70年代の半ばから代表チームが落ち込み期を迎えている。74、78年のW杯には、連続で本大会に出場できなかった。

自分たちには、自分たちのやり方がある。そこに固執すると流行に乗り遅れる。一度、自分たちのスタイルを確立し、大きな成功をつかんだチームほど、その陥穽にはまりやすい。イタリアはカテナチオから脱するのに、それなりの時間がかかった。ドイツも危ういところだ

った。ドイツのW杯優勝は90年が最後だ。それ以降も、W杯やユーロで好成績をあげていたが、プレーの内容を疑問視する声も高まっていた。このままではまずいと感じて、育成のあり方を根本から変えていったのが00年から。それから技巧的な若手選手が育ってきている。メスト・エジル、サミ・ケディラなどの世代だ。新世代の台頭で、ドイツは南アフリカW杯で3位になっただけでなく、従来のドイツサッカーとは違う方向性を示した。

ドイツの示した方向性は、バルセロナやスペイン代表に近い。もちろん同じではないが、従来のドイツとは明らかに違っていた。しかし、新しいドイツはイングランド、アルゼンチンに完勝しながら、準決勝ではバルセロナ勢を中心としたスペインに勝てなかった。スコアは0-1だったが、内容的には完敗に近い。

模倣がオリジナルを超えるのは簡単ではない。バルセロナを目指すチームでは、バルセロナには勝てない。バルサが現在のバルサになるまでには、長い時間が積み上げられている。それを短い期間で超えるのはまず不可能だ。では、なぜ世界はバルサを追随しようとしているのか。コピーでは本家に勝てないのに。

それはたぶん流行に乗り遅れるのが恐いからだ。バルサをマネてバルサに及ばないのはわかっているが、流行に乗り遅れれば、バルサのコピーにさえ勝てなくなる。自分たちには自分たちの特徴、伝統があると固執したらどうなるかは歴史が明らかにしている。

筆者の本音を言えば、世界がバルセロナを目指しているとは思えないし、もしそうなら面白く

ない傾向だと思っている。バルサ化の競争をするよりも、オリジナルでバルサに打ち勝つ競争のほうが面白い。それに、バルサもいつまでも強くはないだろう。いつか、それもそう遠くない未来に、必ずバルサは失速する。だが、その前に、強いバルサに対抗する勢力が現れてほしい。チャンピオンが衰えるのを待つのではなく。

## 外来のサッカー

世界がバルサ化を目指しているかどうかはともかく、バルサがあらゆるチームになにがしかの影響を与えているのは間違いない。

サッカーの選手や指導者で、バルセロナに興味がない、まったく見たこともないという人はいないだろう。バルサから何かを学び、それを取り入れていこうとしている人は相当数いるに違いない。

バルサをコピーしても、すぐにバルサに勝つことはできない。オリジナルを超えるのは簡単ではない。だが、バルセロナのサッカー自体が、実は彼らのオリジナルではない。バルサのスタイルはアヤックスの、あるいはオランダのコピーなのだ。

レシャック氏が証言しているように、バルセロナにアヤックス・スタイルが取り入れられるようになったきっかけは、アヤックスでその戦術を確立したリヌス・ミケルスがバルサの監督に就

274

## Chapter 8 日本とバルサ

任したときだった。もともと、バルセロナは技巧的なプレースタイルだったそうで、アヤックスの戦術は相性が良かったようだが、それでも外から入ってきたサッカーを吸収していったことに変わりはない。

現在のバルサに通じるスタイルが確立されたのは、ヨハン・クライフが監督に就任してからだ。カンテラの充実を含め、現在のバルサの骨格がそのときに出来上がっている。クライフが来た当初は、選手たちもクライフの戦術を理解できなかったという。10年ほど前にミケルスが種を撒いていたとはいえ、クライフがやって来た当時の選手たちにとっては一種のカルチャーショックがあったわけだ。クライフ監督が導入したのは、まさに現在行われているバルサ・スタイルなのだが、最初は誰もそれを知らなかったということになる。

プレースタイルは、長い年月をかけて築かれる。また、大きな成功体験があってはじめて根付く。代表チームに関していえば、不思議なぐらいそれぞれの国の個性がはっきりとある。1つの国が生み出す選手の傾向が似ているからだろう。例えば、ノルウェーで長身のFWやセンターバックを見つけるのはたやすいが、多国籍化している現在のクラブチームは話が違ってくるが、代表については、日本ではそうはいかない。多国籍化している現在のクラブチームは話が違ってくるが、代表については、だいたい選手の特徴が一定なので、戦術的にも大きな変化は生じにくい。その国に適した戦い方は、ある程度合理的に導き出される。ただ、それプラス成功体験がないとスタイルとして認められないものだ。土着の特徴と、成功体験が合わさって、はじめてスタイルとして確立するのだと思う。

バルセロナにも土着の特徴はあったはずだ。だが、それがそのまま今日のバルセロナのプレースタイルになっているわけではない。カタルーニャのサッカーがあるとすれば、おそらくそれはエスパニョールのサッカーであってバルサではないだろう。

バルセロナのサッカーは輸入品なのだ。

クライフがアヤックスから持ち込んだ哲学、理論、戦術が、もともとは1人の指導者が持ち込んだ外来種だったという点で、土着の特徴を伸ばしてきた他の多くのスタイルとは一線を画しているといえるかもしれない。

もはやオリジナルとなっているバルサ・スタイルだが、バルセロナのサッカーになっている。

バルサのサッカーをマネしても、すぐにバルサには勝てない。だが、バルサのサッカーはバルサのものであって、他人にマネができないかといえば、それはそうとはいえない。バルサ自体が、最初は他人の模倣だった。例えば、日本人がバルサのサッカーをコピーすることも可能だと思う。バルサが本家のオランダを超えていったように、それなりの年月をかければ、コピーがオリジナルを凌駕することもありうる。

## 日本におけるバルサ① 村松尚登コーチの場合

FCバルセロナスクール福岡校、村松尚登氏はそこで日本の子供たちにバルセロナのサッカー

## Chapter 8　日本とバルサ

を教えているコーチだ。

村松が行っているのは、いわばクライフと同じ作業だ。いや、もっと難しいかもしれない。クライフがバルセロナにアヤックスのサッカーを導入したように、村松はバルセロナのサッカーを日本の子供たちに教えている。カタルーニャ人は、アヤックスのサッカーをは、日本人にバルセロナのサッカーができるのだろうか？

「できると思うし、向いていると思います」

村松はFCバルセロナスクール本校（バルセロナ校）でもコーチを経験している。バルセロナでバルサのサッカーを指導するのと、日本で日本の子供たちに教えるのとでは、やはり違いがあるはずだ。日本人が資質的にバルサのサッカーと相性がいいとしても。ただ、その前にバルサのサッカーが日本人に向いている理由がある。

「バルサのカンテラはテクニックレベルの高い子供たちが揃っているのは事実です。ただし、だからといってバルサのプレースタイルが、テクニックレベルの高い子供たち専用なのかというと、それは全く違います。私でもカンテラを見ていると、そう錯覚しそうになるのですが、実はそこまでテクニックレベルが高くない子供たちでも、バルサのようなサッカーはできるんですよ」

フットボールは戦術である。村松はそう言った。

「カタルーニャ、あるいはスペインでは、『フットボールは戦術である』という価値観が定着し

ています。それは子供のチームでも同じなんです。フットボールはテクニック、でもなければ、フットボールは体力、でもない」
 言うまでもなく、サッカーには技術も体力も戦術も必要だが、あえて「戦術である」と言い切ってしまうのがバルセロナ（スペイン）的な考え方であり、だからこそ「そこまでテクニックレベルが高くない子供たちでもできる」ということになる。戦術は主に頭の中の問題だからだ。
「バルサでは、バルサらしいサッカーを教えます。つまり、フットボールは戦術であるということですね。ですから、子供たちのトレーニングでも初日から戦術、チーム戦術から入っていきます。11人制になる12歳以降は4-3-3、またはオプションとしての3-4-3の戦術。それ以下の7人制の年代なら3-2-1あるいは2-3-1の戦術を理解する。例えば、まずインサイドキックがちゃんとできるようになってからとか、テクニックを習得してから戦術という教え方ではないんです。ボールの動き、そしてポジショニングです。初日から戦術的なトレーニングをやります」
 日本では、小学生の低学年から戦術を指導するチームは多くない。まず技術。ゴールデンエイジと呼ばれる技術の習得に最適の年齢では、とにかく技術を上げることに主眼を置くのが現状の日本の指導方法だろう。ところが、スペインでは「フットボールは戦術」であり、サッカーに大人も子供もないと考えられているという。
「ゴールデンエイジだからテクニックを最優先するというスペイン人のコーチを、少なくとも私

278

は1人も知りません」

また、村松は「戦術を理解してパスが回るようになると、要求されるテクニックの難易度は下がる」と言う。技術があるからパスが回るのではなく、パスが回ればより簡単な技術ですむ。そして、パスが回るか回らないかの基準は技術ではなく、ポジショニングとボールの動かし方で決まる。つまり、技術ではなく戦術によってパスが回るかどうかは決まる。

より簡単な技術でパスを回していくポイントの1つは、バックパスだ。

「スペインではア・カーサという表現があります。英語でいうゴー・ホームですね。『家に戻る』という意味です。後方にいるセンターバックやGKに戻すバックパスをア・カーサと言います。もし、困ったら後ろにボールを戻して、いったん"家"に戻って解決策を探るという考え方です」

サッカーでは基本的に数的優位は後方にあります。後方にはフリーな味方がいる。逆に言えば、前方は数的不利が普通だ。前方でマークされている味方へパスをつなぎ、受けた味方がマークを外し、さらにカバーリングしている敵からも逃れて進んでいけるかどうかは、技術にかかっている。技術で状況を打開する必要がある。だが、いつも前に進むだけ、技術に頼るだけでは、数的不利なのだからボールを失いやすい。簡単にボールを失うのは、バルサのサッカーではない。

「周囲の選手が複数のパスコースを作ること。そうすれば、必ず正解はあるはず。逃げ道が前方にあれば、それが一番いいでしょう。横でも悪くない。後ろでも大丈夫。とにかくボールを保持

すること。必ず答えはあると子供たちには伝えます」
　前が難しければ、"家"に戻ってみる。
「2人のセンターバックとGKが全員マークされているケースはほとんどありません。もしそうであれば、そのときは前方にチャンスがある。例えば、GKにバックパスをする。敵FWがGKにプレッシャーをかけにくければ、フィールドプレーヤーの誰かは理論上フリーです。あるいは、GKにプレッシャーをかけてこないかわりに、味方の選手全員をマンマークしてきた場合は、敵は数的優位を持っていません。そのときは、FWにロングパスを蹴ればいい。FWが1対1に勝てば、決定的なチャンスになる」
　理論上、パスはつながる。パスコースはある。そうなると、ボールを持っている選手の判断力や技術も大事だが、それ以上に周囲の選手が、あるはずのパスコースを提供できるかどうかがカギになってくる。
「ボールを持っている選手に、どれだけの選択肢をチームとして用意するか。それを続けていけば、必ず解決策はある。すぐに前へ運ぶことができなくて、いったん後ろに下げるなど遠回りになったとしても。それを理解できると、ボールホルダーへのサポートが習慣化されます。理論上ボールはつながるし、実際にやってもつながる」
　すでに他の章でも言及してきたように、バルサのサッカーは理詰めだ。そして、子供のチームでもそれは同じ。ボールはどう動いていて、だからフリーな選手は誰か。「必ず解決策はある」

## Chapter 8 日本とバルサ

というサッカーであり、つまり正解があるサッカーだ。子供といえども、正解を探さなければならない。

「頭を使わないといけない。将棋で先を読んでいくのと似ているかもしれません。ただ、バルセロナの子供たちに関しては、そういうサッカーに慣れていますね。例えば、『プジョルとピケがこう動いたときに、ブスケツはこうだよね？』と説明すると、バルセロナの子供たちはイメージがあるので『おー、じゃあ俺ブスケツ』と理解できる。フットボールは戦術であって、そういうサッカーを彼らは堅苦しいとは思わないようです」

ところが、日本の子供に教えるときはそうはいかない。

「日本ではサッカー＝戦術ではない。とくにジュニア世代では。子供たちも、あまり大人の試合を見ていません。ですから、いっぺんにやるとパンクしかねない。それでも、バルセロナ校でやっていることを福岡校にも落とし込もうとしています」

バルサをテレビでも見ていない、バルサのイメージがない日本の子供たちに対して、バルサのサッカーを伝えるにはどうしたらいいのだろう。

「ゲームをやるときは、なるべくコーチが一緒にプレーするようにしています。バルセロナ校なら、センターバックにそれらしい子がいますから、その子を中心にパスを回していくことができますが、日本にはなかなかいないのでコーチが入るようにしています。コーチが入って、後ろにボールを下げていいよと言っておく。コーチがパス回しの安全地帯になることで、何となくボー

ルがつながっていきます。そうすると、体感としてパスの回し方がだんだんわかってきます。小学校低学年の場合は、口で説明するだけではなくて、経験を重ねることで感覚をつかんでもらうようにしています。いいポジションをとると、いい展開になるという経験です。そうすると、バックパスが〝お得〟だという感覚も浸透していきます」

　福岡校には、サイドバックをやるのが嫌だという選手がいないという。日本の子供のサッカーでは、ほとんどプレーに関与できない。ボールが来ない、損をしているような気分になる。ところが、福岡校ではサイドバックを嫌がる子供がいない。なぜなら、ボールが来るからだ。

「テクニック重視、ドリブル重視のサッカーは、犠牲者が存在します」

　ドリブルを奨励すれば、上手い子供たちは喜んでドリブルするだろう。1人、2人と抜きにかかる。そうすると、自然とボールの近くに人が集まってくる。そのとき、ぽつんと離れたところにポジションをとっている選手がいれば、大人のサッカーならば良いポジショニングになる。そこへパスが出れば、守備の薄いところから攻め込むことができる。けれども、ドリブル中心のサッカーでは、そんな離れた場所にいたらプレーに参加できない。村松が「犠牲者」と呼ぶのは、そういう子供たちだ。

　戦術を中心としたサッカーならば、そうした犠牲者は生まれない。ドリブルが苦手な子供でも、ポジショニングとシンプルなプレーでチームプレーに参加できる。

## Chapter 8 日本とバルサ

「テクニック重視というのもわかります。でも、スペインのようにサッカーの全体像を教えていったほうが、テクニックレベルが高い子もそうではない子もプレーを満喫できると思います。ドリブル重視のサッカーでは、テクニックレベルの高い子しか満喫できません。ドリブルを奨励して、何度でもトライしていくのもいいかもしれませんが、50回トライして1度も抜けなかったら心が折れてしまいますよ。戦術中心の理詰めのサッカーを最初は堅苦しいと感じる子供もいるかもしれませんが、バルサのやり方のほうがテクニックレベルの低い子でもプレーに参加できる。育成年代にテクニックに関係なく、より多くの子供に笑顔を提供できるプレースタイルのほうが、育成年代には合っていると思います」

バルサ方式は理詰めだ。つまり、セオリーがある。しかし、サッカーではときにセオリーを外すことも重要だ。そのバランスについては、どう考えているのだろう。

「我々には、『イマジネーションだけに任せる』という考え方はありません。そのかわり、『今、パスを出せ』ということも言いません。プレーの選択は選手に任せます。バルセロナ校でも、試合中にリフティングするような子はいます。でも、我々はそれに必ずしもNOとは言いません。MFがDFにヒールキックでボールを戻したとします。それも奨励はしませんがNOでもない。要は、イマジネーションがチームのためになっているならオーケーなんです」

例えば、ドリブルで持ち込んでGKと1対1になったが角度が狭いとしよう。中にはフリーな味方がいる。セオリーは、中央にフリーで待っている味方へのパスだ。だが、GKがパスを予測

して動いた。その逆をついて、ニアポストの狭いところを抜いてゴールした。あるいは、GKの股間を抜くシュートを決めた。セオリーには外れているが、結果は出ている。こういう場合、バルサのコーチならどういう評価をするのだろう。

「1つ言えるのは、スペインでは結果オーライということです。ゴールを決めるためにプレーしているのですから、たとえセオリーから外れていてもゴールすればナイスプレーですよ。ただし、もし失敗した場合は『お前の小じゃれたプレーは、どうでもいいんだ』と、はっきり指摘します。あくまで判断するのは選手です。ただ、セオリーを知っていて、あえて外しているのか、それともセオリーを知らずに感覚だけでやっているのかでは、大きな違いがあります」

セオリーを知っているからこそ、的確にセオリーを外したプレーもできる。セオリーを外してドリブルで抜いた。これは味方のセオリーどおりの動きに対して、敵がパスを予測し、その逆をついてドリブルで抜いた。これは味方のポジションをとったおかげで、敵がパスを予測し、その逆をついてドリブルで抜いた。味方の的確なポジションをとったおかげで、敵がそれに釣られたので、セオリーを外すことが有効になるわけだ。

「判断をするのは選手です。ですが、そのための判断材料はたくさん提供していく。最後にパスをするか、ドリブルするかの判断は自分でしてもらう。W杯2010の準決勝ドイツ戦で、決定的チャンスの状況でペドロがフリーでいるフェルナンド・トーレスにパスをしないで、むしろそれをオトリに使ってDFを抜こうとして失敗したプレーがありました。ちょっとオシャレにやろうとして、芝生に足をとられてしまった。試合の後、トーレスは『勝ったからいいけど、もし負

けていたらペドロを許していないよ』と言っています。セオリーの逆をついたオシャレなプレーもサッカーでは必要ですが、そのリスクは自分でとらなければいけない。スペインでは、その点は大人も子供も変わりないんです」

最初からすべて自由ではない。セオリーを尊重し、良いポジションをとれること。そのうえで、セオリーを外すプレーも認める。

「規律と自由の兼ね合いを、誤解なく理解する。イマジネーションをチームのために生かすこと。セオリーばかりでロボットのように見えながら、実はそうではない。そうした感覚を自然と育てることも重要ですね」

## 日本におけるバルサ② 横浜フリューゲルスの場合

横浜フリューゲルスがカルレス・レシャックを監督に迎えたのは、98年のシーズンだった。横浜フリューゲルス最後の1年である。

93年のJリーグ開幕から参戦していた横浜フリューゲルスは、横浜マリノスとの合併という形で消滅してしまう。リーグ戦での最高成績は97年ファーストステージの2位だが、93年と98年は天皇杯に優勝している。とくに最後のシーズンとなった98年度は、チーム消滅が決まってからの10試合、リーグも含めて無敗のまま天皇杯優勝でチーム解散という有終の美を示した。ただし、

レシャック監督はすでに9月に辞任していて、それ以後の指揮を執ったのはゲルト・エンゲルスだった。

98年のファーストステージ、レシャック監督に率いられた横浜フリューゲルスは、バルセロナ流の3－4－3システムでプレーした。当時のJリーグでは、あまりにも大胆かつ攻撃的な戦術だったので注目を集めたものの、成績はふるわず8位に終わる。ただ、序盤に低迷しながら7連勝しての10勝7敗だったので、セカンドステージへの期待は残っていた。ところが、セカンドステージは守備が破綻。レシャック監督は9月28日に成績不振の責任をとって辞任し、コーチだったエンゲルスが監督に昇格した。セカンドステージは9勝8敗の7位だった。

横浜フリューゲルスは、日本で最初にバルサ化を試みたチームだ。成績だけみれば、その試みは失敗している。だが、レシャックの後を受けて天皇杯に優勝したエンゲルス監督は、「手応えはあった。成績は良くなかったけれども、パスサッカーの成果は天皇杯に出たと思う」と言う。

ゲルト・エンゲルス氏はドイツ人だが、日本でもプレーし、滝川第二高校のコーチを務め、Jリーグでも横浜フリューゲルスのほかにジェフ市原、京都サンガ、浦和レッズの監督を歴任した日本通だ。

「バルセロナのサッカーは、もともとアヤックスのサッカーだった。僕はアヤックスが好きだったので、レシャックが来るのは楽しみだったんです」

ドイツ人だがアヤックスが好きだったというエンゲルスにとって、レシャックがもたらしたバ

ルサのサッカーと横浜フリューゲルスの関係はどう見えていたのだろう。

「彼が来日したのが初対面でした。練習は初日からボールキーピングのトレーニングでしたね。3対3プラス2、3対3プラス3など、だいたい僕も彼も練習に参加して、狭いスペースでも余裕のあるパス回しができるようなサッカーをひと言でまとめるなら、「ポジションとポゼッション」だという。

「フォーメーションは両サイドにウイングを置いた3-4-3でした。多くの選手が同じラインに並ばないように、いくつものラインを作るように指導していましたね。3-4-3だと、横のラインは7本ぐらいあるわけですが、2つ3つ先のラインへパスして、1つ下げる。そういうパスワークの練習をずいぶんやりました」

この横のラインを数多く作ること、さらに縦のラインも作り、ボールの逃げ場所を複数確保する。縦パスや斜めのパスを駆使し、なおかつバックパスも織り交ぜながら、ボールを確保して前進していく。このあたりは、すでにチャプター5でレシャック自身が解説しているのでここでは省略するが、監督とコーチがパス回しに参加するというのは、バルセロナスクール福岡校の村松コーチの指導法と重なる。バルセロナでも、レシャックは常にパス回しのトレーニングに参加していたから、日本だからという理由ではないかもしれないが。

「狭いスペースのパス回しでも、バラバラに走り回るのではなく、常にポジションを意識するよ

うに気をつけていました」
　日本の子供たちが狭いエリアでパスを回す練習をすると、ポゼッションがなくなってしまう傾向がある。皆がボールに集まってしまうのだとは思えないが、ポジショニングに対する意識はさほど高くなかったのかもしれない。
「プロの選手でも、まだ上手くなります。皆、パスができると思っているけど、スピードや距離、角度、それとフィジカルまで追求していくと、本当は上達する余地がある。受ける選手が顔を出した瞬間を逃さずパスを出すなど、細かく質を追求していくと改善の余地はかなりあるんですよ」
　実際、横浜フリューゲルスのパスワークは進歩していたという。
「練習でやっていることは試合でも発揮できていた。選手が全体像を把握していたとはいえないけど、ある程度のイメージは持っていたと思う。ただ、フィロソフィーはいいんだけど、選手が実現できないところもあって、レシャックもギャップは感じていたかもしれません。でも、選手ができるかどうかは度外視していた。その点は頑固というか、サッカーのスタイルを変える気は全然なかったみたいです」
　日本の選手がバルセロナのスタイルでプレーできるのかどうか。日本人の我々なら、そう考えてしまうかもしれない。実現は無理だと諦めてしまうかもしれない。その点、「選手ができるかどうかは度外視していた」というレシャック監督はさすがに〝強い〟。これはオリジナルの強さ

288

## Chapter 8 日本とバルサ

だと思う。

実際には日本選手の技術、体力は、十分なレベルにあると判断していた。戦術が不足していたのは明らかだが、それは自分が改善していくのだから大丈夫だと考えていたのだろう。しかしそれ以前に、レシャックにとってのサッカーとは、バルサのサッカーなのだ。選手ができてもできなくても、それ以外に何かをするつもりも、必要性も感じていない。完璧ではないにしろ、パスワークについては成果も出ていた。では、バルサ式で成績が芳しくなかった要因は何だったのだろう。

「足りなかったのは守備面です。バルサのサッカーをやるには、ディフェンスを相手に合わせなければいけない。細かいポジションの修正ができていなかった。成績が出なかった大きな原因はそれでしょう。あと、バルサのサッカーをやるにはウイングが強力でないと難しい。ウイングが脅威なので、相手のサイドバックは攻撃に行けない。そういう脅威を与えられないと、バルサのやり方は無理だと思います」

相手に合わせてフォーメーションを変化させる、ウイングで相手のDF全員を後方に足止めする、どちらもレシャックがバルサ方式の基盤としてあげていた守備戦術だが、それが横浜フリューゲルスでは機能しなかった。パスワークに集中していて、そこまで手が回らなかったのかもしれない。

Jリーグにバルセロナのサッカーを移植する試みは、残念ながら成功しなかった。レシャック

辞任後、エンゲルス監督に率いられての天皇杯優勝は1つの成果かもしれないが、チーム自体が消滅してしまったのだから、バルサ化の試みもそこで完全に途絶えてしまった。日本人には、バルセロナのサッカーは向いていなかったのだろうか。

「いえ、向いていると思いますよ。日本代表なら、バルセロナよりスペインかもしれませんけど。もちろん、アジアの中での話です。アジアなら、日本はスペインのようにプレーできるでしょう。それが世界でどこまで通用するかはわからない。でも、僕はやるべきだと思います」

エンゲルスは「日本はフィロソフィーを誰も発表していない」と言う。

「外国人の監督が来ると、その人のサッカーになる。それでは一貫性がなくなってしまいます。マンチェスター・ユナイテッドはファーガソン監督がずっと監督をやっていますよね。そうすると、彼の考えに合った選手が自然と集まってくる。フィロソフィーが明確だと、それに合った選手が育ってくる。トップから小学1年生まで、同じ考え方でサッカーをすることが大事です」

では、そのフィロソフィーは誰が決めるのだろう。クライフやレシャックが来るまで、待つしかないのだろうか。

「誰が、というよりも、いろいろな方面から同時に来るものだと思います。下部組織を変えるときの責任者になったのはマティアス・ザマーでしたが、ドイツもそうでした。1人がドイツのサッカーを変えたわけじゃない。バルセロナも、クライフの与えた刺激は大きかったのは確かだ

## 日本におけるバルサ③　ジェフ千葉の場合

「日本のサッカーには哲学がない」

09年シーズン途中からジェフ千葉の監督に就任した江尻篤彦氏は、哲学の欠如が日本サッカーの弱点だと考えていた。

「立ち返るところがない。監督が代わるたびに、サッカーがガラりと変わったりする。選手時代からジェフを見てきて、20年間で築いたものがあったかと考えたときに、立ち返るべきものが築けていなかったのではないかと思ったんです」

アレックス・ミラー監督の後を引き継いだ江尻は、ジェフ千葉がJ2に降格したので辞任するつもりだった。しかし、もともと2年契約でもあり、クラブから慰留されて次のシーズンも昇格を目指してJ2で指揮を執ることになった。そのとき、彼は「立ち返るところ」を作ろうと決意した。

「例えば、鹿島アントラーズには鹿島のサッカーがある。Jリーグでそういうクラブは少ないのですが、鹿島はメンタルも含めて自分たちのスタイルを築けていることが強みなんだと感じまし

けど、カタランのプライドと合致したのでしょう。1人の功績もありますが、不思議と全体がそういう気運になったときに変わるのだと思いますよ」

た。それがないと、チームが迷走してしまうと考え、僕はジェフでジェフの基準を持てるように、その作業を始めようとしました」

江尻はバルセロナの試合をよく分析していて、バルサ的な要素をジェフでコピーするつもりはなかったが、ジェフ千葉の基準を作るうえで、バルサのプレーを参考にしていたのは確かだ。では、江尻はどういうサッカーを構築しようとしていたのだろう。

「ひと言では難しいのですが、瞬間の判断と実行力のサッカーです」

具体的には、まず強調したのが攻守の切り替えの速さ、判断の質だった。敵陣でボールを失ったとき、ただちにプレッシャーをかけ、周囲も連動していく。ボールに近い選手からただちに守備のアクションを起こし、周囲が素早く連動していく。言葉にすれば、いかにも当たり前のようだが、実はそう簡単ではない。

敵陣でボールを失ったとき、ただちにプレッシャーをかけ、周囲も連動していく。これはまさにバルセロナがやっているプレーである。では、Jリーグのクラブが当たり前のようにバルサと同質のプレッシングをやっているかというと、ただちにプレッシャーをかけることも、周囲の連動も、必ずしも行われていない。いや、バルサのような切り替えの速い守備戦術などほとんど見かけない。

その原因の1つが、「人」に対する守備意識の低さである。Jリーグで浸透しているのは、まず守備ブロックを作り、前後の関係が確定してからプレッシングをかけていくというゾーンベー

## Chapter 8 日本とバルサ

スのプレッシングだ。カバーリングがついた状態、「スペース」を押さえた状態でのプレッシングである。Jリーガーはこれには慣れている。だが、バルサ式のプレッシングはそれとは少し違っている。

バルサの敵陣でのプレッシングは、守備ブロックの構築とはほぼ無関係に行われている。「スペース」を押さえたうえでプレスにいくのではなく、即座に「人」に対してプレスにいく。全体がブロックとして固まるまで待つのではなく、ボールが奪われた瞬間にボールを持った相手選手へ即座に寄せていく。バルサ式のプレッシングについては、すでに他の章で述べたので繰り返さないが、「人」を抑えることを優先しているので、敵陣の最深部からでもプレスを行える利点がある。守備ブロックを作ってからのプレス、「スペース」を優先したプレスでは、あまりにも高い位置からプレスをかけると陣形が伸びてしまってスペースが空きすぎてしまうので、バルサのような高さでのプレッシングはなかなかやれない。ディフェンスラインがハーフラインから前には押し上げられないからだ。そうするとトップからボトムまでの距離が開きすぎて、スペースをカバーできなくなってしまう。

簡単にいえば、バルサは敵陣では「人」への守備を優先。自陣ではゾーンディフェンスによる「スペース」への守備へ切り替える。ところが、日本ではゾーンディフェンスが定着している半面、マンマークの意識が希薄になっていて、敵陣で「人」を抑える守備に違和感を持つ選手が少なくないのだ。江尻監督が導入しようとした「攻守の切り替えの速さ」を実現しようとすれば、

まず選手の意識を変えなければならなかった。

「オシムさんのときには、やっていたんですけどね。当時は人に対応する守り方で、相手が1トップなら2バック、2トップなら3バックというように、フォーメーションも相手に合わせて変化させていました。3年目は、阿部（勇樹）が中心になって選手たちがフォーメーションを変える習慣もついていた。僕らがいつものように相手のフォーメーションをチェックしてオシム監督に報告したら、『もう自分たちでやってるから、ベンチから何も言わなくていいよ』と言っていましたね」

イビチャ・オシム監督がいたころ、ジェフは「人」への意識が高い守備をしていた。というよりも、マンツーマンで守っていた。バルセロナのように、相手のフォーメーションに合わせて自分たちのフォーメーションを変化させることもやっていた。しかし、それから3人の監督（アマル・オシム、ヨジップ・クゼ、アレックス・ミラー）を経て、江尻が監督に就任したときには、かつてあったはずの習慣や意識が失われていたという。

「瞬間の判断を正しくやるサッカーとは、セオリーとセオリーを外すリスクを負った判断を使い分けることです。オシムさんのときには、リスクを負ってプレーする習慣ができていました。ところが、監督が代わりトレーニング方法が変わると、3年間のハードワークで身に付けた意識や感覚を失っていました」

J2開幕前のキャンプから、江尻監督は新しいプレー哲学の構築と意識改革に着手した。

## Chapter 8 日本とバルサ

「難しかったのは、選手の習慣を変えることでした。繰り返しトレーニングをすることで、攻守の切り替えについては上手くできるようになったと思います。日本の選手はゾーンディフェンス中心でやっているので、守備の判断力を上げる必要があるのですが、個人のところでは良くなりました。ただし、グループとして連動するのは簡単ではなかったですね」

それでも、開幕当初は新しいジェフの戦術は斬新な印象を見る者に与えていた。速い攻守の切り替え、狭い地域での細かいパスワーク、狭い地域からサイドを変えて一気にゴールへ迫っていく緩急の変化……。しかし、時間の経過とともに、江尻の目指した新たなジェフ・スタイルは、完成へ向かうのではなく、むしろ少しずつブレてしまっていました」

「アウェーで勝てなかった。そうすると選手も不安になってくる。少し引いて、ゾーンを作ってから守ったほうがいいんじゃないかという意見が選手から出てくるようになった。僕はアウェーでも攻守の速い切り替えを軸にしたいたため、選手との間に多少のズレが生じてしまいました」

江尻監督自身にもジレンマがあったに違いない。切り替えの速さを軸にするには、FWにも守備意識の高い、切り替えの速いタイプが必要になる。その点で、江尻が使いたかったFWは巻誠一郎だっただろう。だが、得点力ではネット・バイアーノのほうが期待できた。ところが、ネットは切り替えの速いFWではない。守備時の切り替えを大きなテーマに掲げていた江尻とすれば、苦渋の選択としてネットの起用に傾いていった。出場機会が減った巻は、シーズン途中にロ

シアのアムカル・ペルミへ移籍している。

前方から「人」を抑えていくプレッシング、攻守の速い切り替えを軸にするはずだったジェフのサッカーは、現実には徐々に変質していった。

「夏ごろから、だんだん慎重になりました。やはり勝ち点をとらないといけないですから。その点、あのプレッシングを徹底的に続けられるバルセロナはやはり凄いなと思います」

開幕前、江尻監督は「掲げた看板は下ろさない」と、選手たちに公言している。だが、J1に昇格できるかどうかの瀬戸際になってくると、選手には迷いが生じ、監督にも妥協があった。クラブの基盤を作ることと、勝ち点を重ねていくこと。この２つを同時に追求するのは矛盾ではない。だが、それなりの時間はかかる。

ヨハン・クライフが監督に就任した当初のバルセロナも、例えば前線からのプレスに関してはジェフと同種の問題を抱えていた。連動が十分でなく、前掛かりの守備はかえって危機を招いていた。だが、バルサはブレることなく同じ方針を貫き、ドリームチームを築くことになる。一方、ジェフはシーズン半ばで早くもブレが生じ、終盤には江尻監督の退任が決まっていた。

クライフ監督１年目のバルサはリーグ２位だった。カップウィナーズカップのタイトルも獲得した。悲願のリーグ優勝はできなかったが、次のシーズンへの期待をつなぐことができた。一方、ジェフは目標のＪ１昇格に届かず、プレー内容も来季に期待できる要素が少なかった。プロの監督は結果に対しての責任を負う。その点、１年目のクライフはぎりぎりセーフだったが、江

## Chapter 8　日本とバルサ

尻監督はアウトだった。

だが、バルサはアヤックスから導入した新しいスタイルを貫くことができたのに、ジェフ千葉が新しいサッカーを貫けなかったのはなぜなのか。指導力の違いなのか。でも、クライフの片腕だったレシャックは横浜フリューゲルスで成功しなかった。江尻監督が導入したのはバルサ・スタイルそのものではないが、新しいプレースタイルだった点ではバルセロナにおけるアヤックス・スタイルの導入と似ているし、レシャック監督が横浜フリューゲルスにもたらしたものとも近い。

おそらく、哲学の問題なのだ。

「日本のサッカーには哲学がない」

だからこそ、江尻はジェフ千葉にサッカー哲学を確立しようとした。クラブが悪い状態になったときにも、立ち返るべきものを築いていこうと考えたわけだ。だが、その立ち返るべきもの、クラブのサッカー哲学がなかったことで、彼の試みは挫折したといえる。

江尻監督はクラブの中で孤立していった。J2降格が決まり、江尻が辞意を示したとき、クラブ側は長期にわたって指導してほしいと説得していた。5年ぐらいの期間を考えていたようだ。クラブの基盤を作るのには、それぐらいの時間がかかる。その時点での、クラブ側の判断は妥当だったと思う。余談だが、筆者は5年ぐらいをかけてクラブの基盤を作るならば、江尻監督にトップチームを任せるべきではないと考えていた。むしろ、下部組織の責任者にして、クラブの哲学に沿

った人材を育成させたほうがいい。5年任せたい人物を、いつでもクビになる可能性のあるポストに就けてはいけない。

クラブ側は江尻の意向は理解していたようだが、それをバックアップする方策がまったくちぐはぐだった。まず、GMに起用した神戸清隆氏は、江尻監督とは全く異なるサッカー観の持ち主だった。社長、GM、監督が一枚岩でなければならないはずなのに、GMと監督ですでに考え方が違う。さらに、下部組織とトップチームにもほとんど共通点が見られなかった。ジェフ千葉の新しい基盤を作ろうと意気込んでいたのは、実は現場の監督と選手だけで、クラブ全体としてはビジョンも統一性もなかったのだ。

クラブの哲学は、すべて現場に委ねられていたといっていい。現場が結果を叩き出し、ファンを魅了し、新しいジェフ千葉のスタイルが出来上がるのを、フロントはただ待っていた。現場に委ねたというより、放置されていたというほうが正しいかもしれない。

たぶん、江尻監督の掲げていたジェフ千葉の哲学など、社長はじめクラブ側は最初から関心がなかったのだ。ただ、1年でJ1へ昇格することだけを望んでいたと思う。もちろん、短期的に必要な結果を出すのは重要である。しかし、それだけではクラブの基盤は築かれず、長期的に成長することが難しくなる。クラブの運営は、短期と長期の両方の視野を持たないと成功しない。

1年でJ1昇格の短期的な結果を最優先するなら、監督経験の少ない江尻をその任にあてた判断は理解しがたい。長期的な運営を優先したとすれば、GMの選び方や下部組織とトップとの関

## Chapter 8 日本とバルサ

連のなさは説明がつかない。チームが迷走する前に、すでにフロントが迷走していた。

横浜フリューゲルスでレシャック監督を補佐したゲルト・エンゲルス氏の言葉を借りれば、

「(スタイルや哲学が確立されるのは)誰がそれを始めるかよりも、いろんなところから気運が高まってくるもの」

その点で、ジェフ千葉には気運の高まりが不足していた。現場だけが、突っ走っている格好だった。

実はバルセロナもかなり複雑なクラブで、クライフ監督とヌニェス会長の確執は有名だった。クライフの監督起用も、当時フロントと選手の対立が収拾のつかない状態に悪化していたのを、カリスマ性のあるクライフの起用でメディアの追求をかわそうとした裏事情があったといわれている。バルサも一枚岩ではなかった。クライフとレシャックのコンビは、いわば力業で現場からクラブを変えていったのだ。

ただ、クライフのような天才がいないと基盤が築けないというわけではない。地方の小クラブながら、下部組織の充実と確固としたフィロソフィーで強豪にのし上がったビジャレアルのような例はいくらでもある。要は、哲学を持とうとするかどうか。

日本には哲学がないという前に、それを持とうとする気概がすでに欠けているのかもしれない。

## おわりに なぜ、バルサにハマるのか

「このサッカーは、じっくり積み上げていけば必ず強くなる」

カマタマーレ讃岐で2シーズン、監督を務めた羽中田昌氏は自他ともに認めるバルセロナフリークだ。バルセロナの試合をはじめ、テレビの解説者として有名な羽中田氏は、クライフに憧れてバルセロナに渡り、バルサのサッカーを勉強した。監督をやるとなったときも、バルサのスタイルでやることしか考えていなかったそうだ。

「勝つためのサッカーといっても、僕にはバルサのスタイルしかイメージできないんですよ。ヘタに別のスタイルのサッカーを僕がやっても、かえってチームが弱くなるだけだと思ったので」

日本にバルサのサッカーを導入した。その結果は、レシャック監督の横浜フリューゲルスや江尻監督のジェフ千葉とほぼ同じだったようだ。

「ある程度はパスをつないで、運べるようになりました。ただ、相手もこちらがそういうサッカーをやるとわかってきますから、ブロックを作って守る。そこをどう崩すかというところで時間が足りませんでした」

時間が足りない。手応えはあった、パスもつながった、しかし最後の得点に直結するところで

時間が足りなかった。ジェフ千葉を率いた江尻監督も「最後の16メートルをどうするかというところまではやれなかった」と振り返っていた。得点に直結する部分で成果があがらなければ、ポゼッションがなかなか成績に結びつかない。成績があがらないと、我慢できなくなる人が必ず周囲に現れてくる。羽中田氏は「時間をかければ必ず強くなる」と言うが、早く強くならないと時間を与えられないのが日本の現状だと思う。

「バルサのサッカーはリーグ戦の文化の中で生まれている」

羽中田氏の指摘するとおり、一発勝負のノックアウト戦の考え方では生まれてこないサッカーなのかもしれない。日本のプレー環境も変わりつつあるが、まだ育成年代はノックアウト戦の文化が根強い。負けたら終わりの環境では、ノーリスクのサッカーに傾きやすく、時間をかけて作り上げるよりも相手のサッカーを"壊す"ほうが手っ取り早い。

羽中田氏のように、「僕にはそれしかイメージがない」という指導者が大量に現れてもおかしくないのかもしれない。FCバルセロナを支えている人々、グアルディオラ監督からカンテラのコーチ、サポーター、メディアなど、バルサを取り巻く人々にとっては、サッカー＝バルサといっていい。バルサのサッカーこそ真のサッカーだと思っている。だから、ときどきチャビやイニエスタのような選手たちから「あんなのはサッカーではない」という相手チームへの容赦のない批判も聞かれるのだろう。一種のバルサ原理主義と

いう感すらある。

それにしても、バルセロナ周辺の人々はもちろん、かくも世界中に"原理主義者"を生み出す理由はどこにあるのだろう。

「このサッカーは楽しい。選手も喜びを持って取り組んでくれているのを感じました」

羽中田氏が「手応え」として感じたことの1つが、プレーする楽しさだったという。バルサのサッカーは理詰めだ。そこに堅苦しさもある。しかし、すぐにその堅苦しさもとれて、やがてしっかりしたフレームの中でプレーする楽しさを感じられるようになる。バルサのサッカーはテクニックのサッカーといわれるけれども、実はポジショニングを重視した戦術的なサッカーだ。ポジショニングというフレームが成り立つというより、テクニックを効率よく生かせる。テクニックが上手いからバルサのサッカーが成り立つというより、バルサのサッカーの中では上手く見える、または実際に上手くなるのだと思う。アビダルはバルサに来てテクニックが向上したように見えるし、メッシですらアルゼンチン代表より格上の選手に思えてしまうぐらいだ。

楽しいサッカーは続けられる。継続できる。見ても、プレーしても楽しいサッカー、ヨハン・クライフが目指したものは、要はそれなのだ。クライフの提示したサッカーの楽しさにハマったバルセロナの人々が、それを継続し、20年間積み上げてきたものが、今日のバルサに結実している。

選手の資質に関していえば、日本人はバルサスタイルに向いている。指導者の方々に聞いても、

この点にはほとんど異論がない。となると、あとは理論と、どこまで楽しめるかではないだろうか。もっとサッカーが大好きになって、さらに貪欲にサッカーを楽しみ尽くす。プレーヤーもコーチもファンも、社長もスタッフもメディアも。その結果、日本のサッカーがバルセロナに似るのかどうかはわからないが、バルサから学ぶべきは、まずはそこではないかと思う。

**西部謙司** Kenji Nishibe

1962年9月27日、東京生まれ。
少年期を台東区入谷というサッカー不毛の地で過ごすが、
小学校6年時にテレビでベッケンバウアーを見て感化される。
以来、サッカー一筋。早稲田大学教育学部を卒業し、商事会社に就職するも3年で退社。
サッカー専門誌の編集記者となる。
95〜98年までフランスのパリに在住し、欧州サッカーを堪能。
現在はフリーランスのサッカージャーナリストとして活躍。
著書に『サッカー戦術クロニクル』『サッカー戦術クロニクルII』『これからの「日本サッカー」の話をしよう』(小社)、『1974フットボールオデッセイ』『イビチャ・オシムのサッカー世界を読み解く』(双葉社)、『FOOTBALL FICTIONS 偉大なるマントーバ』(東邦出版)、『技術力』『監督力』(出版芸術社)、『「日本」を超える日本サッカーへ』(コスミック出版)などがある。

デザイン　ゴトウアキヒロ(フライングダッチマン)
編集協力　佐藤英美
写真提供　Getty Images
資料提供　株式会社コリー

---

サッカー バルセロナ戦術アナライズ　最強チームのセオリーを読み解く

---

発行日　2011年6月20日　初版

著　者　西部　謙司
発行人　坪井　義哉
発行所　株式会社カンゼン
　　　　〒101-0021
　　　　東京都千代田区外神田2-7-1 開花ビル4F
　　　　TEL 03(5295)7723
　　　　FAX 03(5295)7725
　　　　http://www.kanzen.jp/
　　　　郵便為替 00150-7-130339
印刷・製本　株式会社シナノ

万一、落丁、乱丁などがありましたら、お取り替え致します。
本書の写真、記事、データの無断転載、複写、放映は、著作権の侵害となり、禁じております。

©Kenji Nishibe 2011
ISBN 978-4-86255-090-3
Printed in Japan
定価はカバーに表示してあります。

ご意見、ご感想に関しましては、kanso@kanzen.jpまでEメールにてお寄せ下さい。お待ちしております。